中國學術思想 研究輯刊

三四編

林慶彰 主編

第14冊

華嚴發菩提心思想研究

田健（釋德安）著

花木蘭文化事業有限公司

國家圖書館出版品預行編目資料

華嚴發菩提心思想研究／田健(釋德安)著 -- 初版 -- 新北市：
花木蘭文化事業有限公司，2021〔民110〕
目 2+256 面；19×26 公分
（中國學術思想研究輯刊 三四編；第 14 冊）
ISBN 978-986-518-497-1（精裝）
1. 華嚴宗 2. 佛教教理
030.8 110010881

ISBN-978-986-518-497-1

中國學術思想研究輯刊
三四編 第十四冊 ISBN：978-986-518-497-1

華嚴發菩提心思想研究

作 者 田健（釋德安）
主 編 林慶彰
總 編 輯 杜潔祥
副總編輯 楊嘉樂
編 輯 許郁翎、張雅淋、潘玟靜 美術編輯 陳逸婷
出 版 花木蘭文化事業有限公司
發 行 人 高小娟
聯絡地址 235 新北市中和區中安街七二號十三樓
電話：02-2923-1455／傳真：02-2923-1452
網 址 http://www.huamulan.tw 信箱 service@huamulans.com
印 刷 普羅文化出版廣告事業
封面設計 劉開工作室
初 版 2021 年 9 月
全書字數 234457 字
定 價 三四編 14 冊（精裝）新台幣 36,000 元

華嚴發菩提心思想研究

田健（釋德安）著

作者簡介

田健（釋德安），畢業於中國科學院大學，理學博士，蘇州大學政治與公共管理學院中國哲學專業博士後，宗教研究所助理研究員；蘇州戒幢佛學研究所研究部副主任。研究領域：華嚴宗與佛教的中國化。迄今公開發表學術論文和會議論文 20 餘篇，總影響因子超過 20，他引 15 次，撰寫英文圖書章節一章。主持或作為主要成員參與完成項目 6 項，其中參與 973 子課題項目 1 項、國家社科重大項目 1 項。

提　要

　　本書站在隋唐時期佛教中國化的角度上，以佛教華嚴宗有關發菩提心的思想為研究對象，通過疏理《華嚴經》和華嚴家智儼、法藏、李通玄、澄觀、宗密和裴休等人的相關著述，系統論述華嚴發菩提心思想的發展歷程，深入考察中國佛教從佛性論向心性論的轉變，深刻揭示「華嚴發菩提心」的豐富內涵以及其在佛教理論詮釋和修行實踐上的重要價值和意義。這一轉變過程主要包括：由智儼開創了一乘菩提心詮釋框架，經由法藏的全面完善，形成了以「三心三十義」為核心的華嚴發菩提心的教理要義以及以華嚴法界三觀為修證原理，以「色空十門止觀」、「理事圓融義」為踐行指南的華嚴發菩提心實踐體系。這一體系與李通玄注重「初心成佛」和「取象表法」相得益彰，進一步由澄觀和宗密構建了基於真心的華嚴發菩提心思想，呈現了圓融與實踐的旨趣。本書還論述了華嚴發菩提心思想從佛性論向心性論轉變的過程中，對唐代以後佛教的融合化進程以及對日本、朝鮮半島佛教的影響，以及在近代與「仁」學結合等方面的內容，餘論中還就同時作為哲學範疇、實踐目標和詮釋方法意義上的華嚴發菩提心的歷史經驗及其當代價值進行探討，從而為佛教在當代的健康發展尋找一種有意義的借鑒。

本書由中國社科基金重大項目
「『一帶一路』佛教交流史」（19ZDA239），
2019 年度江蘇省博士後科研資助計劃
以及蘇州戒幢佛學研究所研究項目支持。

目

次

緒　論

一、中國化視角下的佛教發心思想

　　佛教的中國化是一個通貫古今的持續性歷史進程，總結其歷史經驗並照進現實將對深刻理解佛教文化，並使之在新的時代持續健康發展有著重要的意義。作為中國傳統文化的重要組成部分，佛教自傳入以來一直自覺進行自我適應性的調整，在中華文明這一既有水墨山水中呈現了一幕幕恢宏而瑰麗的文明交流與融合的歷史畫卷。在人類歷史上，恐怕沒有其他文明像中華文明這樣兼收並蓄、傳承不絕、歷久彌新的文明了。中華文脈之傳統發端於三代〔註1〕，肇興於春秋，鼎盛於隋唐，甄熟於宋明。幾千年的文脈傳承，先是儒道並諸子百家，中華文化已然蔚為大觀；佛教在東漢時代從印度傳來，更彌補了中華文化在超越性與空靈等方面意蘊的不足，最終匯為儒佛道三家鼎立，綿延至今成為中華優秀傳統文化之基石。這一歷史進程一方面鮮活的證明中華文明「多元通和」〔註2〕特徵和包容性，另一方面也說明了佛教在適應時代和地域差異方面的能動性。佛教的中國化，是作

<hr>

〔註1〕實際上，隨著 2019 年 7 月 6 日，世界文化遺產委員會確定將良渚古城收錄《世界遺產名錄》(https://whc.unesco.org/en/list/1592；2019 年 7 月 9 日訪問)，中華文明具有更為悠久歷史的說法已經在某種程度上成為國際共識。相關文獻亦可參見：劉斌，王寧遠，陳明輝等：《良渚：神王之國》，載《中國文化遺產》2017 年第 3 期：第 6～23 頁；張忠培：《良渚文化墓地與其表述的文明社會》，載《考古學報》2012 年第 4 期：第 401～422 頁。

〔註2〕牟鍾鑒：《儒道佛三教關係簡明通史》，北京：人民出版社，2018 年，第 3～6 頁、第 29～56 頁。

為起源於印度文明的佛教，在傳入中國的進程中歷經思想義理、修持手段、教化方式、教團生活、禮儀形式、化入民間等多方面不斷自我調適以順應中華文明滾滾向前之時代潮流的過程，其提供了佛教乃至宗教或思想傳播史上的重要歷史經驗。正如著名佛教學者方立天教授曾對佛教中國化進行的界定，他認為：

> 佛教中國化……是佛教教義在中國的實現途徑和實現方式……是指佛教徒在推動佛教流傳的過程中，逐漸使印度佛教與中國政治、經濟、文化、社會實際相適應、相結合，接受中國社會環境的影響和改造，從而在教義思想、儀軌制度和修持生活諸方面都發生了變化，打上中國社會的深刻烙印，具有鮮明的中國民族性、地域性和時代性特徵，納入了中國傳統文化的巨流，轉變為中國文化的品格和旨趣，形成了有別於印度佛教的獨特精神風貌。〔註3〕。

可以說，作為一種歷史必然，佛教在甫一傳入就結合本土特點，融會了特有的民族文化心理，並隨著時代不斷嬗變。其中，隋唐作為傳統社會無論是在國力還是在文化文明方面都處於登峰造極的時代，也正是佛教不斷與中華本土文化互相借鑒，自覺走中國化之路，最終奠定其在傳統中國歷史背景下積極匯入主流文化之演變進程，進而不斷參與構建中華傳統價值觀，塑造佛教在中國傳統社會歷史角色的重要時期。中國化佛教的主要宗派在這一時期如群星璀璨般出現，突破了格義佛教的藩籬，走上了契合中華文明這一大事因緣、用中國人便於理解和接受的方式闡釋佛陀本懷的道路。

在中國佛教的教義思想中，發心是極其重要的核心範疇，同時這一範疇的引入、轉型、普及和運用的思想史進程也是理解和評價佛教中國化的重要切入點。所謂發心，指的是「發菩提心」，也就是以成佛為最高價值取向的一種願望與實踐。這一思想不但包括對佛之境界的認知、成佛的原理及其方法的解讀，還涉及具體的實踐過程與評價，因此成為匯合佛教思想與實踐的樞紐。發菩提心的思想，在漢譯《阿含經》中即有記載，而印度大乘佛教的瑜伽行派典籍《瑜伽師地論》和般若系典籍《大智度論》等對此也都有系統

〔註3〕方立天：《方立天文集》第一卷，北京：中國人民大學出版社，2012年，第447頁。

性論述。這些論述經地論師等為代表的學派佛教繼承並發展，萌發了結合判教〔註4〕的發心思想，這是在中國佛教走出格義佛教的詮釋學，在學派佛教對思想義理和實踐旨趣的充分辨析基礎上，進入深耕佛教中國化的歷史背景下進行的，而其中又伴隨著創宗、立說、定祖等活動，標誌著佛教宗派的成立。成立於隋唐時代的華嚴宗，是圍繞《大方廣佛華嚴經》（以下簡稱《華嚴經》）義理展開的佛教宗派，也是中國化佛教義學的巔峰〔註5〕。《華嚴經》及其支分經的傳譯，最早可以推及東漢時期由大月氏三藏法師支婁迦讖所譯之《兜沙經》〔註6〕，而到了八百多年後的北宋，依舊有相關經典傳譯至中國。不過，儘管諸多宗派都視《華嚴經》為重要典籍，但系統性闡釋其要義者，非華嚴宗莫屬〔註7〕。據不完全統計，從華嚴宗二祖智儼（602～668）到五祖圭峰宗密（780～841），華嚴宗四位祖師所著涉及到華嚴部類典籍的注疏達兩百二十餘卷〔註8〕，大量單篇專題論文〔註9〕也不斷出現，構築了華嚴宗恢宏的思想義理基礎。此外，李通玄（635～730）為代表的一批佛學居士在華嚴注疏、著述的過程中，也貢獻頗豐，為儒道等中華文化的其他組成部分的更新

〔註4〕亦名：教相判攝，是對於佛教思想義理和文獻典籍，按照一定標準進行前後、深淺判斷，從而提出一整套理解佛教思想體系的學術方法。這被認為是中國化佛教宗派形成的重要標誌。見：方立天：《中國佛教哲學要義》，北京：中國人民大學出版社，2002年，第48頁。

〔註5〕方立天：《中國佛教哲學要義》，北京：中國人民大學出版社，2002年，第48頁。

〔註6〕《佛說兜沙經》，載《大正新修大藏經》第10冊，臺北：大藏經刊行會出版，新文豐發行，1983年，第445頁上。

〔註7〕魏道儒：《中國華嚴宗通史》，南京：江蘇古籍出版社，1998年，第2頁。

〔註8〕所統計的注疏包括：智儼：《大方廣佛華嚴經搜玄分齊通智方軌》十卷、《華嚴經五十要問答》二卷、《華嚴經內章門等雜孔目》四卷；法藏：《華嚴經探玄記》二十卷、《華嚴經文義綱目》一卷、《華嚴經旨歸》一卷、《華嚴經關脈義記》一卷、《華嚴經明法品內立三寶章》二卷、《華嚴經義海百門》一卷、《華嚴策林》一卷、《華嚴經問答》二卷、《華嚴經傳記》五卷；澄觀：《大方廣佛華嚴經疏》六十卷、《大方廣佛華嚴經隨疏演義鈔》九十卷、《貞元新譯華嚴經疏》十卷、《大華嚴經略策》一卷、《新譯華嚴經七處九會頌釋章》一卷、《華嚴經入法界品十八答問》一卷；宗密：《普賢行願品別行疏鈔》六卷、《華嚴綸貫》五卷。參見：魏道儒，《中國華嚴宗通史》，南京：江蘇古籍出版社，1998年，第121～122頁、第138～141頁、第188～189頁。

〔註9〕包括：《華嚴法界觀門》、《華嚴五教止觀》、《華嚴一乘十玄門》、《華嚴一乘教義分齊章》、《華嚴金獅子章》、《華嚴經普賢觀行法門》、《華嚴遊心法界記》、《修華嚴奧旨妄盡還源觀》、《華嚴發菩提心章》、《三聖圓融觀門》、《答順宗心要法門》、《原人論》、《禪源諸詮集都序》等。

演替產生了重要的影響。〔註10〕在華嚴教學的豐富內容中，尤以發菩提心為其核心議題。《華嚴經》中特別強調「初發心即成正覺」，而這也是當今人們所熟知「不忘初心」的語彙來源〔註11〕。循著《華嚴經》的發心思想，華嚴家的解經著作中，如智儼的《華嚴經內章門等雜孔目》（以下簡稱《孔目章》）、法藏（643～712）的《華嚴經探玄記》（以下簡稱《探玄記》）、李通玄的《新華嚴經論》、澄觀（737～838）的《大方廣佛華嚴經疏》（以下簡稱《華嚴經疏》）及《大方廣佛華嚴經隨疏演義鈔》（以下簡稱《疏鈔》）都針對「初心成佛」進行解讀，而宗密還將「初心成佛」與「觀行成就」相聯繫，進一步促進了這一思想朝著注重心性論和實踐旨趣的方向發展；同時發菩提心思想還成為華嚴家的重要寫作主題，如法藏有《華嚴發菩提心章》論述華嚴宗的發菩提心思想，宗密的《原人論》、《禪源諸詮集都序》對發心思想提出心性論和實踐性的建議，裴休的《普勸僧俗發菩提心文》提出了發心實踐的具體方法等。這些豐富的材料不但為考察菩提心從印度傳統到華嚴宗的解讀，並由此探討佛教中國化的歷史經驗和時代價值的提供豐富文獻數據，也為當代闡發人生佛教思想和大乘菩薩道精神提供了重要的借鑒。

華嚴宗思想和實踐的另一重要來源是地論學派，後者對華嚴宗的發菩提心思想也有不少影響。在中國佛教宗派成立之前，經歷了經典大規模傳譯和格義佛教的歷史階段，文本和義理的積累，使南北朝時期出現了涅槃、毗曇、成實、地論、攝論、俱舍諸師，逐步醞釀著佛教傳播方式新的變革。南北朝時期佛教諸家用「師」而非「宗」，一方面反映了其在經濟、人員等方面並不具有明顯的派別區隔，同時更多地強調了這些派別的「學理」意味。換言之，在某一師的研修學人，更多地體現為重視對義理的研究和繼承發展而非「血脈式」傳承，這樣重視對義理的學修和闡釋的風氣也為後續中國佛教的獨特性發展進一步打下了十分重要的基礎。在諸學派中，地論師以《十地經論》為中心開展研修，並由「佛性是本有還是當有」、「是阿賴耶緣起還是真如緣起」以及判教等見解的差異而被分類為「南道」和「北道」。〔註12〕《十地經論》是以《十地經》為

〔註10〕蔣維喬：《中國佛教史（影印版）》第三卷，上海：上海書店，1989年，第20頁。

〔註11〕紀華傳：《「不忘初心」的由來》，載《人才資源開發》2017年第13期，第53頁。

〔註12〕據聖凱法師的研究，實際上兩派很早就有在所宗經論、學術觀點等方面的差異。參見聖凱：《地論學派南北道成立的「虛像」與「真相」》，載《普陀學刊》，2014年第1期，第73～93頁。

核心的論典，後者即《華嚴經・十地品》的單行本。可以說，地論師所圍繞的經典及其義解，某種程度上反映了其在華嚴宗形成過程中發揮重要影響的歷史必然性。作為華嚴宗初祖的杜順，甫一出家便依止了屬於地論師的僧珍來學習禪法。〔註13〕而二祖智儼，年十二即為杜順看中而出家學道，杜順曾稱智儼為「我兒」〔註14〕，足以說明其對智儼承接其法的重視。作為杜順的法子，智儼在其《十玄門》等著作中，亦署名謂之「承杜順和尚說」〔註15〕，這也說明師資雙方的惺惺惜惜。智儼後來還其依止智正法師學習《華嚴經》〔註16〕，經多人指點終「於焉大啟，遂立教分宗」，並注疏《華嚴經》〔註17〕。當時，南方多重視義理學修，北方對禪門修行有多側重，作為北方僧人的杜順被人以禪師和神僧來看待而聞名於後世，智儼應傳承了杜順的禪法的同時，也受到了地論師教理體系的影響，特別是對《華嚴經》的解讀詮釋方面的主流思想，這些因素成為其作為華嚴宗二祖在注疏《華嚴經》、闡發華嚴觀修法門等方面的重要背景。此外，攝論師在華嚴宗形成過程中也扮演了重要的角色，主要表現為智儼所依止學習《攝大乘論》（以下簡稱《攝論》）的「常法師」及智正法師等都曾就教於攝論師重要人物曇遷，因而智儼更多地將《攝論》的內容融於解釋《華嚴經》的過程；另一方面，《攝論》在由始教轉向終教的過程中具有中介橋樑的作用，地論師思想中關於如來藏心識的思想也是包含有《攝論》中的見地的。總之，以地論師和北方禪法為主要源流的魏晉南北朝以來的佛教〔註18〕，正是賢首得以開宗建教，暢演華嚴的重要起點。〔註19〕而對於發菩提心的闡釋，在華嚴經教體系中給出系統闡釋的也是法藏。因此，本書將用較多篇幅考察法藏的發菩提心思想及其代表作，這將有助於進一步理解他本人的思想；同時以法藏的發心思想為樞紐，向前溯及《華嚴經》、地論師和智儼的有關著作，並與幾乎與法藏同時代的李通玄進行對比，向後則進一步考察澄觀、宗密、裴休對法藏思想的繼承與發展，以及華嚴發菩提心思想在宋元以降的中原禪宗、日韓佛

〔註13〕〔唐〕道宣：《續高僧傳》卷二十五，載《大正藏》第50冊，第653頁中。
〔註14〕〔唐〕法藏：《華嚴經傳記》卷三，載《大正藏》第51冊，第163頁中。
〔註15〕〔唐〕智儼：《華嚴一乘十玄門》卷一，載《大正藏》第45冊，第514頁上。
〔註16〕〔唐〕法藏：《華嚴經傳記》卷三，載《大正藏》第51冊，第163頁下。
〔註17〕〔唐〕法藏：《華嚴經傳記》卷三，載《大正藏》第51冊，第163頁下。
〔註18〕聖凱：《攝論學派與早期華嚴宗的形成》，載《宗教學研究》，2008年第1期，第80～90頁。
〔註19〕方立天：《法藏與〈金師子章〉》，北京：中國人民大學出版社，2012年，第7頁。

教以及近代人間佛教趨向等方面的後續影響。

二、本研究的歷史與現狀

　　發菩提心及其實踐是大乘佛教的核心問題。佛教經典及諸宗派文獻中幾乎都可以找到關於發菩提心的內容，其中以「菩提心」為標題者也不算少數：天竺著述中，有署名龍樹菩薩的《菩提行經》，龍樹所作《十住毘婆沙論》中專列〈發菩提心品〉，天親菩薩有《發菩提心經論》；漢地著述中，唐代慈恩宗的慧沼以《瑜伽師地論》為基礎，將其中關於發菩提心的內容進行集成並加入菩提心戒受持儀軌等內容形成了《勸發菩提心集》，是瑜伽行派關於發菩提心思想的代表性著作。同時，作為唯識學根本典籍的《瑜伽師地論》其本身就有豐富的關於發菩提心思想的內容，如其中〈菩薩地〉有〈發正等菩提心品〉一品，闡明了瑜伽行派有關菩提心的修行次第。本書主要涉及的《華嚴經》，主要有晉譯、唐譯兩個版本，此外唐代貞元年間譯出〈入法界品〉的廣本，亦被稱為《貞元經》。《華嚴經》從魏晉開始就見有相關注疏，目前保存較完整的主要是成書於隋唐時期的注疏。從經典本身及其注疏中，不但可以看到其中蘊含的豐富思想和實踐方法，也可以發現其中重視發菩提心的鮮明特點，這也說明作為本經乃至佛教核心的發菩提心思想受到當時教界的重視。《華嚴經》的發菩提心思想貫穿整部經典，就其特色的初發心思想則集中體現在十信法門，本經還通過差別因果、平等因果和〈離世間品〉從漸頓無礙〔註20〕的角度對此問題進行說明，同時本經的〈入法界品〉以善財童子五十三參的書寫從發菩提心踐行與證成的角度提供了菩提心實踐的範例。本經〈賢首品〉云：「若有菩薩初發心，誓求當證佛菩提」〔註21〕，點明被稱為菩薩的行者，其初發心的目的就是志願成就無上菩提，而不是其他〔註22〕的果。在《探玄記》中法藏對初發菩提心作如此評價：「從地前初發心時即起此願，至登初地修願得成」〔註23〕，李通玄《新華嚴經論》中也有「初發心位階同佛

〔註20〕更為確切的表述為：圓融和行布的無礙關係，關於這一點詳見後面的討論。
〔註21〕《大方廣佛華嚴經》卷十四，載《大正藏》第 10 冊，第 72 頁中。
〔註22〕菩提主要分為聲聞菩提、緣覺菩提和佛菩提，如：《阿毘達磨大毘婆沙論》卷四十八，載《大正藏》第 27 冊，第 251 頁上；《阿毘達磨俱舍論》卷二十五，載《大正藏》第 29 冊，第 132 頁中；《瑜伽師地論》卷十三，載《大正藏》第 30 冊，第 347 頁上；《大智度論》卷十八，載《大正藏》第 25 冊，第 195 頁上。
〔註23〕〔唐〕法藏：《華嚴經探玄記》卷十一，載《大正藏》第 35 冊，第 306 頁下。

位，入佛智流，同佛知見，為真佛子」〔註24〕的判斷。這些古代的論述都將發菩提心與成佛這一佛教修行實踐的最高價值取向進行關聯。同時，除了隋唐華嚴家專門注釋《華嚴經》而大量涉及到的發菩提心思想之外，很多僧俗華嚴家都有直接以「菩提心」為題或者內容大量涉及「菩提心」的專門著作。華嚴家以外，如《大智度論》中有「求佛道者，從初發心作願：『願我作佛度脫眾生，得一切佛法，行六波羅蜜，破魔軍眾及諸煩惱，得一切智，成佛道，乃至入無餘涅槃』」〔註25〕的說法，對發菩提心的實踐指向提出了明確判斷。漢傳佛教歷史上呈現宗派紛呈的面貌，創立了中國化佛教第一個宗派的智顗（538～597）也在《摩訶止觀》中將菩提心與觀法聯結起來：「發菩提心即是觀，邪僻心息即是止」〔註26〕，從而提出了將發菩提心與實踐進行密切聯繫的論述。此外，發菩提心相關戒律除《發菩提心戒》〔註27〕作為一篇具有實踐性內容的文獻外，相關實踐性的內容還可見於《優婆塞戒經》〔註28〕、唐代南山律學創立者道宣律師所作的《淨心誡觀法》〔註29〕等著作中。明清以來，省庵大師的《勸發菩提心文》〔註30〕其文真誠懇切、循循善誘，也是廣為人知的。

　　關於華嚴發菩提心這一議題，學界對此也有關注。如日本學者田上太秀在《菩提心の研究》中，以對比漢譯《阿含經》與巴利三藏中有關「菩提心」這一語彙的使用為起點，逐步深入探討了隨佛教傳播過程中的「菩提心」含義的嬗變〔註31〕。中國人民大學張文良教授基於法藏的《大乘法界無差別論疏》，探討和辨析了法藏對「菩提心」一詞的解讀特點〔註32〕。臺灣中華佛教

〔註24〕〔唐〕李通玄：《新華嚴經論》卷二，載《大正藏》第 36 冊，第 728 頁中。

〔註25〕（天竺）龍樹，〔後秦〕鳩摩羅什譯：《大智度論》卷十八，載《大正藏》第 25 冊，第 191 頁中。

〔註26〕〔隋〕智顗：《摩訶止觀》卷一，載《大正藏》第 46 冊，第 5 頁中；超然：《淺說發菩提心與止觀之聯繫》，《浙江佛教》，2001 年第 1 期：第 21～23 頁。

〔註27〕中國佛教協會、中國佛教圖書文物館編：《房山石經》，北京：華夏出版社，2000 年版，第 28 冊第 604 頁。

〔註28〕《優婆塞戒經》卷一，載《大正藏》第 24 冊，第 1035 頁中～下。

〔註29〕〔唐〕釋道宣：《淨心戒觀法》卷二，載《大正藏》第 45 冊，第 830 頁。

〔註30〕〔清〕彭際清重訂：《省庵法師語錄》卷一，載《卍續藏經》第 62 冊，臺北：新文豐出版股份有限公司，1983 年，第 234～237 頁。

〔註31〕（日本）田上太秀：《菩提心の研究》，東京：東京書籍，1990 年。

〔註32〕張文良：《法藏的「菩提心」觀：以〈大乘法界無差別論疏〉為中心》，《宗教研究》，2014 年第 2 期，117～128 頁。

研究所陳英善教授的論文《從一乘三乘論華嚴的菩提心》〔註33〕就著重從地前菩薩，特別是居於十信位和十住位菩薩的發心進行比較，從而提出了於三乘經劫修行，而於一乘則十信位之發心已經「成就極殊勝之功德，且能攝一切行、攝一切位，甚至於十信滿心即成佛」的觀點。法鼓佛教學院的碩士論文《〈華嚴經〉發願思想之研究》梳理了晉譯華嚴有關發願的思想，總結出華嚴發願思想的特色包括無上菩提大願、善巧方便願、平等願、自體無礙願四種〔註34〕。華梵大學邱湘凌的碩士論文《〈華嚴經〉的菩提心思想》〔註35〕則梳理華嚴經從初發菩提心到圓滿普賢願的思路，也強調了發菩提心的重要性，但關於發心的部分基本著重於對寄位三乘的論述。楊麗芬〔註36〕則以四十華嚴為核心探討了華嚴的發菩提心乃是普賢行的實踐依據，江真慧〔註37〕則就菩提心發起的特色，將之寓於華嚴六位（十信、十住、十行、十迴向、十地、等覺）行法的討論中。韓國學者權坦俊〔註38〕在探討華嚴經修行的漸、頓問題時，指出「初發心即成正覺」為佛光照破凡夫的虛妄性為頓，而又因為佛的果德之無限性故同時也需要從十住至十地的漸次修行，從而提出了頓漸在此經中並不相違的觀點。馬淵昌也〔註39〕則就澄觀對安國寺利涉法師的觀點進行批判，指出其重點即是圍繞「初發心即成正覺」來展開，文章強調了華嚴自宗的理論發展到澄觀這裡純熟，而關於「初心成佛」義的解釋也臻於圓滿，同時該研究還對唐代華嚴宗與法相宗在成佛修行位階上的交涉提供了一個參考。伊藤真〔註40〕在《李通玄五種初發心學說》一文對華嚴家李通玄在《新華嚴經論》所提及的五種初發菩提心進行分析，認為這五種初心與十波

〔註33〕陳英善：《從一乘三乘論華嚴的菩提心》，《華嚴學報》，2011年第1期，第79～102頁。

〔註34〕賴玉梅：《華嚴經發願思想之研究》，新北：法鼓佛教學院碩士論文，2014年。

〔註35〕邱湘凌：《〈華嚴經〉的菩提心思想》，新北：華梵大學碩士論文，2006年。

〔註36〕楊麗芬：《析論菩提心是普賢行願的實踐依據——以〈普賢行願品別行疏鈔〉為例》，《法音》，2011年第4期，21～27頁。

〔註37〕江真慧：《〈華嚴經〉菩提心的特色之研究》，《第19屆「全國」佛學論文聯合發表會論文集》，2008年，第1～28頁。

〔註38〕（日本）權坦俊：《〈華嚴經〉修行道の頓漸問題》，日本《印度學佛教學研究》，2003年第51卷第2期，第837～835頁。

〔註39〕（日本）馬淵昌也：《清凉澄観の安国批判をめぐって：初発心成仏と一生有望》，日本《東洋文化研究》2005年第3期，第287～319頁。

〔註40〕（日本）伊藤真：《李通玄による五種の初発心の說について》，載《印度學佛教學研究》，2011年第59卷第二期，第603～606頁。

羅蜜與修行位階相含攝。不過，發菩提心的觀修不但涉及到與十波羅蜜和寄位的關係，還會涉及因材施教的問題，就不同宗派之判教體系的施設就是例證。故這個問題是實踐中最為緊要的，也是進一步體察華嚴發菩提心圓教旨意之深刻意涵的重要途徑。伊藤瑞叡的《增補華嚴菩薩道基礎研究》，從詳實的資料中梳理《華嚴經》及《十地經論》中菩薩道的相關內容，特別是十地品思想的組織與形成、華嚴宗思想的心識與菩薩道修行等方面的問題〔註41〕，屬發菩提心後踐行的部分。總體來說，華嚴經教除了次第性教學的漸門外，華嚴家發揮的一乘圓頓思想更是彰顯其教學特色的，華嚴教學的別教一乘思想直接影響到了後期禪宗等中國佛教宗派乃至日韓佛教的風貌，這些內容在成為考察華嚴發菩提心思想的形成、嬗變及影響的重要背景，這些內容為學界所重視，從而為提出華嚴宗思想的特殊價值提供了很多思考角度。

　　從歷史典籍來看，華嚴宗構建的時代背景兼有佛性論向心性論，以及從注重經典注疏和哲學化建構向主張實踐和下沉基層等方面的轉變趨向。在這一背景下，華嚴發菩提心思想作為結合境界論與實踐論的樞紐，從佛性論開始，逐步嬗變為心性論為主的論述，將理論與實踐統一於對「發菩提心」的闡釋及其實踐中，因而在佛教內構築了契合學、修兩翼的關鍵性問題意識，而這也是整部《華嚴經》中經常得以展現的思想意蘊〔註42〕。從《華嚴經》初發心思想和普賢心、普賢行的論述開始，智儼通過《孔目章》中的〈賢首品初立發菩提心章〉開啟了菩提心一乘三乘之別的討論，為「華嚴菩提心」的深入闡釋打下基礎。法藏通過解讀《華嚴經》進而寫作《華嚴發菩提心章》，對華嚴教學的菩提心思想集以大成。李通玄將「初心成佛」與佛教象徵學、修行論和周易學等相結合，不但促進了發心思想的實踐意味轉向，而且也為融匯佛教內外思想提出了一種新的思路。澄觀則通過一方面繼承發展法藏對《華嚴經》初發心思想的解讀，一方面通過著述和踐行初發心思想，將華嚴發菩提心思想從理論上得以繼承發展，並促進了以融合為方法和關注實踐的演進趨勢。宗密通過解讀「真心」和「一真法界」，進一步在禪教、三教背景下深化了「華嚴發心」思想。中唐宰相、佛教居士裴休則作《普勸僧俗發菩提心文》，提供了「華嚴發菩提心」的修行思路。宋明以來，伴隨佛教逐步彰顯禪之特色以及下沉民間的趨向，華

〔註41〕　（日本）伊藤瑞叡：《華嚴菩薩道の基礎研究》，京都：平樂寺書店，1988 年。
〔註42〕　張文良：《法藏的「菩提心」觀：以〈大乘法界無差別論疏〉為中心》，載《宗教研究》，2014 年第 2 期，117〜128 頁。

嚴發菩提心思想先後以發願文、心識的討論等形式寓於禪淨的行門，作為嚴格意義上的華嚴菩提心思想消失了其獨立性。歷史的變遷為這一教法的興衰構建了宏大的背景，但從 1980 年代以來對華嚴學研究來看，已經從原典校釋、歷史等方面，逐步趨向多樣化內容，包括判教思想、斷代史、祖師思想的特徵等方面內容都有報導。但進入理解中國化佛教的中心，必然要以考察其核心範疇和主要實踐活動為樞要，後者正是佛教中的發菩提心思想、行菩薩道與求證佛果實踐活動。不過目前對這一問題的研究，除了臺灣和日本學者就某一文本或者宗派本身思想所進行的一些研究外，尚鮮見關注，同時研究的關注點也大多結合了俱舍、法相唯識的成果，而後者實際上在中國佛教思想體系中以及華嚴教學內部固然視之為基礎，但更為特色的內容尚需根據華嚴教學的獨特方式在詮釋方法等方面得以有可以發揮與補充的空間。因此，需要有一部關於系統疏理佛教中國化視角下的佛教「發菩提心」思想的著作，並在討論其對印度佛教發心思想的繼承與調適，理論建構的完成，實踐方法、目標、內容的特色以及其作為佛教中國化重要成果為後世中國傳統文化的發展、東亞的文化交流以及近代佛教的發展演進等方面的影響，從而為總結這一歷史經驗中反思，進而提出當代佛教更為契理契機傳播和不斷健康發展的思路。

　　本書以《華嚴經》中有關發菩提心內容的敘述，結合智儼、法藏、李通玄、澄觀、宗密和裴休等人的著作為基礎，歸納出華嚴發菩提心在佛教思想和實踐體系中的獨特性及作為佛教中國化的一個切入點的歷史經驗與價值。同時，兼論宋元以降，以融合佛教為特色的中原佛教、東亞文化交流背景下的日韓佛教以及近代中國人間佛教趨勢下，華嚴宗及其發菩提心思想因素的存續與影響。在總結華嚴發菩提心思想的歷史經驗基礎上，進一步提出新時代背景下佛教核心思想的自我適應性調整及其運用發揮方面的思考。

三、華嚴發菩提心之界說

　　本書之謂「華嚴發菩提心」思想，乃是指隋唐華嚴家依據《華嚴經》提出的關於佛教發菩提心的思想。其中，既有對以往發菩提心思想的繼承和調整，也有根據經義發揮的獨特內涵，是隋唐華嚴家對佛教發菩提心思想具有特色的闡釋過程、方法及其結果。除了繼承前人的相關學說外，站在華嚴家角度理解「發菩提心」，就是以《華嚴經》別教一乘的立場出發，注重經中「初心成佛」義，並發掘佛教發菩提心思想中與真心思想、實踐旨趣、圓融無礙性等方面進

行聯結的可能性因素。因此，華嚴發菩提心思想具有以下幾個特點：

首先，一乘圓融性是華嚴發菩提心思想最具特色的理論特徵。基於華嚴經教建立的發菩提心思想必然是華嚴別教一乘思想在「發菩提心」這一問題上的具體體現，這可以表現在如下三個方面：其一，既重視包含有佛地位的寄位修行的「行布門」，又同時強調初發菩提心之後一位一切位的「圓融門」；前者是對前人關於這一問題的調整性繼承，後者則是對《華嚴經》所強調之教義的發揮。其二，建立「圓融不礙行布」同時「行布不礙圓融」的「圓融─行布無礙」（以下簡稱「圓行無礙」）關係，為不同根性的行人建立多元的修證實踐思路。開列「圓融」與「行布」二門，側重於對「一乘性」的敘述，而「圓行無礙」則是對「圓融」的更高層次發揮，是對修華嚴法界觀之「周遍含容觀」的具體落實。其三，在「圓行無礙」的基礎上，進一步採用經中提出的「權實雙行」法，使本來「一而二、二而一」的「文殊普賢─遮那」的平等因果與從凡轉聖、直至圓滿的差別因果得以會通，為彌合「圓融」和「行布」之間的張力提供了可操作性的方法。

其次，教證無礙、止觀無礙是華嚴發菩提心思想在修行實踐方面的旨趣與特徵。「發菩提心」一詞最初的含義是對成佛的一種希求和發願，因此這一詞彙從確立之初便具有強烈的實踐意味。華嚴發菩提心所依的「心」，更多強調為一種具備「寂然且靈知不昧」特徵的「真心」，這種寂知相資正是對「海印三昧」的一種基礎性解讀和契入門徑，後者正是佛宣說《華嚴經》所依的法界大定。因此，這種基於真心的修行，正是華嚴發菩提心思想實踐面向以教證無礙、止觀無礙為其特色而展開的基礎。教詮既是佛位之施設，也是眾生因位之學習的憑據，而德證既是佛位之歷史回溯，也是眾生因位之契入的門徑；教詮與德證各自的能所雙方具有圓融無礙性，同時教中有證的成分，而證又以自他獲益之教詮的施設而得以顯現與展開，因此教證兩方面是具有圓融無礙性的。另一方面，因為以「海印三昧」和華嚴「周遍含容」為修證基礎，所以止和觀得以統一；因為契入「海印定」和證成「周遍含容觀」的過程需要歷位修行，所以止和觀在因位上的差別相是宛然存在的，由此止觀兩方面也是具有圓融無礙性。

再次，持續開放性是華嚴發菩提心思想隨時代不斷發展嬗變的基本精神風貌。從根本上說，包括華嚴教學在內的佛教都以緣起法為基石，而緣起法除了作為一種原理兼具理論推理之起點以及理論與佛陀本懷是否契合之歸宿

與評價標準之外，同時其本身亦可作為一種方法，運用這一方法的華嚴發菩
提心思想具有隨時代緣起而實現理論不斷展開的特點：智儼承杜順之十玄思
想確立華嚴宗的一乘思想，以簡別於唯識新學，是當時之必要，從而智儼對
華嚴「發菩提心」的解讀以一乘、三乘差別入手，通過調整三乘使之匯入對
「一乘菩提心」的詮釋中；法藏集華嚴宗思想之大成，對於「華嚴發菩提心」
的詮釋體現為全面而系統的論述，並結合教觀無礙、止觀無礙，形成了《華
嚴發菩提心章》的思想框架；澄觀和宗密將「華嚴發菩提心」的詮釋逐步與
真心和觀行相結合，賦予了華嚴發心更加鮮明的實踐特色，而其中起到過渡
中介作用者即經中〈離世間品〉之「普賢心」，後者也正是智儼和法藏所努力
建立和強調之一乘的經典依據，這一給予真心和實踐的取向在裴休處以發願
文的形式進一步得以呈現；此外，別出宗外之李長者，則從人物、方位、顏色
等取象表法以及前後文本的偶聯的方法等角度加以詮釋，形成了重視「初心
成佛」與「善財南詢」實踐的詮釋特色。

最後，注重人文教化是華嚴發菩提心思想不斷保持活力的根本所在。發
菩提心雖是從個人發願成佛開始，但因其內涵已經具備「上求佛道、下化眾
生」之義，因而，從發菩提心的定義上就已經兼具對個人成長和為一切眾生
的成長而努力與擔當的意味。而華嚴視角下的發菩提心，更是以圓融無礙的
基本理論底色賦予其無限的含義：從個人的無限性到眾生的無限性，最終以
普賢心、普賢行為終極歸趣。另一方面，華嚴發菩提心思想及其實踐中所具
有的教化意味，是其人文性的本質特點。無論是通過「圓融—行布」無礙關
係建立無限可能的成佛路徑，還是對善財一生成佛的修行範例的注重，抑或
是將發菩提心之類別以度化眾生之「人」、「事」兩個方面予以深入的探究，
都顯示了華嚴發菩提心思想從理論內涵、詮釋範式到實踐路徑、方法與旨趣
等多方面重視善友教化和自我學習成長的努力，而這些精神也具有普適的人
文意義。某種程度上說，順著對人成長的思考，通過宗密《原人論》的完成，
為華嚴發菩提心思想和真心思想在人格成長以及佛教的人間性等方面的得以
展開和運用，起到更為積極的意義，也為東亞佛教呈現融合化的傳播歷史提
供了重要的理論依據。

第一章 《華嚴經》的發菩提心思想

　　《華嚴經》全文依「信」、「解」、「行」、「證」四門來組織，其中「解」的部分又分為「差別因果」和「平等因果」兩種，由此形成了稱為「五周四分因果」的分野，而《華嚴經》的菩提心思想，在這一分野之每個部分皆有其特色。初發菩提心在《華嚴經》中被賦予了走上菩提道的起點〔註1〕乃至完全具備佛果功德〔註2〕的重大意義，其中尤以十信成滿之「初心成佛」以及「平等因果」中的「圓教發心」最具代表性，後者包括了菩提心的體、發起因緣、修行次第、所獲功德等關於菩提心的各方面核心意涵。在「證」的部分，善財童子南詢五十三參作為《華嚴經》的修行典範，為我們呈現華嚴發菩提心是如何由解導行，進而由行得證的修行經驗。這些內容包含了發菩提心之起始與證得佛果位之終結，彰顯了華嚴發菩提心思想的圓融特色。另一方面，《華嚴經》中的「差別因果」，通過對菩薩修行所經歷的十住、十行、十迴向、十地等位階的論述，提供了關於發菩提心修證實踐的具體而具有次

〔註1〕　《大方廣佛華嚴經》卷十四，載《大正藏》第10冊，第72頁中；〔唐〕李通玄：《新華嚴經論》卷二，載《大正藏》第36冊，第728頁中；〔唐〕法藏：《華嚴經探玄記》卷十一，載《大正藏》第35冊，第306頁下；《大智度論》卷十八，載《大正藏》第25冊，第191頁中。

〔註2〕　《大方廣佛華嚴經》卷十七，載《大正藏》第10冊，第89頁上；《大方廣佛華嚴經》卷八，載《大正藏》第9冊，第449頁下；此外，李通玄《新華嚴經論》中說：「初發心時便成正覺，以持佛性戒故與佛體齊，理事平等混真法界。」（〔唐〕李通玄：《新華嚴經論》卷一，《大正藏》第36冊，第722頁上），從持戒的角度說明了初發心因為受持佛性之戒而於佛體在理上是等同無二的。

第的解行路徑，是普被一切行人同時「行布不礙圓融」的法門，也是華嚴發菩提心作為佛教思想實踐體系組成部分與其他宗派相契合、可兼容的部分。「圓融」和「行布」二門的互融互攝，構建起華嚴發菩提心理論與實踐的基石。

一、十信法門的圓解

十信法門是《華嚴經》「修因契果生解分」的最初內容，而有關「初發菩提心」的提法，在經中也是最早從十信法門中的〈賢首品〉以校量功德的方式來呈現的。〔註3〕實際上〈賢首品〉在十信法門中正是對應「信之德」的內容〔註4〕，與前兩品〈菩薩問明品〉、〈淨行品〉共同組成了敘述十信法門核心要義的部分。十信法門所在的「修因契果生解分」，是《華嚴經》信解行證四分的第二分。這一部分所接續的上文是屬於本經的第一部分，即「舉果勸樂生信分」，也就是通過描述佛陀依正二報的殊勝果德來引導人們對成佛生起信心和希求感的內容，這一信分的內容是以佛證道後親見的境界和佛陀相好莊嚴為主要敘述內容，其中涉及到發菩提心的主要有佛、菩薩（包括作為化身出現的已發菩提心之天、神眾）啟發眾生發菩提心，同時提及眾多解脫門的名稱以及對菩提心圓滿結果的描述。因此，《華嚴經》的第一部分中所體現出的發菩提心思想更多表現為一種希求心和信樂心的引發，從這個意義上來看，菩提心的發起是屬於一種間接性的發起。〔註5〕此外，這種希求心和信樂心則進一步通過「解分」導向對菩提心的正式認知與少分實踐，而其中的十信作為「解分」之首個法門即聯結了「信分」和後續之「解」的內容，因而是學修華嚴發菩提心的入門。

十信法門以〈菩薩問明品〉為開始，這一品以「十種甚深」來說明圓滿十信法門所需理解的內容，包括：緣起、教化、業果、佛說法、福田、正教、正行、助道、一乘和佛境界等。〔註6〕所謂「問明」，就是闡釋對世界的認

〔註3〕晉譯和唐譯本分別從無邊際、不可稱量、無與等的方面以及通過發心之堅固不動的性質來說明發心功德的（《大方廣佛華嚴經》卷十四，載《大正藏》第10冊，第72頁中；《大方廣佛華嚴經》卷六，載《大正藏》第9冊，第432頁下～第433頁上）。

〔註4〕〔唐〕法藏：《華嚴經探玄記》卷四，載《大正藏》第35冊，第186頁下。

〔註5〕實際上，如果按照華嚴宗對這一部分的解讀，其當體即是發菩提心圓滿的結果。

〔註6〕〔唐〕法藏：《華嚴經探玄記》卷四，載《大正藏》第35冊，第176頁下。

識並使凡夫的無知、無明轉變為「明」的狀態。作為此品主要內容的「十種甚深」是通過十個環節的問答來呈現的，其中前九個問答都是文殊菩薩詢問、不同的九位大菩薩來分別做回答，而最後一個問答則是這九位菩薩同時向文殊菩薩提問，文殊菩薩來做回答。前九個問答代表了文殊所象徵的智慧來引發的「問明」，屬於菩薩因位修行的內容，最後一個問答則是表現了佛之境界，而這一境界只有長久以來作為諸佛之師的文殊菩薩才能回答。實際上，《華嚴經》以「十門」的方式來敘述問題、闡明內容是十分普遍的現象，其目的是顯示經中所說問題的無限性〔註7〕，而舉出的十個方面往往是具有代表性的。因此從這個角度而言，此處的「十種甚深」就代表了理解「十信法門」所具有無限內涵的關鍵內容。另外，這十個方面在經中的次序也是具有一定意義的：首先談及的緣起甚深是佛教思想建立的基石，是佛教思想的特質與核心，同時也是佛教如何認識世界以及增強對佛法信心的切入點，因此這一問題自然被列為「十種甚深」的首要內容。緊接緣起甚深之後的則是教化甚深，也就是在瞭解佛教核心思想的基礎上，再進一步展開廣行大悲、救拔眾生的修行實踐。同時，對於「緣起甚深」的理解對應的是在定（三摩地）中的情形，其認識形式為現量、親證；而「教化甚深」則是出定後，以後得智來重新審視世界，這樣必然導致生起同體大悲和踐行大悲心的覺悟，並以此為主要途徑來度化眾生從而完成對緣起法的圓滿體認。由此可見，〈問明品〉的內容雖然都是一般人皆熟悉的內容，但每一項內容都是直接引導到成佛的最終目標，其內涵具備了成佛的見地，這樣的敘述為後續「十信滿心即成佛」提供了可能。

在對十信法門理解的基礎上，通過〈淨行品〉由理解導入行動。一般認為，《華嚴經》是佛陀為法身大士宣說的法門，因此一般就會傾向認為依《華嚴經》修行是普通行者所難以企及的。不過，從經文便可得知，像〈淨行品〉所描述的內容就是以出家、在家二眾最為普通的日常生活為背景，是本品乃至十信法門修行的入手處，這也說明《華嚴經》也有能夠為絕大多數人所能直接運用的部分。實際上，按照華嚴宗對一乘教的圓教、別教的判斷角度來理解，《華嚴經》直接的對機者固然是法身大士，但仍通過「權」、「實」雙表來體現本經具有的三根普被、融攝無礙之特質。例如，〈淨行品〉的梵本直譯作「圓淨行品」，

〔註7〕〔唐〕法藏：《華嚴經探玄記》卷三，載《大正藏》第35冊，第152頁中。

其中的「圓」字就是普賢行的意味。〔註8〕所謂「普賢行」，就是以無限為特徵，除了要以無限的所緣境作為修行的對象之外，修行時所依據的法門之種類與數量，每個法門的深度和廣度也都是具有無限性的；同時，就時空來說，每個法門、每個修行對象都是以無限的時空來踐行。因而，從這樣的描述來看，經中所表述的無限，實際上包含了思維所及和難以企及（即「不可思議」者）的無限的種類和內涵，並且每個「無限」單元又交迭互攝，以至重重無盡。那麼問題來了：既然這種普賢行都是無限的，那麼如何將普通人的日常這種「有限性」擴大到無限乃至盡攝成佛的全部呢？在本品，文殊菩薩以「善用其心」〔註9〕四字指出本品的修行關鍵，對比晉譯版本的《華嚴經》可以發現，在後者文本的相對應部分則譯作「成就身、口、意業」〔註10〕。就文字與其背後的直接含義來看，似乎有所差異，但站在佛教理論的基本立場，這個問題便容易融會貫通：佛教認為，「心」是更為本質性的存在，而「身」、「口」、「意」三業中，「身」、「口」二業屬於「心」之作意而引發的行為，屬於從屬地位；而意業則屬於意識層面，是與「心」更具密切關係的存在。由此可見，唐譯本中的「善用其心」實際上是指出了文殊菩薩提示之修行關鍵的更為根本性的問題，亦即「心生萬法」〔註11〕，而這一點也與菩提心從佛性論的成佛敘述轉向為心性論討論「心」的問題有著共同之意趣。

關於如何以「心」的轉變成就佛果功德，文殊以一百四十一個偈頌加以回答〔註12〕，縱觀這些內容可以發現，每一個偈頌都是以「當願眾生」為前

〔註8〕〔唐〕法藏：《華嚴經探玄記》卷四，載《大正藏》第35冊，第184頁下。

〔註9〕《大方廣佛華嚴經》卷十四：「佛子！若諸菩薩善用其心，則獲一切勝妙功德；於諸佛法，心無所礙，住去、來、今諸佛之道；隨眾生住，恒不捨離；如諸法相，悉能通達；斷一切惡，具足眾善；當如普賢，色像第一，一切行願皆得具足；於一切法，無不自在，而為眾生第二導師。佛子！云何用心能獲一切勝妙功德？」（載《大正藏》第10冊，第69～70頁）。

〔註10〕《大方廣佛華嚴經》卷六：「菩薩成就身、口、意業，能得一切勝妙功德；於佛正法，心無罣礙；去、來、今佛所轉法輪，能隨順轉；不捨眾生，明達實相；斷一切惡，具足眾善；色像第一，悉如普賢大菩薩等；成就如來一切種智；於一切法悉得自在，而為眾生第二尊導。佛子！何等身、口、意業能得一切勝妙功德？」（載《大正藏》第9冊，第430頁中～下）。

〔註11〕例如《華嚴經》中有「若人慾了知，三世一切佛，應觀法界性，一切唯心造」（卷十九，載《大正藏》第10冊，第102頁上～中）等指出「萬法由心造」的說法。

〔註12〕按：此處指唐譯八十卷本，而晉譯本則為140願。

後內容的連接樞紐的，而一百四十一次重複的「當願眾生」也成為前後內容得以轉變的關鍵點。按照法藏繼承並發展智儼的意見，這種轉變歸結起來有六種形式，即：轉捨事、轉成法、轉他令離過、轉他令入法、轉顯自過。〔註13〕這種將現象層面的、此岸世間性的、有限、有漏的敘述導向為本質性、彼岸超越性、無限性、無漏性的轉變是本品的特色：這種轉變通過「願」使得凡夫位芸芸眾生的發心和法身大士等聖賢眾的用心實踐得以溝通，因而對指導一般人的修行實踐和增加修行實踐之信心具有啟發的意義。此外，就智儼和法藏對「願」的解讀〔註14〕，本品所說的願屬於「行願」，也就是導引修行實踐的作用，這種「願」的實現程度是高於一般的願望的，不過仍是低於已經成為圓滿狀態的「自體無礙願」的，後者是佛菩薩等聖者的境界，所謂「悲願無盡」也更多側重於此類「願」。本品之「願」所處的位置正是由凡轉聖的過渡狀態，恰是介於普通理解之「願望」和「自體無礙願」之間，以「願行」互相資持為其特點的「行願」，而這也蘊含了確定最高實踐目標後尚需勵力篤行實踐的意味。

〈賢首品〉從「德」的角度來敘述初發心。本品從文殊師利菩薩問〔註15〕賢首菩薩開始，賢首菩薩在答問的偈頌中首先就以「無邊際」、「不可稱量」、「無與等」描述來強調了初發心功德在廣度、體量和與他者比較等方面的超勝之處。然而作為「最初」之發心，實際上隱含著此一階段是仍處於對佛果不完全瞭解的意味，相應的此階段的行者仍然具有煩惱〔註16〕，因而初發心

〔註13〕〔唐〕法藏：《華嚴經探玄記》卷四，載《大正藏》第35冊，第185頁下。
〔註14〕〔唐〕智儼：《大方廣佛華嚴經搜玄分齊通智方軌》卷一：「願有三種：一、要期誓願；二、行願；三、自體無障礙願。初、未成欲成，二、正成行，三、成已，是真願……初一句自分境，次一句及眾生，次二句攝同勝事也。」（載《大正藏》第35冊，第30頁下）；〔唐〕法藏：《華嚴經探玄記》卷四：「願有四種：一、誓願謂行前要期等；二、行願，此有二種：一、與行俱起；二、但對事發願，則此是行以防心不散故；三、行後願，謂以行迴向願得菩提等；四、自體無礙願，謂大願究竟同法性海，任運成辦一切諸事。此中唯論行願，餘者義通可知。」（載《大正藏》第35冊，第184頁下）。
〔註15〕文殊菩薩的問偈為：「我今已為諸菩薩，說佛往修清淨行，仁亦當於此會中，演暢修行勝功德。」（見：《大方廣佛華嚴經》卷十四，載《大正藏》第10冊，第72頁上），文殊菩薩已經將佛往昔所修的清淨行開顯給大眾，也請賢首菩薩向大眾廣說為達佛果之因地的菩薩修行之殊勝功德。
〔註16〕〔唐〕澄觀：《大方廣佛華嚴經隨疏演義鈔》卷三十五，載《大正藏》第36冊，第266頁中～下。

菩薩還往往被稱為「信相菩薩」、「假名菩薩」或者「名字菩薩」〔註17〕。那麼這樣有漏、具縛、信且不足的菩薩何以與佛體性無二呢？首先，作為三賢、十聖、等覺、妙覺的菩薩，前者即是後者之因，後者即是前者之果。華嚴教學中因果相攝，圓融無礙，因此，從一乘的角度來看，初發菩提心發起到位也就立即得到了普賢位。〔註18〕從這個意義上，能夠從因果圓融無礙是成立「初發心即成正覺」同時不損壞初心狀態宛然的事相，這也就是「行布不礙圓融、圓融不礙行布」之意的具體運用。〔註19〕此外，方山長者李通玄從「表法」的角度亦認為，就果中說因，十信位菩薩能於普光明殿，以普光明智報生，故不離此（根本）智而修滿成佛，由此角度亦可成立上述說法。〔註20〕其次，從種性上，初發心與菩提是一致的，發心的當下，從所緣境起觀，能夠息除第八識，而使真心於「薄障中現」。按照淨影慧遠（523～592）的意見，《華嚴經》中的「初心成佛」是習種姓所攝，在這個稱為「到菩提」的修行階段基礎上進一步在事上起修，最終依此能夠轉妄識，最終成就佛果之功德。〔註21〕因而從修行的可能性上來講，「初發心」儘管與「未來成佛」之間的時限尚有差異，但能夠成就佛果這一點則是確定無疑的。第三，根據華嚴教學中「一位中具一切位」，「一行即一切行」的原理〔註22〕，在理、體的層面上說，佛與初發心菩薩是等無二別的。

在敘述菩提心具有「初心成佛」的殊勝性後，本品繼續就發心因緣，通過賢首菩薩六行偈頌〔註23〕來加以說明，根據李通玄的意見〔註24〕這其中包

〔註17〕〔唐〕澄觀：《大方廣佛華嚴經隨疏演義鈔》卷三十五，載《大正藏》第36冊，第266頁中。

〔註18〕〔唐〕法藏：《華嚴經探玄記》卷五，載《大正藏》第35冊，第202頁下。

〔註19〕〔唐〕澄觀：《大方廣佛華嚴經隨疏演義鈔》卷一，載《大正藏》第36冊，第9頁下。

〔註20〕〔唐〕李通玄：《新華嚴經論》卷二十九，載《大正藏》第36冊，第919頁下。

〔註21〕〔隋〕慧遠：《大乘義章》卷十八，載《大正藏》第44冊，第832頁下。

〔註22〕〔唐〕法藏：《華嚴經旨歸》卷一，載《大正藏》第45冊，第596頁上；〔唐〕法藏：《華嚴經探玄記》卷一，載《大正藏》第35冊，第108頁下。

〔註23〕《大方廣佛華嚴經》卷十四：「菩薩發意求菩提，非是無因無有緣，於佛法僧生淨信，以是而生廣大心。不求五欲及王位，富饒自樂大名稱，但為永滅眾生苦，利益世間而發心。常欲利樂諸眾生，莊嚴國土供養佛，受持正法修諸智，證菩提故而發心」（載《大正藏》第10冊，第72頁中）。

〔註24〕〔唐〕李通玄：《新華嚴經論》卷十六，載《大正藏》第36冊，第826頁中。

括：（1）於三寶生起之清淨信心；（2）由此繼而生起之廣大心；（3）為利益眾生發起的慈心；（4）為滅眾生苦發起的悲心；（5）為利益眾生、莊嚴國土、供養佛的供養心；（6）為證菩提而發之希求心。在這些發菩提心的因緣中，尤以信心為其根本要素，所以在述及發心之緣起後，〈賢首品〉又以「信三寶增益」〔註25〕為起點提示了修行的基本理路，隨後又通過「增進修行獲果」〔註26〕、「菩薩得果」、「行悲教化眾生」、「興供自在」〔註27〕、「放光明之若干三昧」〔註28〕、「光明出處及差別」〔註29〕諸多方面對修行的利益及果報加以說明。〔註30〕此外，在〈十住品〉中還有以見佛之圓滿形象、神足通等而生起欣求乃至皈依之心，聽聞授記和說法教誡等因聞法因素而生起信心，以及因看到眾生遭受眾苦引發悲心而發菩提心等發心因素。〔註31〕這些描述儘管在大菩薩的角度是直接具有修行意義的修道次第，似乎作為普通人難以企及，但建立在因果道理基礎上再看這些方面仍不啻為一種為普羅大眾能夠引發廣大信心的鼓勵要素。在佛教共同的基礎即思維苦諦上生起的出離心，與帶領眾生一起出離輪迴、解脫生死的菩提心，構成了普遍意義的成佛修道次第，在各宗派都有其具體的展開。而依照《華嚴經》的見地，則給了我們另一個角度啟示，即：除了從苦的角度契入，生起對凡夫生命狀態的不滿意，從而尋求出離之道之外，對於佛果、佛之依報正報殊勝的欣求，將在某種程度上進一步促進學人向道、成佛的信念，也能促進以成佛為目的而發願的動力。

由此可見，以「十信法門」為基點來理解華嚴發菩提心，其呈現方式可以是以十信之「解」與「行」作為理論和實踐兩個面向的敘述，並通過十信之德給出十信成滿的檢驗標準。從這個意義上說，華嚴發菩提心在「十信法門」的呈現是以圓滿理解「十種甚深」和「圓成淨行」為主要內涵的。

〔註25〕《大方廣佛華嚴經》卷十四，載《大正藏》第10冊，第72頁中～下。

〔註26〕《大方廣佛華嚴經》卷十四，載《大正藏》第10冊，第72頁下～第73頁下。

〔註27〕《大方廣佛華嚴經》卷十四，載《大正藏》第10冊，第73頁下～第75頁中。

〔註28〕《大方廣佛華嚴經》卷十五，載《大正藏》第10冊，第75頁中～第77頁中。

〔註29〕《大方廣佛華嚴經》卷十五，載《大正藏》第10冊，第77頁中。

〔註30〕〔唐〕李通玄：《新華嚴經論》卷十六，載《大正藏》第36冊，第826頁中。

〔註31〕《大方廣佛華嚴經》卷十六，載《大正藏》第10冊，第84頁上～中。

二、初發心的發起與功德

於三寶生淨信—信心無退轉—信力無能動—諸根淨明利—遠離惡知識—親近善知識
勤修佛功德—發起菩提心—諸佛所護念—殊勝決定解—成就大因力—修集廣大善
生在如來家—修行巧方便—信樂心清淨—增上最勝心—修習波羅蜜—具足摩訶衍
辯才無障礙—知法永不滅—如來體常住—觀見無量佛—念佛心不動—如法供養佛
開演無邊法—慈愍度眾生—堅固大悲心—愛樂甚深法—捨離有為過—離憍慢放逸
成就諸群生—知諸眾生行—發起大神通—勇健無能勝—處生死無厭—兼利一切眾
善攝眾生智—成就四攝法—眾生無限利—最勝智方便—住勝勇猛道—摧殄諸魔力
為諸佛授記—得無生法忍—至於不退地—超出四魔境

圖 1-1〈賢首品〉中的初發菩提心前後之修行次第

〈賢首品〉提出了初發菩提心前後的修行次第，為人們窺見菩薩修行之境界提供了方便。以菩提心為界限，這一次第分為前行和發起後的修行，如圖 1-1 簡要表示了發心前後的修行理路。發心前，以「淨信心」為引發因素，這種「淨信心」是對佛、法、僧三寶產生的清淨無偽之信心，是後續持戒、供養、聞法等修行實踐的動力；另一方面，這些實踐還進一步對發起之信心起到強化作用。當這種「淨信心」在內心業已成為一種較為強大的勢力後，則進一步如此循環的資持使「淨信心」成為一種力量，最終成為不可動搖心理力量。在實踐的過程中，同時產生包括諸根清淨、遠離惡友、親近善士、修集善法等方面的功德，這些則進一步成為下一階段修行在因上的動力，亦即後續修行之資糧。在發起菩提心之後，則通過臨摹佛的功德，以投生殊勝種性、善巧方便、於法之信及好樂，並通過如法供養、成就辯才無礙、離諸有為過、發起神通、攝受眾生、得無生法忍等廣大、無量的修行法門而最終達到為佛所授記之結果。總結初發心菩薩所應學之法，包括有：精勤供養佛陀、對長住生死的好樂、主導世間令除惡業、以勝妙法常行教誨、讚歎無上法門、學習佛陀廣大的功德、在諸佛前出生並能恒久地蒙佛攝受、具有方便演說寂靜三昧的能力、讚歎遠離生死輪迴、為處於輪迴的苦眾生作歸依處等十種，通過這些法門的學修，能使初發心菩薩心中的佛法轉更增長，最終達到自己能夠開解佛陀教化的深意，達到「無師自悟」的境界。〔註32〕從這十類所應學之法可以看到，其中有以無量眾生為所緣之「利他」行，也有以佛陀功德、佛

〔註32〕《大方廣佛華嚴經》卷十六，載《大正藏》第 10 冊，第 84 頁中。

陀教法為所緣而內修從而顯現上「自利」為主的內容。實際上，自利的內容本身也是實現利他的基礎，而利他的內容也是圓滿自身的途徑，因而同時也是最大和最為究竟的自利。由上可知，初發心儘管與佛菩提等無差別，但在事相上並不是不需要修持而坐享其成，因此菩薩發心之後的修行次第是必要的，而且也是修諸功德、積累資糧的過程。

在引發了菩提心之後，學人需要瞭解初發菩提心的特徵。在《華嚴經》關於初發心發起、修行和功德的敘述基礎上，法藏和澄觀借助「直心、深心、大悲心」的分類方式，闡釋了華嚴宗立場上的初發菩提心內涵。〔註33〕這對尚處於生起信心的菩薩〔註34〕來說，是十分必要的。法藏在每種發心上復開十門，更為深入地闡釋了三心在正念隨順真如法〔註35〕、對修一切善行有好樂之心及救脫一切眾生苦之心這三方面的內涵。這些內涵基本涵蓋了對佛法的修習、實踐及將所行之法增長廣大使之遍一切眾生這三個方面。因此，可以認為，初發菩提心的三種特徵反映的正是如何修習菩提心的次第性理路，即：由教觀至行持、由自利至利他。在這三類特徵之中，又各開十門，以十玄無盡的方式說明菩提心行相的重重無盡。在「直心、深心、大悲心」各自的展開中，都是根據這三類心所描述的核心議題——正知見、修行實踐及度眾生為各自十門特色而展開的。如以領悟真如之正知見的角度，就是從對法之好樂為起點，繼而是修習不疲厭，如此逐步深入乃至契入重重無盡之法界緣起觀，呈現了步步遞進的次第性。有關廣修善行為主的「深心」，則從修行中所遇到之障礙及其克服的角度來說明，如究竟心提示了修行要有成就，忍苦心、無厭足心、無疲倦心、常心、不求果報心等從對治的角度來看就有降服疲厭、懈怠、貪等修行大小障礙，最終以三輪體空之不顛倒心成為究竟圓滿的階段。「大悲心」中，除了具足修行上的忍苦心、無厭足心、無疲倦心、常心、不求回報之心之外，尚需善巧方便為前提。「大悲心」之不顛倒心，以消除能所對立，即能化之菩薩及所化之眾生皆不見故，由是則於空性之體悟入又得以增

〔註33〕〔唐〕法藏：《華嚴發菩提心章》卷一，載《大正藏》第45冊，第651頁上；
〔唐〕澄觀：《大方廣佛華嚴經隨疏演義鈔》卷三，《大正藏》第36冊，第21頁下～第22頁上。

〔註34〕（天竺）馬鳴，〔梁〕真諦譯：《大乘起信論》卷一，載《大正藏》第32冊，第580頁下。

〔註35〕〔明〕智旭：《大乘起信論裂網疏》卷五：「真如即是眾生心性。憫物迷此，故順真如，發大悲心也。」（《大正藏》第44冊，第453頁下）。

進。在瞭解了初發心的種類特徵後，就可以依照這樣的特徵進行修行，同時亦可以將之作為對修行進展程度之判斷標準。

表1-1 〈初發心功德品〉中層層遞進的功德譬喻

歸　類	次　序	對　境	時間或內容
供養眾生令修善法	1	十方阿僧祇世界所有眾生	一劫，教令淨持五戒
	2	十方十阿僧祇世界所有眾生	百劫，教令修十善道
			千劫，教住四禪
			百千劫，教住四無量心
			億劫，教住四無色定
			百億劫，教住須陀洹果
			千億劫，教住斯陀含果
			百千億劫，教住阿那含果
			那由他億劫，教住阿羅漢果
			百千那由他億劫，教住辟支佛道
知邊際	3	諸世界	
	4	成壞劫數	
	5	眾生種種差別解	
	6	眾生諸根差別	
	7	眾生所有欲樂	
	8	眾生種種方便	
	9	所有眾生種種差別心	
	10	眾生種種差別業	
	11	眾生煩惱差別	
供養諸佛及眾生	12	十方世界所有諸佛眾生	一念
	13	無盡供養	增長廣大，供佛及塔

〈初發心功德品〉在八十卷本《華嚴經》中位於第十七品，這一品為佛陀在忉利天宮所說之第三法會中的第五品。本品之前有關於菩薩修行之十住位的〈十住品〉以及有關菩薩無染修行的〈梵行品〉，在前者中所敘述的第一住即是「初發心住」，是有關初發菩提心的說明，而後者則直接提出了「初發

心即成正覺」的說法。〔註36〕在這前兩品明確修行位階和踐行途徑的基礎上，本品則重點在發心的殊勝功德以及發心的功用這兩個方面，緊接此品的後一品是〈明法品〉，後者就發心之後的精進修行等作進一步闡述。〔註37〕可以說，〈初發心功德品〉在溝通前後修行次第理路方面具有承前啟後之作用。〈初發心功德品〉從天帝釋向法慧菩薩發問開始，接著法慧菩薩便以諸多譬喻來比較初發心的功德與其他修行實踐功德的大小，通過這種校量功德的方式說明了初發心功德的宏大。本品通過十三個譬喻將初發心的功德歸納為三個大類，即：供養眾生教化令修善法、知諸邊際和供養諸佛及眾生（表1-1）。

其中，每個譬喻中的對境、時間、內容等都各有側重：空間上則是從一方到十方的遞增，〔註38〕時間上是從一念到不可說不可說劫的遞增，〔註39〕內容上則是用種種上味飲食、香華、衣服、幢幡、傘蓋，及僧伽藍、上妙宮殿、寶帳、網幔，種種莊嚴師子之座及眾妙寶等等最為稀有難得物品作為供養具，並以從眾生直至諸佛為所緣而普為供養。〔註40〕進一步的，上述有關供養的氣勢恢宏的描述也還只是供養者一念的供養，在這一念供養的功德之量基礎上，進一步將之在時間上擴大至無限〔註41〕。最後以如此重重無限的功德拿來與最初於無上菩提的發心來做比較，從而映襯出初發心的超勝性。這樣層層遞進的重重無盡，展現了一種恢弘磅礴的思想境界，這種境界的詮釋內容與方式都是重重無盡，從而為菩提心的超越性意義和不斷增強宗教情感與體驗發揮了重要作用。

進一步考察初發心殊勝的原因，可以發現〈初發心功德品〉在每種譬喻後都是以「何以故」來發問，根據回答的內容可以歸納為十一種，即：為不斷一切如來種性、為充遍一切世界、為度脫一切世界眾生、為悉知一切世界成壞、

〔註36〕〔唐〕澄觀：《大方廣佛華嚴經疏》卷十九，載《大正藏》第35冊，第643頁中。
〔註37〕〔唐〕澄觀：《大方廣佛華嚴經疏》卷二十，載《大正藏》第35冊，第649頁中。
〔註38〕《大方廣佛華嚴經》卷十七，載《大正藏》第10冊，第89頁上。
〔註39〕《大方廣佛華嚴經》卷十七，載《大正藏》第10冊，第91頁中。
〔註40〕《大方廣佛華嚴經》卷十七，載《大正藏》第10冊，第91頁上。
〔註41〕如時間上依《阿僧祇品》所說：「不可量轉不可量轉為一不可說，不可說為一不可說轉，不可說轉不可說轉為一不可說不可說，此又不可說不可說為一不可說不可說轉」（《大方廣佛華嚴經》卷四十五，《大正藏》第10冊，第238頁中）；可見，於不可說和不可說轉互為增長廣大，於此直至無限。

為悉知一切眾生垢淨、為悉知一切世界三有清淨、為悉知一切眾生心樂煩惱習氣、為悉知一切眾生死此生彼、為悉知一切眾生諸根方便、為悉知一切眾生心行、為悉知一切眾生三世智。〔註42〕從這些回答的內容可以看出本經對初發心的殊勝主要是通過果和因兩個方面來說明：首先，就「果」來說，發菩提心的目標指向是成佛。我們知道，一般來說對「菩提」一詞的解釋會有聲聞菩提、緣覺菩提和佛菩提的三種分類〔註43〕，而此處則是特指以「佛菩提」也就是佛果為其目標的，因而這就具有了在最初發起願望的階段就含攝終極目標的意義。此處，本文使用「含攝」一詞，一方面指的是初心「含有」成佛的因素，但這並不是《華嚴經》本身所更加強調的地方；本文所使用「含攝」之「攝」，而非「含有」，意指初發心直接成就佛果，這方是本經所特別強調之處，也是下文需要通過「行布」和「圓融」兩門來進一步展開說明的菩提心之意。其次，從「因」到「果」的過程來看，這種初發心還以無限的所緣對象或者以直指空性作為其實踐路徑。站在華嚴一乘教學的角度去理解，可以發現「初心成佛」具有類似頓悟的因素，當然這勢必要求修行者具備上根利智的條件。不過，作為實際上為更多人所適合的修證實踐路徑還是具有次第的「寄位」〔註44〕修行，本經中初發心修行並不排斥次第修行；值得注意的是，這種「寄位」是隨順終教的，但並不是直接等於「終教」，其對次第修行路徑的詮釋正是以無限為所緣或者直指空性為特點的，因而這種漸修和頓悟實際上得到了統一。值得指出的是，這還僅是就「教」的方面，以「究竟義」來引導修行實踐者。而就「學」的面向來看，這種「直指」一方面需要引導，但另一方面更加需要實踐主體具有相匹配的素質，因此後面我們可以看到法藏通過「簡教」的方式去確認實踐主體的能力和素質〔註45〕，其中不但提供了修學適合階段的區分和歸類標準，

〔註42〕《大方廣佛華嚴經》卷十七，載《大正藏》第 10 冊，第 91 頁中～下。

〔註43〕（天竺）五百大阿羅漢等，〔唐〕玄奘譯：《阿毘達磨大毘婆沙論》卷四八，載《大正藏》第 27 冊，第 251 頁上；（天竺）龍樹，〔後秦〕鳩摩羅什譯：《大智度論》卷四七，載《大正藏》第 25 冊，第 400 頁中；（天竺）彌勒，〔唐〕玄奘譯：《瑜伽師地論》卷十三，載《大正藏》第 30 冊，第 347 頁上。

〔註44〕所謂「寄位」，就是以所謂三乘的修行位階為輔助標記，但並不將這些位階當做實在的果位的一種說法，在智儼處，寄位幾乎就是三乘的同義語，而到法藏和澄觀，這一現象逐步改變，寄位和一乘圓教中的「行布門」逐步向關聯，成為一種接引一般人進入一乘圓教的方法。

〔註45〕〔唐〕法藏：《華嚴發菩提心章》卷一，載《大正藏》第 45 冊，第 651～652頁。

還蘊含了一種次第引導和修行提升的自檢標準，為修行實踐華嚴初發心的提供了重要準備。此外，實踐主體的信心是貫穿華嚴發菩提心學修實踐這一過程的始終，善財南詢參訪結束後文殊菩薩仍引導其要增上無限的信根即是此例證。第三，就果和因兩方面的關係看，成佛之「果」與修行之「因」實際上也是互相含攝的：佛果是證得了圓滿空性的修行實踐者，同時也具備了最圓滿和實在的無限性；學修實踐是通向成佛的必然之路，以般若空性引導才能以無限代替有限，而無限的抵達之途也是契入空性的過程本身和檢驗標準之一，這一過程互相資持而逐步接近佛果。

三、行布門的該攝

除了「初心成佛」這樣的圓頓法門，《華嚴經》也具有普利大眾的特點，而後者則因本經更強調佛果和法身大士作為正當機眾而較易為人所忽視。從本經的結構看，從初發心住之後，便歷經十住、十行、十迴向到十地，然後逐步過渡到正說普賢行，從十住到十地，正是以叫做「行布」的方式來詮釋成佛實踐的。所謂「行布」，出自賢首法藏的《探玄記》，意為通過按照逐個位階修行實踐而漸次達到成佛的這樣一種實踐路徑。〔註46〕然而需要注意的是，這種詮釋方式並不僅僅意味著這些修行位階只是屬「行布」，同時應注意經中所指初心住之後每一位階皆可以直接成佛的這一觀點，而這才是《華嚴經》義理思想中最具特色的部分〔註47〕。本經初發心的特色表現為「願行」的關係，從華嚴宗二祖智儼一直到四祖澄觀，對「願行」關係的解讀經歷了一個嬗變：智儼將「願」歸納為兩種，即行前、行後，或者為三種，即要期誓願、行願和自體無障礙願〔註48〕；法藏將智儼的兩種說法進行融合，進一步將之概括為四種，即：行前的誓願、行願、行後迴向和自體無礙願〔註49〕；而澄觀則將「願行」和「成德」進行聯結。〔註50〕從中可以發現，「願行」的密切

〔註46〕〔唐〕法藏：《華嚴經探玄記》卷一，載《大正藏》第35冊，第108頁下。
〔註47〕在法藏提出「圓融」、「行布」的基礎上，澄觀進一步發揮了這兩者之間的無礙意義，見：〔唐〕澄觀：《大方廣佛華嚴經疏》卷一，載《大正藏》第35冊，第504頁中。
〔註48〕〔唐〕智儼：《大方廣佛華嚴經搜玄分齊通智方軌》卷一，載《大正藏》第35冊，第30頁中～下。
〔註49〕〔唐〕法藏：《華嚴經探玄記》卷四，載《大正藏》第35冊，第184頁下。
〔註50〕〔唐〕澄觀：《大方廣佛華嚴經疏》卷十五，載《大正藏》第35冊，第615頁中～下。

關係是解讀《華嚴經》發菩提心思想的關鍵。

在《華嚴經》中，從十住到十地的修行體系中，除了初發心住涉及初發菩提心之外，十行、十地每個位階都有「發願」的內容，而十迴向更是集中的體現了發願，這些共同構成了《華嚴經》發菩提心行布門的內容。十行的發願在每一位都有所體現，特別是表現為踐行相應的「行」後，發起「增上心」，將所行的內容及其觸及終極目標的程度都推向更高的層次。本文以清涼澄觀的《華嚴經疏》為主要依據，整理了這一部分涉及到發願的內容，列於表 1-2。

表 1-2　十行法門中「願」的呈現方式 〔註51〕

十行之名	主要內容	願的呈現方式
歡喜行	施悅自他	略：離過；彰所為 廣：現前財施；願行法施
饒益行	戒益自他	略：離過；彰所為 廣：三聚淨戒
無違逆行	忍順物理	略：離過；彰所為 廣：明修忍行；明修忍意
無屈橈行	勤無懈怠	總：離過；彰所為 別：披甲精進；利樂精進
無癡亂行	以慧資定	總：止、觀、雙運 廣：九門攝為三種禪
善現行	慧顯真理	略：離過；彰意樂 廣：三種慧
無著行	不滯事理	自分：染淨；萬行自他 勝進：悲心拔濟
難得行	大願可尊	自分：自他兼利 勝進：成就悲行
善法行	善巧說法	自分：廣不斷佛種 勝進：於四善法勝進
真實行	言行不虛	得三世諸佛無二語

〔註51〕〔唐〕澄觀：《大方廣佛華嚴經疏》卷二二～二三，載《大正藏》第35冊，第 660～672 頁。

　　從整理的結果來看，十行中的「願」和「願行」往往分為兩個層次，第一個層次是對於當位的修行內容，對應原文的第一部分，在前幾個位階裏往往以「略說」、「廣說」和「總相」、「別相」來說明，略說和總相的內容以「離過」和「顯正」，即排除錯誤做法和堅持正確的做法為其特徵，這可認為是「願」「行」同時的情況；而廣說和別相則根據相應位階提出關鍵性的要點，這些要點有當即發願和「願」「行」相資等情況。對於後幾個位階，這種「願」的呈現則是以「自分」和「勝進」來說明，前者是當位的正修行內容，而「勝進」則往往具有在行之後用發願將之擴大到更高的超越性境界之意味。最後的「真實行」以「言行不虛」為其總相，實際上正是「願行」合一的表現，而其別相中也有「得三世諸佛無二語」這一發願。因此，從總體來看，十行位的「願」、「行」之間往往形成的是互相資持或以願導行的關係，而且前幾位階還有「離過」這樣的表述。從寄位三乘的角度來看，十行屬於內凡「中賢」，自然其中還有一些關於需要斷除修行個體不足方面的描述。

　　十迴向位在寄位三乘的角度看，是內凡中的「上品賢者」，作為即將進入十地的加行，此處更是以豐富的角度詮釋著「願」和「願行關係」。在對十迴向位之「發願」屬於「自體無礙願」的判斷基礎上，法藏還舉出十種「不思議」來分別說明這種無礙大願的主要特徵。〔註52〕而澄觀在繼承發展「十種不思議」的解讀基礎上，進一步將「自體無礙願」具體解讀為「勝願」、「大願」、「不怯弱願」，但相比十地則缺少了「觀相之願」，同時這些願也不是「真實願」，但與十住、十行相比，已經在大悲心的成分方面更加純粹，是只有以一切眾生為修行實踐的對象了。〔註53〕所以，〈十迴向品〉「以無邊行海順無盡大願為宗，成就普賢法界德用為趣」，是法藏與澄觀一致的意見〔註54〕，而智儼在解讀晉譯華嚴時也認為迴向是「回前行向菩提」〔註55〕之意，因此也

<hr>

〔註52〕法藏所提出的十種「不思議」包括：一、所期不思，二、忍苦不思，三、受惱不思，四、難壞不思，五、廣故不思，六、深故不思，七、佛攝德不思，八、出生不思，九、大用不思，十、逆順不思。（見：〔唐〕法藏：《華嚴經探玄記》卷七，載《大正藏》第35冊，第243頁上。）

〔註53〕〔唐〕澄觀：《大方廣佛華嚴經疏》卷二六，載《大正藏》第35冊，第696頁中。

〔註54〕〔唐〕法藏：《華嚴經探玄記》卷七，載《大正藏》第35冊，第242頁上；〔唐〕澄觀：《大方廣佛華嚴經疏》卷二六，載《大正藏》第35冊，第695頁上。

〔註55〕〔唐〕智儼：《大方廣佛華嚴經搜玄分齊通智方軌》卷二，載《大正藏》第35冊，第42頁下。

兼有「願行」的意味，法藏與澄觀的進一步解讀也對這一問題進行了更深入的展開。實際上，這一思想源流也正是對本品經文思想的一種直接繼承，如經中說：

> 金剛幢菩薩得摩頂已，即從定起，告諸菩薩言：「佛子！菩薩摩訶薩有不可思議大願充滿法界，普能救護一切眾生，所謂：修學去、來、現在一切佛迴向。〔註56〕

首先，這種「願」是以「不可思議」和「大」為其特徵，並以「充滿法界」形容其體量的無限性；同時，這種發願的對象是「一切眾生」，並以「普能救護」來形容其範圍，因此，這種「願」是「以願導行」和「順普賢行」〔註57〕的，具有終極意義。而這樣的「願」體現在本品就是修學三世諸佛的「迴向」法門。這十門迴向中，除了第一門「救一切眾生離眾生相迴向」外，其他九門都從「行」和「果」的角度來說明該位階的主要內容，這是與十行法門往往以「願」作為結尾所不同之處。這一差異也表明從「十行」到「十迴向」這樣不斷向上的修行過程中，其修證實踐更加傾向於以結果的形式而呈現而非「發願」，後者則越發具有成為引發實踐的意義。因此，十迴向法門的發心，以「行」中得以體現，而從《華嚴經》經文本身來看，有關「行」的部分正是直接依據所修善根而進行發願的過程，這可以歸類為智儼所說的「行後願」〔註58〕或者法藏所說的「行後迴向願」〔註59〕。

就其內容而言，作為具體修行實踐之後的總結和進一步發願，十迴向的「願」無論是從內容上還是每種內容的深度、廣度上都較十行法門來得更加徹底、更加酣暢淋漓。依法藏的解讀，這十位的得名的緣由為：

> （一、救護一切眾生離眾生相迴向）……救是大悲，離是大智……從所向立名。二……約能回行體為名。三、學三世佛所作迴

〔註56〕《大方廣佛華嚴經》卷二三，載《大正藏》第10冊，第124頁中；另，晉譯華嚴的原文為：「摩其頂已，時，彼菩薩即從定起，告眾菩薩言：『佛子！是菩薩摩訶薩不可思議大願，悉普救護一切眾生；菩薩摩訶薩立此願已，修學三世諸佛迴向。』」（見：《大方廣佛華嚴經》卷十四，載《大正藏》第9冊，第488頁中）。

〔註57〕法藏評價十迴向法門為「此是普賢自體無障礙願，具盡法界無限德用。」（見：〔唐〕法藏：《華嚴經探玄記》卷七，載《大正藏》第35冊，第243頁上）。

〔註58〕〔唐〕智儼：《大方廣佛華嚴經搜玄分齊通智方軌》卷一，載《大正藏》第35冊，第30頁中～下。

〔註59〕〔唐〕法藏：《華嚴經探玄記》卷四，載《大正藏》第35冊，第184頁下。

向……從所學立名……四……通能所立名。五……從能迴向行為名。六……亦是能回之行……七……能所立名。八……以成迴向所依為名。九……作用自在，故名解脫……十、稱性起用……當法立名。〔註60〕

這一解讀幾乎為澄觀全文引用〔註61〕，說明他們具有一致的意見，這十位的得名緣由以內容、體用、能所、所依為主，涉及到發願的具體內容以及相關的人、事、物，從內容和形式上都顯示了本品卷帙浩繁現象下更深層的思想內涵。

表1-3　十迴向位的發願〔註62〕

十回向之名	願的呈現方式		
救護一切眾生離眾生相	隨相	總說	離苦、得樂、證菩提
		分說	利樂：為一切眾生作捨、護、歸、趣、安、明、炬、燈、導師、大導師
			救苦：受惱不動、代苦不厭、回拔無盡
	離相		以忘機之智成無緣大悲 迴向眾生及菩提入實際
不壞	行		迴向眾生及菩提、勝報迴向
	果		見佛得法，利物心成，捨癡入法，破邪行立，具正行本，成智正覺世間、器世間、眾生世間智〔註63〕
等一切佛	行		隨相：對境善根迴向、總攝萬善迴向 離相：等過去、未來、現在諸佛迴向
	果		入佛因、趣佛德、入深理、不離悲業、無住著、入理轉深、成福善、解佛性、知諸法、無著受生〔註64〕

〔註60〕〔唐〕法藏：《華嚴經探玄記》卷七，載《大正藏》第35冊，第243頁中。
〔註61〕〔唐〕澄觀：《大方廣佛華嚴經疏》卷二六，載《大正藏》第35冊，第696頁中～下。
〔註62〕〔唐〕澄觀：《大方廣佛華嚴經疏》卷二六～三十，載《大正藏》第35冊，第697～734頁。
〔註63〕〔唐〕法藏：《華嚴經探玄記》卷七，載《大正藏》第35冊，第249頁中～下。
〔註64〕〔唐〕法藏：《華嚴經探玄記》卷七，載《大正藏》第35冊，第251頁下。

至一切處	行	迴向眾生菩提、迴向實際（觀心）	
	果	神通，辯說，知，於器世間眾生、劫、念自在〔註65〕	
無盡功德藏	行	迴向菩提：淨土（隨相）、實際（離相）； 迴向眾生	
	果	見佛、法、念、慧、義、願、德、智、辯、果〔註66〕	
入一切平等善根	行	隨相：六十種所施物 離相：內絕想念無縛解、觸境離染無縛解	
	果	蒙佛護、得堅法、入深法、修佛智、解所詮、達理性、得堅固善、滿所願、堅不可壞、於法自在	
等隨順一切眾生	行	回己修善願成資具以施眾生 回上施行願令眾生具足財法 不著：因、果、身、財、方、眾生、法、空	
	果	斷染、入證、益生、內外超勝、寂用無礙、行願廣大、智通殊勝、見聞自在、修行具足	
真如相	行	隨相：積善、觸境 離相：止觀雙運、權實雙行、百門十科配真如德	
	果	佛法、佛圓身、佛圓音、佛圓力、佛圓法、佛圓通、佛圓用、佛圓定、佛圓辯、佛圓覺〔註67〕	
無縛無著解脫	行	迴向眾生及菩提	位中普賢：成德用，願成普行 位後普賢：自在德、重重德、甚深德
		迴向實際	假實、人法、體用、人法、生熟 行願、自他、施受、因果、教智
	果	現成、當成、終成	
入法界無量	行	自分九門、四門總顯、八門勝進	
	果	因果利益滿、見佛自在滿、清淨果滿	

　　表 1-3 總結了十迴向位的願行內容，需要特別指出的是，迴向法門中幾乎每一位的「願」都以「隨相」和「離相」兩種來表示其「行」：所謂隨相，就是基於這一位的名稱所規定的內容所進行的發願，例如第一「救護一切眾生離眾生相迴向」的「隨相」內容就是與其名稱一致的使眾生離苦得樂的內容；而「離相」則是在「隨相」的願行實踐基礎上將之擴大的一種發願方式，例如第一迴向在具體的離苦得樂的「事」相基礎上進一步以「無緣大悲」和「回入實際」為對象而發願，從而使發願實現從「事」向「理」的過渡。同

〔註65〕〔唐〕法藏：《華嚴經探玄記》卷七，載《大正藏》第 35 冊，第 253 頁中。
〔註66〕〔唐〕法藏：《華嚴經探玄記》卷七，載《大正藏》第 35 冊，第 256 頁中。
〔註67〕〔唐〕法藏：《華嚴經探玄記》卷七，載《大正藏》第 35 冊，第 271 頁中。

時，這種隨相後離相的詮釋方式，正是將具體的發願逐步導向一種無限性，這說明即便在寄位也具有了順普賢行的意味。

〈十地品〉的內容圍繞菩薩修行實踐展開，因而為佛教各派所重視。法藏對這一品宗趣的總體判斷是「十地證行」為宗，也就是說在三賢之「解」和「願行」基礎上，菩薩在十地的修行實踐以「證」為主要特徵。同時，在別說宗趣中，從「修」這個角度去理解，那麼初地以「願行」為「修」的主要內容，並以「信樂」為修成的標誌。〔註68〕由此可見，初地是十地位中有關發願的最重要內容，其作為寄位人天乘而存在但仍含攝普賢行的旨趣，這正是初發心菩薩修行最適宜的入手處之一。澄觀除了繼承法藏宗趣解讀中總說的「寄位修行」和分說的十種之外，還將〈十地品〉的宗趣從總體上解讀為寄位修行和圓融無礙行相「皆宗」，佛果為「趣」。〔註69〕這種說法固然與《探玄記》中的解讀有不同的架構，但查法藏弟子慧苑的《續華嚴經略疏刊定記》〔註70〕可知，相關的說法至少在慧苑時期就已出現，這說明澄觀對這一品有關宗趣的解讀基本上都是對法藏思想的繼承。實際上，無論是法藏還是澄觀，其對《華嚴經》各修行位階與證成佛果之間關係的解讀，一直通過「圓融門」和「行布門」雙運的方式來處理；而以這個思路來考察〈十地品〉的宗趣問題便可以發現慧苑和澄觀一致的意見，即寄位修行和圓融無礙行相「皆宗」，正是「圓行雙運」詮釋範式的必然結果。相比之下，如果僅是單純提到〈十地品〉屬於「寄位修行」，則有將之侷限於三乘或隨順三乘之中，這似乎與初心住後「一位一切位」的理念相左。此外，按照《十地經論》的解釋，經中關於十地法門所說當機眾「一切菩薩」指的是「信行地」菩薩〔註71〕，而就澄觀的解釋這實際上具有兩層含義，除了指的是「信行地」菩薩之外，還可以指

〔註68〕《探玄記》中將《十地品》的宗趣解讀為：就總說是十地證行為宗；就別說則列出十種情況，包括：約本、約所證、約智、約斷、約所修、約修成、約位、約寄乘法、約寄位之行、約報現十王事相。（詳見：〔唐〕法藏：《華嚴經探玄記》卷九，載《大正藏》第35冊，第277頁中～下）。

〔註69〕〔唐〕澄觀：《大方廣佛華嚴經疏》卷三一，載《大正藏》第35冊，第735頁中。

〔註70〕〔唐〕慧苑：《續華嚴經略疏刊定記》卷九：「二、以隨地修行寄位行相為宗，即此以顯圓融無導行相為趣；或：此後義亦通會宗。」（載《卍續藏》第3冊，第725頁下）。

〔註71〕（天竺）世親，〔北魏〕菩提流支等譯：《十地經論》卷一，載《大正藏》第26冊，第124頁下。

登地菩薩〔註72〕，也就是涵蓋了從初地之前的加行位，包括外凡到內凡三賢的所有行者，一直到第十地的菩薩。這一說法總體上也是與《刊定記》的觀點〔註73〕相一致，不過似乎法藏並不是持這樣的意見，因為在《探玄記》中法藏明確表明此處的「一切菩薩」指的是「地前菩薩」，同時還通過兩個理由來回答關於此處所指的菩薩「唯地前是所為者」的自設問難。〔註74〕其自設問答中，並未忽略《攝大乘論》中的解釋〔註75〕，但其理解與澄觀對此引用理解是不同的。在法藏看來，儘管地上菩薩也具有需要修行「信」的必要性，但因為十地法門作為登地菩薩自身的內證境界，所以他們不是處於受教育者的地位，從這個意義上他們自然不是當機眾，而是兼具教、受二種身份。可見，法藏對〈十地品〉的判攝應是以「行布門」為側重，而依照澄觀（包括慧苑）的判攝，後者是將十地法門側重判攝為「圓融」與「行布」的無礙——因為每一位皆可攝於直接成佛，那麼初住之後的菩薩行者在每一位都是當機者且並沒有特殊的差異，所以登地的菩薩即便是內證十地法門，但也可以認為是這一法門的當機眾。所以，就發揮〈十地品〉在發菩提心，特別是初發心的思想解讀方面，澄觀的說法更加注重「行布門」中的圓融面，而法藏則強調十地與三賢位具有同樣殊勝性的角度從而發揮初心住之後即不退的圓教主旨。

就〈十地品〉中集中說明發願者，當屬初地歡喜地。經中對這一地菩薩的評價為「善決定」，這是持業釋，也就是「善即是決定」，同時這種「善決定」是真實智所攝〔註76〕，由此說明了十地發願與地前發願的不同之處。這種「善決定」包含六層含義〔註77〕：其一「不雜」，是「觀相善決定」，有「行體決定堅固」之意；其二「不可見」，是「真實善決定」，有「所證決定證」之

<hr>

〔註72〕〔唐〕澄觀：《大方廣佛華嚴經疏》卷三一，載《大正藏》第35冊，第738頁下。

〔註73〕〔唐〕慧苑：《續華嚴經略疏刊定記》卷九，載《卍續藏》第3冊，第728頁上。

〔註74〕〔唐〕法藏：《華嚴經探玄記》卷九，載《大正藏》第35冊，第281頁上。

〔註75〕（天竺）世親：《攝大乘論釋》卷七，載《大正藏》第31冊，第199～200頁。

〔註76〕〔唐〕法藏：《華嚴經探玄記》卷九，載《大正藏》第35冊，第286頁下；〔唐〕澄觀：《大方廣佛華嚴經疏》卷三一，載《大正藏》第35冊，第742頁上～中。

〔註77〕〔唐〕法藏：《華嚴經探玄記》卷九，載《大正藏》第35冊，第286頁上～中；〔唐〕澄觀：《大方廣佛華嚴經疏》卷三一，載《大正藏》第35冊，第742～743頁；〔五代後晉〕師會：《華嚴一乘教義分齊章復古記》卷二，載《卍續藏》第58冊，第341頁上～中。

意；其三「廣大如法界」，是「勝善決定」，有「煩惱決定能斷」之意；其四「究竟如虛空，盡未來際」，是「因善決定」，有「所信決定不疑」之意；其五「遍一切佛剎，救護一切眾生」是「大善決定」，有「所化決定能度」之意；其六「為一切諸佛所護，入過去、未來、現在諸佛智地」，是「不怯弱善決定」，有「佛果決定能成」之意。從這六方面來看，涵蓋了從最初入道以事相為主的修行實踐，逐步經過見真實、斷煩惱，達到以「信的決定無疑」為特徵的修正因階段，再經過究竟利他的「大善決定」，最終直至證得不退佛果的從初發心入道到成佛的全部過程，構成了完整的發心直至成佛的「行布門」。需要指出的是，這六決定的具體內涵僅是對初地修行內容的描述，因此這種「行布」之間蘊含了成佛的目標指向和實踐結果，從而從整個初住之後的位位來看，又屬「一位一切位」的「圓融門」。就其所說法和詮釋的方式來看，這種「圓行無礙」也是其發願的特色。這一法門是從「菩薩大智慧光明三昧」〔註78〕起定後所說的法門，冠之以「光明」的三昧在地前說法所入定中未見，從十地後冠以「光明」的三昧才逐步成為一種證成的結果，這說明十地正是開啟依於「後得智」〔註79〕所發願行的起始。就修證方面說，十地法門即是對三賢位之初所發起菩提心的最終踐行結果，而且這種踐行的證成蘊含了圓融的意味。〔註80〕這種圓融還表現為詮釋過程以舉例加無盡的方式來呈現，如經中說「以此十願門為首，滿足百萬阿僧祇大願」〔註81〕即是此意。同時，華嚴宗繼承《十地經論》而發展的對理體進行解讀的「六相」範式，其經典依據也是來自十地法門的歡喜地部分〔註82〕。另外，歡喜地正發的十大願也是含攝無盡的，這個無盡除了表現為每一願都是以百萬阿僧祇大願為眷屬之外，

〔註78〕《大方廣佛華嚴經》卷三四，載《大正藏》第10冊，第179頁上、中。

〔註79〕〔唐〕法藏：《華嚴經探玄記》卷十一，載《大正藏》第35冊，第306頁中～下。按：《成唯識論》中認為，十波羅蜜中「後得智」所攝只是「方便、願、力、智」這後四者（見：（天竺）護法等，〔唐〕玄奘譯：《成唯識論》，載《大正藏》第31冊，第52頁上），如果對應十地的話大體對應第七至第十地，而這一觀點法藏引用但將之當做論證十地皆是後得智的佐證，實際上就經中每一地皆有諸如「某某波羅蜜偏多，余非不修，但隨力隨分」的說法來看，這種十地與十波羅蜜之間的對應關係不是僵化不變的，而是具有「多對多」無盡可能的關係，從這意義上理解，自然初地之後皆依「後得智」來引發願行。

〔註80〕〔唐〕澄觀：《大方廣佛華嚴經疏》卷三四，載《大正藏》第35冊，第761頁下。

〔註81〕《大方廣佛華嚴經》卷三四，載《大正藏》第10冊，第182頁中。

〔註82〕《大方廣佛華嚴經》卷三四，載《大正藏》第10冊，第181頁下。

還有一個範圍上的，也就是以十種「無盡」來說明每一個發願的無盡性：

> 佛子！此大願以十盡句而得成就。何等為十？所謂：眾生界盡、
> 世界盡、虛空界盡、法界盡、涅槃界盡、佛出現界盡、如來智界盡、
> 心所緣界盡、佛智所入境界界盡、世間轉法轉智轉界盡。「若眾生界
> 盡，我願乃盡；若世界乃至世間轉法轉智轉界盡，我願乃盡。而眾
> 生界不可盡，乃至世間轉法轉智轉界不可盡故，我此大願善根無有
> 窮盡。」〔註83〕

其中，眾生界盡直至法界盡這四個屬於「四無量界」，後六者屬於「調伏方便無量界」，〔註84〕從而從行者自我成長的實踐過渡為普利有情的實踐，這種無盡的範圍本身也是一種「圓融」與「行布」的綜合。同時，可以看到，以假設有「盡」來引發實際「無盡」，以這種校量的方式來說明無盡，也是本經的一大特色。總之，通過眷屬無盡、所緣無盡和再詮釋無盡等多重角度來闡明無盡之無盡，便是《華嚴經》在行布次第中愈加清晰的詮釋方式，這也為正說普賢行的重重無盡做了充分準備。

對比從十行、十迴向再到十地中有關發願的內容，可以發現：其一，這種以期望為主的「發願」逐步由結果轉為實踐之前導，並最終匯為一種對「願行」的實踐與證成。其二，這些發願的實踐和證成的全部過程，皆是行布次第的組成部分，同時也含攝到了以成佛為目標指向的圓融門中。例如，十行位是從有限的行為導向到無限的願，這正是其作為行布次第某一組成部分同時兼具直指成佛的圓融性的表現。同樣地，十迴向的果也是佛的境界，更加顯示其行布中具備圓融的意趣。而十地中初地對「發願」的實踐則含攝了寄位人天乘和以布施為起點的基礎性和初級性，同時歸結到始終俱括的「信樂」上，並以佛果為歸趣，因而相較三賢而言，其成佛指向性更明顯，但這一目標的入手處卻並不是想像中的高深法門，從而顯示了其圓融與行布之間的相攝、相資的關係。其三，願行關係由「以願導行」逐步轉變「願行相資」和「願行同時」，這從行布次第的意義上理解就是修行實踐表現為逐步提升的一種過程，而就圓融門來說則可以是一種對佛之境界與成佛修證因相從不同角度的展現。總之，雖然這些修行的位階都是以寄三乘的實踐路徑而提出的，

〔註83〕《大方廣佛華嚴經》卷三四，載《大正藏》第 10 冊，第 182 頁中。

〔註84〕〔唐〕澄觀：《大方廣佛華嚴經疏》卷三四，載《大正藏》第 35 冊，第 765 頁上。

但其圓攝成佛的目標指向一直存在，這為呈現以發菩提心和成就佛果之間存在始終不二的關係留下一個明顯的注腳。

四、普賢行的頓超

《華嚴經》以普賢菩薩為代表的無限性表明了本經的主旨與特色之處，普賢行不但賦予了行布次第實踐理路中的任一階段都是以圓滿和無礙為其特質，同時其也表明正是這種「一即一切」成就了圓融門理論建構的可詮表性。不過，從解行的角度看，普賢實踐所代表的頓超性，正是上根利智的法身大士所修行的實際情況，因而從這個意義上說，單純以行布次第為唯一的修行理路實際上並不能充分展示出《華嚴經》中成佛修行實踐的全部內涵。〔註85〕在普賢行的層面，發菩提心與成佛、佛果境界是融匯於一體的，因此稱其為「平等因果」，其中又以〈普賢行品〉為「因該果海」之「因」，以〈如來出現品〉為「果徹因源」之「果」，從而在列舉因果的相對規定性的同時便提示了兩者存在相資相攝的複雜關聯性。作為將前文之信與解導入實踐之「行」的一門，〈離世間品〉則表現出踐行與圓攝的特徵，這也是將本經發菩提心思想從因的角度進行說明之最後一個環節。

平等因果的願行既表現為成佛過程的圓頓因果，也表現在成佛後說法利生的悲願無盡──前者描述了行者實踐直抵成佛目標的過程，而後者則是從已成佛的角度返回到成佛實踐，從而將這種圓頓因果進一步推高到更加無限的超越性：

> 佛子！如向所演，此但隨眾生根器所宜，略說如來少分境界。
> 何以故？諸佛世尊，為諸眾生無智，作惡，計我、我所，執著於身，
> 顛倒疑惑，邪見分別，與諸結縛恒共相應，隨生死流遠如來道故，
> 出興於世。〔註86〕

所謂的「少分境界」指的是就圓滿的佛果及其成因，意味在上文所作的說明是極其不充分的，實際上也是對上述諸品的一種帶有評價性質的回顧與總結；除了直接指代〈如來隨好光明功德品〉外，還可以是對從十住、十行、十迴

〔註85〕〔唐〕澄觀：《大方廣佛華嚴經疏》卷四八：「三、遠通差別因果。雖有圓融之義，以五位漸次，因果殊分，逐機就病，未盡法源，故名少分。則顯下平等因果，逐法性說，因果圓融，名廣大說。」（載《大正藏》第35冊，第870頁中）。

〔註86〕《大方廣佛華嚴經》卷四九，載《大正藏》第10冊，第257頁下。

向、十地、等覺和妙覺這五位行布次第的一種評價。上述內容儘管佔據了整部經典六成的篇幅，但其全部內容也只是隨眾生根器進行的教化，這與平等因果法門同時從教和學兩方的角度進行詮說相比，自然是後者更加圓滿和無礙。不過，這種兼具教與學的說明，也並不妨礙以修學者為重點的理論與實踐的建構，這也是諸佛如來「出興於世」的本意，因此即便是這種少分，似乎並不圓滿，但因為其本身就是佛之願力在恰當方式下的顯現，因而其本身又成為了圓滿和無礙的一種表現了。

如果結合佛證道後對眾生迷惑不覺而失去本自具足的「如來智慧」〔註87〕的視角來看，就可以體會到所謂佛的願力，主要就是要通過無限的可能手段來幫助眾生排除迷惑、引發覺性，回到本自具足的佛性。而實現這一目標的具體切入點，正是眾生迷惑的主要表現及其根源。就其具體內容來看，這裡主要從眾生的十種過失〔註88〕來說明：首先，「無智」就是缺少對世界真相的認知，也就是所謂的「無明」，這是佛教所認為凡夫之所以成為其凡夫而不是如佛所證的那樣本自具足佛性的根本原因，無論是貪嗔癡三種根本煩惱中的「癡」，還是十二緣起中的「無明」，都屬於此類。〔註89〕第二「作惡」以「無明」為基礎通過「身」「口」「意」三種途徑將這種生命的負能量轉化為現實，澄觀將之稱為「作惡行」，其中的「行」代表了一種相續性，成為輪迴的基石。上述兩者就是貪嗔癡三種根本煩惱，也是後面八種過失的基礎。後八種由執著「我、我所」為實在，逐步生起身見、顛倒見、邪見、粗重煩惱，繼而輪轉生死、背離成佛之路。佛教認為無論是生命本身還是其所有物都沒有主宰性，這表現為處於變動狀態、依賴其他要素、本身也由多種條件組成等，這就是佛教所指的「無我」，其中不但有人，或者一切眾生角度的「無我」，還推而廣之：不但一切眾生無我，而且環境、心理活動、行為等所有現象以及絕大多數在一般意義上的屬於本質的東西都歸於這種「無我」性質的範疇中。因此，「無明」的問題從根本上出在了「計我我所」上，由此引發一系列的錯誤，而最終導致「隨生死流、遠如來道」。而為了解決生死流轉的根本，就是要從遣除「計我我所」，而本品就是從「斷嗔心」入手。嗔恨心導致的是遠離眾生的

〔註87〕《大方廣佛華嚴經》卷五一，載《大正藏》第 10 冊，第 272～273 頁。

〔註88〕〔唐〕澄觀：《大方廣佛華嚴經疏》卷四八，載《大正藏》第 35 冊，第 870 頁中。

〔註89〕當然，對「無明」一詞其內涵的詮釋及其與其他煩惱的開合，佛教不同思想流派有差異性解讀，此處僅舉例，恕不詳述。

行為，而這是對菩提心的根本性背離〔註90〕，同時相比貪心為滋長「我」相比，這種根本性的背離實際上更激化了自他的對立，從而使其後果較貪心更為嚴重。本品抓住對治「計我我所」這一根本性的問題，進而說明遣除「嗔心」後的結果，也就是「能對治者」的深妙，後者通過勤修、清淨、廣大智、普入、勝妙心、佛法善巧智六個方面各十門來說明。其中，勤修第十門「住一切世界心無所著」和清淨的第十門「修行一切諸佛法清淨」在內容上與佛之發願都是完全相同的。〔註91〕進一步，這些願行通過歸理、入事、理事無礙，最終抵達權實雙行的彼岸〔註92〕，成為菩提心證成的一種狀態。由此，佛教對於修行實踐的具有根本性的共識在《華嚴經》中以直接關聯到成佛這一最終目標的方式達成一致，這也體現了本經的圓融性質。

作為平等因果之「果」，〈如來出現品〉從佛果的角度來顯示發菩提心之「因」的特性，其所彰顯的佛「果」的不可思議境界是含攝於作為「因」的發菩提心之中的；只是隨著實踐者的起點不同（即「根器」）的不同，這種「因」和「果」表現為不同的實現程度。根據清涼澄觀《華嚴經疏》的解釋，將本品中佛果的十門分別、願行的主要內容進行總結，見於表 1-4。本品中，佛果是從十個代表性角度來加以說明，其十個方面分別是出現之法、身語意三業、境界、出現之行、成正覺、轉發輪、涅槃和見聞親近所生善根，其中前九門是一次性、具有前後次第的，而第十門則在上九門的基礎上說明見聞親近時，無論聽法者是否生信都能夠獲得無限利益，〔註93〕從而成為總收前九門、顯發無盡意的一門。根據十門的不同角度，其所含攝的願行內涵也相應有不同，如表 1-4 第二列所示，出現之法主要是在願行之理和空性等角度加以說明，而身語意三業及與意業相對應的境界這四門，則具體從佛的三業大用和主要的境界，也就是一般所認知的對佛果的描述。第一門「理」為主，其後四門「事」為主，構成了理事的分別敘說。緊接著的第六門是出現之行，已經將理和事、願和行的關係在前五門分說的基礎上通過真如和無礙的雙行

〔註90〕〔唐〕澄觀：《大方廣佛華嚴經疏》卷四八，載《大正藏》第 35 冊，第 870 頁下。

〔註91〕《大方廣佛華嚴經》卷四九，載《大正藏》第 10 冊，第 258 頁中。

〔註92〕〔唐〕澄觀：《大方廣佛華嚴經疏》卷四八，載《大正藏》第 35 冊，第 871 頁上。

〔註93〕〔唐〕澄觀：《大方廣佛華嚴經疏》卷五十，載《大正藏》第 35 冊，第 885 頁下。

進行融通，實現了圓融門和行布門在分立基礎上的統一。其後三門分別以成正覺、轉法輪和涅槃為主題，是成佛之後的正行，其中顯示的內容都是以無限為其特徵，而詮釋又以十門為主要表現形式。這三門的願行呈現一多相資、交參無礙、悲智互資、體用交徹等特徵。上述九門由第十門得以最終的融會，而融會的方式與第六門時「先分立、後融合」的方式相比明顯不同，第十門是將九門當做一件事例並在此基礎上的多重無限，這一方式也符合「剖一塵即成法界」的華嚴重重無盡的特點。這種詮釋方式在平等因果中直接解讀菩提心時也得到運用。

表 1-4　平等因果之果地「發願」〔註94〕

十門辨果	主要內容	願的呈現方式
出現之法	始發大心、上求下化、以行續願福智莊嚴、清淨功德、究竟法源	從發願到踐行圓滿
身業	十身圓滿：法身為總，餘九為別第十願身：發自願（見聞獲益）、助他願（所願皆滿）	福智二嚴的展開自他發願的成滿
語業	十音圓滿：無主、無生、無斷絕、隨信解、化不失時、無邪曲、歡喜、無變、甚深、普遍	音聲度生顯發實相
意業	十種佛智：無所依、無增減、同體、能生、滅惑成德、無礙、利生、不盡、巧持〔註95〕、平等智	無所依為體匯歸平等智
境界	分齊別說，以心況境無縛無脫、無量無邊	從心境分離到心境雙泯
出現之行	真如行和無礙行	圓行雙舉、動靜一源
成正覺	海印定，總攝菩提體相體相用，別顯圓行之果	一多相資交參無礙
轉法輪	體性寂寥、相用深廣因：隨眾生心行、欲樂	悲智互資度生為導

〔註94〕〔唐〕澄觀：《大方廣佛華嚴經疏》卷四九～五十，載《大正藏》第35冊，第872～886頁。

〔註95〕此處澄觀謂之為「留惑」，若依文解意有曲解之虞，今依經文謂之為「巧持」，說明佛依據根器差異而提供差異化教化手段之德。

涅槃	體性真常、德用圓備、出沒常湛虧盈不遷、示滅妙存、隨緣起盡存亡互現、大用無涯、體離二邊結歸無住	體用交徹本願所攝
見聞親近所生善根	見聞信、不信皆生善根	顯願無盡

對於菩提心的無限性，除了對每一個、每一念菩提心進行重重無盡式的詮釋外，本品還從心念的相續性和多種類等角度進行說明：

> 菩薩摩訶薩應知自心念念常有佛成正覺。何以故？諸佛・如來不離此心成正覺故。如自心，一切眾生心亦復如是，悉有如來成等正覺。〔註96〕

這指的是對於一心而言，其每一念可以說是念念成正覺，這一說明進一步提升了心念與佛果之間在具有無限性上的統一；而這一無限性的統一，一方面提示法界、佛、眾生在本質上是統一的，其外在表現為「無限性」，另一方面也說明一切眾生皆可成佛的這一「平等性」。此外，與一心的情況相仿，每一眾生之一心，也都像前面所舉一心的例子一樣，是念念成佛，因此到了一切眾生心的情況，除了每一心都是念念成佛，而且所有的一心成佛的可能性與程度都一樣圓滿。

對於這種大融合、大會通，在佛菩薩這些聖者來看是如實的世界，而對於一般人則屬於超越性的境界從而往往難以企及，這就涉及到如何理解所詮釋「境界」和受眾之間的差異以及如何彌合這種差異的問題。本品在十門說明佛果的基礎上，進一步對這種無盡和法、喻雙舉的詮釋方式進行評價：

> 如來以一切譬喻說種種事，無有譬喻能說此法。何以故？心智路絕，不思議故。諸佛、菩薩但隨眾生心，令其歡喜，為說譬喻，非是究竟。〔註97〕

實際上，與法說〔註98〕相比，這種譬喻已經不是就佛果這件事本身來說明，而是從第三方的角度用代替性的方式進行敘述，因此這種譬喻說相對於法說而言就是「權」。這種權實雙行的運用其目的就是指向離於言詮的終極性。這種方式解決了無限性的狀態不可說盡的困難，是華嚴經教重要的詮說特點之

〔註96〕《大方廣佛華嚴經》卷五二，載《大正藏》第10冊，第275頁中。
〔註97〕《大方廣佛華嚴經》卷五二，載《大正藏》第10冊，第277頁中。
〔註98〕所謂法說，就是對這件事本身的概念、範疇和主要內容進行直接敘述的方式。

一。這種詮說方式一方面以受眾熟悉和可接受的方式引入，最終導向的是受眾往往不熟悉乃至從語言上難以直接或完全予以說明的內容。從這個意義上，權實雙行在詮釋方面表現為一種接引方法，成為提高經典普及性、可讀性的重要實現途徑，也提示後人注疏立說乃至促進修行實踐都提供了參考。〔註99〕

〈離世間品〉蘊含了踐行與信解的圓攝性，這一特點成為表現初發心以及發菩提心的行圓無礙的思想背景。與前面行布門和平等因果皆屬於「解分」從而重視由「理」會「事」不同，本品單獨屬於「託法進修成行分」，也就是「由解導行」的過程。這一過程從行布次第的觀點來看，自然是解滅行繼、先解後行，但按本經的圓融無礙、重重無盡的觀點，「解」和「行」的關係還可以表現為「行證解」以及「解行不二」：前者表現為踐行對信解的增上作用，對應於初發心的證成，而後者則表現為圓融和行布無礙的基礎上，解行相資、融攝無盡的關係。因此，解行的關係表現為解先行後、解行同時和行後證解三種，這也是理解本經的發菩提心思想在這一部分呈現方式的關鍵。本品在問答中，分為十信、十住、十行、十迴向、十地的行布次第和圓滿因果的圓融兩大類。一方面，這種行布和圓融構成了鮮明的因與果、踐行與證位、普遍與一般的關係；另一方面，每一位又各自完全具備這種圓行無礙特質。〔註100〕在本品中，這種圓融與行布的無礙性集中體現為行滿證成與解行之間的相攝無礙關係。本品以「請分」和「說分」，分別通過二百句提問〔註101〕和兩千句回答〔註102〕來說明六位行門的圓滿證成。

〈離世間品〉的兩千問，其中以發菩提心和發願為主要內容的相關問答簡略整理於表1-5，這個佔據很大篇幅的表格將本品從寄位「外凡」的十信到「內凡」之三賢、十地直至等覺、妙覺相關位階中涉及「發心」、「發願」的部分列舉出來。根據澄觀繼承法藏的意見，這些位階對應的「發心」、「發願」特點除了側重證成外，幾乎與「解分」中相對應的部分是相同或類似的。以十信為例，

〔註99〕以「權實雙行」為關鍵詞，檢索《大正藏》，可以看到有《碧巖錄》、《宗鏡錄》、《萬善同歸集》、《北山錄》等禪宗典籍援引此詞，也可窺見禪宗對《華嚴經》這一思想的運用情況。

〔註100〕〔唐〕澄觀：《大方廣佛華嚴經疏》卷五一，載《大正藏》第35冊，第890頁上～中。

〔註101〕〔唐〕澄觀：《大方廣佛華嚴經疏》卷五一，載《大正藏》第35冊，第889頁下。

〔註102〕〔唐〕澄觀：《大方廣佛華嚴經疏》卷五一，載《大正藏》第35冊，第890頁上。

這一部分以初發心為圓滿，因而從證成此結果的角度來看，十信就是以初發心為所依的內容之一，而與之配合的就是願和行，前者是起到加強初心的作用，對治一般人初心易發難守的現狀，同時發願在初發心後是一個不斷重複薰習、不斷使初心堅固的手段；行則是與願相資相攝的，從實踐後證成的立場看，願行不二的逐步實現與圓滿，正是一種最為重要的初心修行達至成就的實踐路徑。從十信的其他部分也可以看到，這一部分內容從證成的角度其「發心」、「發願」主要是圍繞誓願、期望和行動來展開，其內容尚屬於初級的發心，而對「福德」、「智慧」這兩種佛果的基本要素，或者對「智慧」與「方便」這兩種從因上說契入佛境的路徑等涉及到實踐環節的內容都較少有涉及。這種情況對一般人來講是成佛實踐的起點，但對某些「上根利智」者則已經能從中體察究竟的意趣，這也就是十信成滿能成佛的意義所在。從證成的立場看，從十住到十迴向這三賢位以及十地聖位的發心，仍是呈現願行關係逐漸密切最終達到融合的趨勢：十住以詮釋普賢心的行相和基本踐行內容、發起之因來說明，這也為智儼提出一乘菩提心提供了靈感；十行則將這種解讀為主的發心轉為以解導行的內容，從而在面對無量種類的事相（也就是發菩提心的對境）上，演變出具有更多種類的心理特徵；而十行的第十真實行呈現了深廣智，後者直接與十迴向相聯結，一方面促進了對「理」的圓滿實踐，另一方面十迴向本身的願行同時和行後發願進一步加強了願行不二的關係；在十信為起始開始引導初發心，確立願行為主要內容的實踐，經內凡三位分立願行二元關係並在此基礎上的逐步融合，最終在十地位呈現了願行的統一。

表 1-5 〈離世間品〉中的發菩提心 [註103]

攝 位	問	答	評 述
十信	依	菩提心	根本所依
		大願；諸行	增上；普皆成就
	奇特想	於善根、眾生生菩提因想	發心之基礎
		於一切願生自願想	普發菩提心
	心得安隱	自住亦令他住菩提心	一切行之本

〔註103〕〔唐〕澄觀：《大方廣佛華嚴經疏》卷五一～五三，載《大正藏》第 35 冊，第 890～907 頁。

戒	不捨菩提心戒	護初心	
	以一切善根迴向菩提戒	護願行	
授記	以殊勝意發菩提心	圓滿發心	
	恒勤守護菩提本願	戒定導行	
入菩薩	入本願；入差別願	不動；差別	
入如來	十門無盡	（上求）菩提心之果	
入眾生行		（下）化眾生事	
無疲厭心	置一切眾生於佛菩提	願行無盡	
	無量時空行菩薩行		

攝位			
十住	發普賢心	慈、悲、施、念、德、金剛、海、山王、安隱、究竟	一乘發菩提心行相〔註104〕
	普賢行（大願心）	住劫、供佛、化眾、集善根、入諸度、普行、嚴土、生剎、普觀察法、普成無上覺	一乘菩薩行
	悲心、智心	各十門開啟	悲心導入一乘發心之因

表 1-5 〈離世間品〉中的發菩提心（續表）

攝　位	問（位階）	答	評　述
十行	力持	願	願為行之基
	大欣慰	聞法、嚴土化生、見難見	十門無盡，以菩提為歸
	依止	滿菩薩願、依止佛菩提	願行互資、願後行
	無畏心	十難能作，安忍無盡	斷惡、利生
	無疑心	無限願行，精進無盡	安住究竟境界
	不可思議	誓願；菩提心	願；權實雙行
	巧密語	不捨大願、大願未滿	普行未滿
	宮殿	適悅	四梵行
	不動心	外緣不動	內外安住
	不捨深大心	內心不捨	
	無下劣心	無上智慧	簡除凡、二乘
	如山增上心		高處智
	如海智		深廣智

〔註104〕〔唐〕智儼：《華嚴經內章門等雜孔目章》卷二，載《大正藏》第 45 冊，第 549 頁中。

十迴向	初迴向	大願救護、究竟大事	深廣智
	二迴向	不壞信	願行相資，行後發願
	四迴向	廣大心	
	八迴向	願無礙用	
	九迴向	十力智慧	
十地	初地	心、發心、周遍心	願行無礙
	二地	深心、增上深心	
	三地	習氣	
	四地	道	
	七地	足	
	八地	藏、心	
	十地	意、住、所住處	

表 1-5　〈離世間品〉中的發菩提心（續二）

攝　位	問（相）	答	評述
等覺（因位）	清淨施	迴向菩提施	因行之體
	清淨戒	不捨菩提心戒	
	清靜悲	獨發心	
	清靜喜	發菩提心	
	福德助道具	勸眾生發大心	行
	求法	發菩提心度生求法	
	魔業	退失菩提心	離障
	捨離魔業	不忘一切智心	
	見佛	出生見願佛	
	慢業	發菩提心故，終得救度	
	魔所攝持	不發大願	
	佛所攝持	初發大心、常持大心	
妙覺（果位）	住天所作業	勸發菩提心	於補處位化眾生
	住胎	示現初心乃至涅槃	示現初心及成就
		微笑心自誓	發心證成
	成道	與一切眾生心等	真實證成平等
	轉法輪	化生以成淨信	度眾使之成滿信解
	於眾生心中種白淨法	願力、悲心所持	度眾之因
	涅槃	滿願後度生	重重無盡已，亦復重重無盡

　　除了對寄位為特徵的行布次第外，就以圓融為主要特徵的等、妙覺的證成，通過本品的梳理更為清晰的體現了以普賢實踐為準繩的發菩提心在因位上的要點和在果德上的特徵。基於證成的角度立場，本品從行之體、本行和離障行三個方面來說明平等之因（見表 1-5 續二），其中行之體是以十度為代表的無量波羅蜜為其內涵，而正說無量波羅蜜之前還從意業、身業和語業三方面提出平等因行的前方便〔註 105〕，其中意業包括具有十種代表性的觀察和普觀察，其中都是以觀察所度眾生為歸宿；而身語二業則以自在為其特徵，意為在實踐波羅蜜的過程中具備圓滿的實現條件而沒有阻礙。布施波羅蜜中的迴向菩提，一方面提示在布施這件「事」的實踐中在踐行的全過程及其前後都含攝發願，另一方面提示迴向的目標指向是「菩提」，進一步解釋為遠離「有為無為」，說明證成「理事」的無礙關係才能引發無上菩提。從這一敘述明顯看出，平等因中對發菩提心的描述，其特點往往是從任一法門入手，但因其描述內容和方式往往具有無限性，從而顯示了其既處於行布次第的一環，也是能直抵圓融的一門，由此每一法門其本身就是圓滿具備行圓無礙特徵的法界全部。所以，從分立、融合、更高層級的融通這三個層次顯示了重重無盡視野下的菩提心發起與踐行的基本特徵。依據這樣的思路，進一步看到行門的部分，不但以自身圓滿菩提心的發起與踐行為內容，還進一步將這一過程完全複製到一切眾生身上，從而展現了以度一切眾生成就佛道為目標的終極境界，這一境界與〈普賢行願品〉中正說的普賢行就十分接近了。此外，平等因行不是以無漏的、高層次的生命狀態為起點，相反，從這離障行的大量內容可以看出本品提示了平等因行對實踐者起點的要求：一方面，這些魔業都是以無盡時空和無限所緣為特徵，從而提升了踐行的難度和要求，但另一方面，對於每一次踐行具體的細節，幾乎每個普通人都可以做到。這一詮釋提示我們，從本經反覆提及的「初心成佛」和凡聖差異在於妄想顛倒等觀點出發，必然導向凡聖差異更多表現為對聖者或者與法界等流的境界的堅守程度。這一思想也為後來禪宗的頓悟和道在日常等修持觀點提供了強有力的佐證。

　　就平等之果來看，這部分是通過佛陀成道過程之相的方式來呈現的。這若干相狀從佛陀成道前住在兜率天，以一生補處菩薩的身份為其第一相，進

〔註 105〕〔唐〕澄觀：《大方廣佛華嚴經疏》卷五三，載《大正藏》第 35 冊，第 902 頁上。

而經過下生、入胎、住胎、出生、在家、出家、成道、轉法輪，最終以入涅槃為第十相，從而完整展現了佛一生。需要指出的是，按照《華嚴經》的思想，佛是離開時間與空間的，是並不存在真實涅槃的，因此這十相都是為了化度眾生的示現，是「權」，其目的是使眾生根據自身情況而成就佛道這樣的一種「實」。無量眾生經由無量法門抵達佛果彼岸，這一過程及其後續又引發下一次的度生與成佛，如此過去、未來時空是無限的，就是當下一念心也具備圓滿的無限性。所以從這個意義上，在本經大篇幅對重重無盡進行展現與詮釋的基礎上，佛陀示現十相就只需要根據每一相的情況，將發心、願行與證成加以融通，無一不圓、無一不是無礙。而以某一次所說的涅槃為界限，將十相的重重無盡說盡的同時，進一步提示了繼續進行的重重無盡，就是重重無盡已，亦復如是重重無盡。從這種敘述方式看，《華嚴經》對無盡的詮說可以說窮盡語言與理性的可能與極限，這深深影響了以此為根本經典的華嚴宗。在這一背景下華嚴經教所詮釋的發菩提心思想及其踐行理路也都是以這樣的無限復無限、重重層層再無限為其特徵的，而這似乎也是為普通人所能理解的最好角度，也是對終極信仰（法身佛）以有限來表達無限的更合適的方式。

五、善財參學的行圓無礙

善財童子初發菩提心後，在文殊菩薩的指引下，一路南下遍訪善知識，直至匯入普賢菩薩的願海成為其終極的修行方法，這為我們展現了關於發菩提心修行實踐的恢弘境界和豐富內容，而這一部分內容也是〈入法界品〉的主體。〈入法界品〉是緊接著〈離世間品〉的最終品，李通玄評價這一品為「此乃純是法界，無虛妄界」，是證成佛果的內容。〔註106〕事實上，《華嚴經》整部內容無不是以文殊和普賢為兩大上首菩薩，無論是成為「華嚴三聖」之毗盧遮那如來左右二脅侍〔註107〕，還是作為智與行、因與果、初發心與

〔註106〕〔唐〕李通玄：《新華嚴經論》卷三十二，載《大正藏》第36冊，第943頁下。

〔註107〕韓煥忠：《清涼澄觀的三聖圓融觀》，載《五臺山研究》2007年第1期，第29～31頁；釋見脈（黃淑君）：《佛教三聖信仰模式研究》，中國社會科學院研究生院博士論文，2010年；殷光明：《從釋迦三尊到華嚴三聖的圖像轉變看大乘菩薩思想的發展》，載《敦煌研究》2010年第3期，第1～10頁；Gimello, Robert. *Ch'eng-kuan on the Hua-yen Trinity.* Chung-Hwa Buddhist Journal 1996(9): 341-411。

行滿等表法意義的兩大菩薩〔註108〕，都表明了文殊和普賢對詮釋華嚴經教的重要性：文殊以般若慧在引導發菩提心方面，引發了初發菩提心的十信法門，其中的「初發心即成正覺」成為華嚴經教的最特色之處，而在善財參訪時，文殊菩薩也是引導和判斷善財發起菩提心的最初的一位善知識；普賢代表的行動與實踐，正是本品的說法主，而整部《華嚴經》從信、解以「普賢行」為其目標，到「行」中的普賢行意趣，都提示普賢大行精神的重要性，即本經乃至佛教思想義理都是以修證實踐為主要契入點和最終歸趣；而普賢大行的精神，除了實踐之外還有無限性，這也是本經反覆強調的。從文殊和普賢所代表的佛法實踐者所需的精神與素質來看，善財本人及其參學過程和結果都符合這些要求。在遍訪善知識的過程中，諸大善知識給作為後輩學人的善財展現了無量的修行實踐方法，同時展示了精進不懈、虛懷若谷的寶貴品格；而善財童子隨訪諸大善知識的過程，表現求法若渴、依止修學、對法和善知識生起稀有難得想、殊勝想和恭敬心等精神，這些都為其通過依教奉行達到一生成佛的目標提供了最強大的支持力量。善財的參學歷程更進一步提示人們修學佛法的過程中，應注意接受善知識的引導，同時對所學內容要以歡喜接納的信心來正確面對。因此，善財童子遍訪善知識的過程及聞法後的修行成為實踐華嚴經教的範本，同時也作為《華嚴經》發菩提心思想在實踐層面的精彩華章。

〈入法界品〉屬於「四分五周因果」〔註109〕中的「依人證入成德分」〔註110〕。依照「本末」的劃分，先是佛陀放光講法作為「本會」，其次是菩薩說法的「末會」。善財童子的修行歷程就貫穿於這個「末會」之中。實際上，若按圓教解，「本會」與「末會」分別對應於《華嚴經》前面諸品，形成相攝的關係：「本會」與「舉果勸樂生信分」相攝、「末會」五十三參的過程與「修因契果生解分」相攝、四十華嚴所獨有的「普賢十大願王」與「託

〔註108〕〔唐〕李通玄：《新華嚴經論》卷三，載《大正藏》第36冊，第739頁上。
〔註109〕〔唐〕澄觀：《大方廣佛華嚴經疏》卷四，載《大正藏》第35冊，第527頁。
〔註110〕關於判攝的問題，澄觀認為八十華嚴也有流通分，如在《大方廣佛華嚴經隨疏演義鈔》卷17中所辨析者：「疏：古云此九會中大位問答總有五番者，疏意存四；故舉古釋，以第五無大位問答故。於中二：先敘昔，後古德以善財下，密示今意。意有其二，故但為四：一、五無大位問故；二、第五屬流通故。故云：今既判入流通，則前唯四，第四應名依人證入成德分。」（《大正藏》第36冊，第128頁）。此外，相關內容還可參看：《大正藏》第35冊，第82、440、907頁。

法進修成行分」相攝。更進一步說，善財童子的初心修行與華嚴六位行法開顯的漸次修行相攝：文殊菩薩寄十信位、攝第二會，德雲比丘至慈行童女十人，寄十住位、攝第三會，妙見比丘至遍行外道十人，寄十行位、攝第四會，鬻香長者至自性不動地神十人，寄十迴向位、攝第五會，春和主夜神至釋女瞿波十人，寄十地位、攝第六會，摩耶夫人等十一人、彌勒菩薩及第二次出現的文殊菩薩攝第七會，為等、妙覺位。這種相攝的關係體現為法界緣起的重重無盡，同時也提供了有關發菩提心修行實踐理路的非常豐富的內容。

這些所參訪的大善知識為善財傳授的教法包括了很多普通人也能實踐起來的法門，如憶念諸佛、修行陀羅尼光明、禪定神通、善知一切言音等。在海潮住處普莊嚴園林，善財童子訪問了休捨優婆夷，這位善知識說只知道知離憂安隱幢解脫門，由此以百萬阿僧祇方便行而發菩提心。之後，善財童子所訪的善知識，又以為眾說法、一念承辦諸多事業、演算、妙香、供養、饒益眾生、教化離貪等諸多解脫門而開導善財各種修行方法。隨著善財童子參訪的深入，更為深刻的法門等待著他，但儘管如此，諸大善知識在詳述自己所修「唯一」之解脫門後，往往與前面各位善知識一樣，說如「而我云何能知能說」之辭。一方面，從事相上，這是善知識的如實語，也就是體現了《華嚴經》修證方面的「一即一切」，任一法門即可成就無上佛果。不過，進一步從表法的意義上，我們不妨還可以將之視為一種示現精進不懈，並引導後學須廣學多聞的一種言傳身教，它的意義在於告訴人們：即便是在修證達到極高境界的時候，因為發菩提心修行仍是以利益一切有情而成佛為目標，因而繼續保持這種精進不懈的態度是必不可少的，而且這種態度也是為最終勇往直前進而導向普賢行提供動力。可以想見，在初發心人的修行道路上，若不及時防護自心，這種階段性的成功，往往不可避免的成為一種隱含的障礙。善財童子每每聞法已，通過正念、專念、一心正念、憶念、觀察、誦持、解了、分別、思惟、了達、修行、發心、安住、於善知識深心愛樂等諸多方面數數修習，為我們展現了一種精進修學的實例。值得注意的是，諸大善知識為善財童子解說各自所修行的法門時，對於其所證得解脫門的緣起也有相關的說明。與直接陳述解脫門修行方法不同，這種歷數往昔因地上修行，一方面告訴人們修行實踐是需要腳踏實地且不辭疲厭的，另一方面又通過歷劫修行提示人們因地修行的重要性和艱巨性，從這個意義上說，回顧此法門產生的緣起這一過程本身也是對重重無盡之法界緣起進行反覆宣說的一種形式。

　　此外，在諸大善知識的教法中，亦有直接開顯菩提心修行的部分，從而為與前文作為呼應，或者從所側重之教法入手細緻說明。如寄位十住的海雲比丘為善財童子開顯發菩提心的若干行相，包括大悲心、大慈心、安樂心、饒益心、哀愍心、無礙心、廣大心、無邊心、寬博心、清淨心和智慧心等，這十一種心都是以眾生、法界、一切法為所緣，因而是廣大無限的。〔註111〕休舍優婆夷指出發菩提心的目的是教化調伏一切眾生、承事供養一切諸佛、嚴淨一切諸佛國土、護持一切諸佛正法、成滿一切如來誓願、往詣一切諸佛國土、入一切諸佛眾會、知一切世界諸劫次第、知一切眾生心海、知一切眾生根海、知一切眾生業海、知一切眾生行海、滅一切眾生諸煩惱海、拔一切眾生煩惱習海，而且這種發心是不落下任何一個所緣的，即「悉無餘」。〔註112〕由此可見，菩薩總是為利益一切有情而非獨為假有之我而發心。對於發心之心量，如德生童子、有德童女處提及：菩薩行者不應將修一善、照一法、行一行、發一願、得一記、住一忍，當做究竟，也不應該以限量心，來行六度、住十地，乃至莊嚴清淨佛國土、事奉善知識。〔註113〕初發菩提心修行中，菩薩要以不斷契入無限性來修菩薩行，其關鍵性十個內涵包括：普修一切菩薩行，普化一切眾生界，普入一切劫，普生一切處，普知一切世，普行一切法，普淨一切剎，普滿一切願，普供一切佛，普同一切菩薩願，普事一切善知識。〔註114〕此外，與起始發心相呼應，善財童子再次參訪文殊菩薩時，菩薩開顯了信根對於心行、功行、精進、善根、願力、親近善知識、為如來所憶念、了知法要等諸多方面之重要意義，如果離開了信根，那麼將會導致心劣憂悔，功行不具，退失精勤，執著於有限的善根心，對少許功德便以為滿足，不能善巧發起行願，不為善知識之所攝護，不為如來之所憶念，不能如實了知法性、理趣、法門、所行、境界，也不能具有周遍知、種種知、盡源底知的能力，也不能解了、趣入、解說、分別、證知、獲得這些能力。〔註115〕作為全部參訪過程的核心議題——親近善知識——亦可在德生童子、有德童女及瞿波釋種女兩處，及名為善眼的菩薩法堂羅剎鬼王處有所瞭解。

〔註111〕《大方廣佛華嚴經》卷六十二，載《大正藏》第 10 冊，第 335 頁中。

〔註112〕《大方廣佛華嚴經》卷六十四，載《大正藏》第 10 冊，第 344 頁下。

〔註113〕《大方廣佛華嚴經》卷七十七，載《大正藏》第 10 冊，第 420 頁中。

〔註114〕《大方廣佛華嚴經》卷七十七，載《大正藏》第 10 冊，第 420 頁中～第 421 頁上。

〔註115〕《大方廣佛華嚴經》卷八十，載《大正藏》第 10 冊，第 439 頁中。

作為志求佛道的起點，初發菩提心在華嚴經教中，不但以行布次第和圓融門從「解」導「行」的角度進行闡發，更通過〈入法界品〉中善財童子的五十三參來從實踐的角度進行詮釋和敘述，這種敘述的表法意義在於從法義、身教等多角度為人們展現了發菩提心修行實踐具有恢弘的境界，而且無論是透過表法理解其中之甚深道理，還是按照内容去進行觀修實踐，《華嚴經》中的發菩提心思想與實踐都人們提供了豐富的佛教修行指導和人生成長指南。

小結

《華嚴經》是華嚴發菩提心思想的根本思想來源。圓融無礙是《華嚴經》的重要特色，也是詮釋華嚴發菩提心思想的重要背景，本經通過「重重無盡復無盡」的方式多層級展示了法界的無盡、玄妙，就法的實踐者而言，法界就是菩提心，就是佛果。在圓融無礙和終極取向的詮釋基礎上，《華嚴經》還有對尚未達到法身大士程度的乃至初學者有不同裨益的内容，這一部分本經通過行布次第門加以闡釋。在分別敘述圓融和行布次第兩種不同的修行理路基礎上，本經進一步發揮其圓融特質，說明圓融與行布之間也是「圓融無礙」的。亦即，圓融門依靠寄位行布來實現具體的實踐途徑，從而提供無量「修行法門」；行布門每一環節又可以直接實現終極目標。在此背景下，發菩提心的詮釋不是簡單的從理論到實踐，也不是線性的階梯遞進，而是盡法界皆可參與、皆得獲益的恢宏的信仰交響曲。

十信法門是初心成佛的起點，從〈世主妙嚴品〉以來的「信分」導向此處的解，進而成行與德。其中的「德」是作為一種修行實踐的加油站，給人以進一步前行的動力。這與《法華經》中的化城喻有著相似的功用，所不同的是此處未提出修證位階，這成為同教與別教一個區別。十住、十行、十迴向和十地這四十位構成了行布次第的實踐，其中發菩提心從「願」為切入點，通過願行關係逐漸密切直至融合最終達到願行相資相攝的普賢願行。行布次第四十門中的每門都指向成佛的終極目標，這是華嚴教學融會三乘歸於一乘的顯著標誌。從平等因果到〈離世間品〉、〈入法界品〉，是發菩提心的「解」、「行」、「證」的圓融表述，體現了本經發菩提心思想的獨特之處，而其入手處的平實性和指向的終極性得到統一，這體現了《華嚴經》圓融無礙的理論性格、重重無盡的呈現方式和權實雙行的詮表範式。此外，權實雙行也提供

了圓融門中可能的多重性行布次第，從而為圓融與行布之間也構築起重重無盡的融攝關係。

第二章　智儼的一乘發菩提心思想

　　在法藏之前，華嚴宗祖師對發菩提心的理解可以看到對地論學派繼承並改造的痕跡。初祖杜順作為一代禪僧，其主要貢獻在於奠定了華嚴宗的禪修實踐體系，而後人的觀法無不是由此得以展開。而關於發菩提心思想的部分，智儼通過對《華嚴經》的闡釋和發揮，就初發菩提心等問題率先進行了論述，這也構成了法藏全面闡發華嚴發菩提心思想的先導因素。智儼解經的思想和成果集中體現在《大方廣佛華嚴經搜玄分齊通智方軌》（即《搜玄記》）中，同時智儼還針對《華嚴經》的提要性內容和重要問題通過《華嚴五十要問答》和《華嚴經內章門等雜孔目》（即《孔目章》）進行闡釋，三部著作使我們能夠瞭解智儼對《華嚴經》進行的多角度解讀。在《華嚴五十要問答》中，有關發菩提心思想的內容主要是就「成佛」之「果」這一角度而言，通過一乘、三乘之別〔註1〕的討論來闡述，而有關初發菩提心的內容則在《孔目章》的〈賢首品初立發菩提心章〉（以下簡稱〈孔目‧賢首章〉）中體現得較為全面。

一、繼承慧遠舊說

　　智儼的發菩提心思想，基本的理論底色來源於杜順所提倡的華嚴一乘教義，而就文本資料上的直接來源是《大乘義章》。後者的作者是被譽為「隋代三大師」之一的淨影慧遠。慧遠的思想被後人歸為涅槃學派和地論南道學派，這也是華嚴宗解經傳統和義學傳統的重要來源之一。《大乘義章》共二十卷，分五門「義聚」，其中與發菩提心相關的內容屬於第四門「淨聚」的「因法」。

〔註1〕〔唐〕智儼：《華嚴五十要問答》卷一，載《大正藏》第45冊，第521頁上。

在「菩提心義三門分別」這一部分，慧遠通過發菩提心體相、發起次第和發心位階三個部分來說明。這樣的分割，類似於「境行果」的安排，也有「體相用」的意味，這對智儼的發菩提心思想影響是顯著的。通過文本對照可以發現，智儼在提出初發菩提心的定義方面是幾乎是全文引用了《大乘義章》的內容。其在〈孔目‧賢首章〉中對菩提心的定義為：

> 菩提心者。菩提**梵**語。<u>此翻名</u>**果道**。<u>果德圓通故曰菩提。於大菩提起意趣求名發菩提心。然此發心經亦名願。要大菩提令來屬己故名為願。</u>〔註2〕

這一部分智儼幾乎全文引用了慧遠在《大乘義章》中描述發菩提心的內容：

> **發菩提心**者。菩提**胡**語。<u>此翻名道。果德圓通故曰菩提。於大菩提起意趣求名發菩提心。然此發心經亦名願。要大菩提令來屬己故名為願。</u>〔註3〕

上述引文下劃線的部分即是兩者相同的地方，而加粗的黑體部分即是〈孔目‧賢首章〉與《大乘義章》之間的差異之處，包括：第一，《大乘義章》中所使用的詞彙是「發菩提心」，而智儼這裡用的是「菩提心」；第二，對於「菩提」這一音譯，慧遠說是「胡語」而智儼說是「梵語」；三是慧遠指「發菩提心」為「道」的涵義，而智儼這裡將「菩提心」的涵義說明為「果道」。除了「梵」、「胡」語言這一點〔註4〕外，這三方面的差異可歸結為兩個要點：第一，「發菩提心」與「菩提心」的差異性；第二，由前者差異導致是否翻譯上產生了「道」與「果道」的差異。從根本上說，從「發菩提心」到「菩提心」的「實體」化理解，正是在典籍傳譯過程中的一個變化，這種變化將一個「發心」和「趣向菩提」兩個意涵進行聯結，從而構成了一個純善的、偏於引起「實體化」理解的名詞。〔註5〕因此，無論是本文的敘述，還是古德中關於「初發心」之「初發」含義的詮釋〔註6〕，應某種程度上都可以視為為了消除某些「實體

〔註2〕〔唐〕智儼：《華嚴經內章門等雜孔目章》卷二，載《大正藏》第45冊，第549頁上。
〔註3〕〔隋〕慧遠：《大乘義章》卷九，載《大正藏》第44冊，第636頁上。
〔註4〕實際上慧遠和智儼都有對「梵」、「胡」混用的情況，見：《大正藏》第35冊，第13頁中；第37冊，第175頁中、第618頁中。而這一問題也不直接影響此處有關「菩提心」一詞的討論，故從略。
〔註5〕張文良《法藏的「菩提心」觀：以〈大乘法界無差別論疏〉為中心》，載《宗教研究》，2014年第2期，第117～128頁。
〔註6〕〔唐〕法藏：《華嚴經探玄記》卷四，載《大正藏》第35冊，第175頁下。

化」理解〔註7〕傾向的努力。

　　除了初發心的基本概念外，其在闡述發菩提心之體性方面，也是承接了慧遠的思想。智儼說初發心的「體性」有三種，即「相發」、「息相發」和「真發」，這三類的區分及其具體內涵〔註8〕皆是與《大乘義章》中發菩提心體相的內容相一致。〔註9〕所謂「相發」，即「相似性」的發菩提心，這種發心基於厭患生死而發起學佛成佛的心，其本質上是一種出離心；「息相發」也就是「止息」了不平等後的發心，這種離開對「相」的執著而發心，將避免落入兩邊：一邊是執著單純「厭患生死」導致的斷見，另一邊則是執著「涅槃」導致的常見。由此，這種「息相發」心避免了對空、有二邊的不平等。第三類「真發」指的是發菩提心的根源在於眾生本自具足的「真心」。從這個意義上說，菩提心是每個眾生都具有的體性，這就是因妄想顛倒而不能覺察到的本自具足的佛性。從「真發」的意義上，初發菩提心的解行實踐，正是回歸生命本來狀態的過程，其結果就是返回本真、顯現為親證一切種智的現起。

　　這三類發心不但在認識論方面有意義，而且還可具體與修行位階進行關聯，從而具有了對修行實踐進行指導和檢驗的意義。在《大乘義章》中，「相發」、「息相發」和「真發」這三種發心分別直接對應於信發心、解發心和證發心這三種位階〔註10〕。進一步對這三個位階進行展開，就是其中所說的「廣說六種」，包括了外凡位、十信位、習種位、性種位、解行位和地上位，這分別對應於「相發」、「信發」、「解發」、「行發」、「觀發（或道發）」和「證發」六種發心。從三門展開到六門展開，實際上就是將「息相發」進一步細化為了「信」、「解」、「行」和「觀（道）」這四種發心。〔註11〕值得注意的是，智儼雖然採用了《大乘義章》對發菩提心的定義，但這三類發心直接所對應的三種修證位階並未引用，而是內容調整為與「發心六門」，而且智儼的六門發心與《大乘義章》中由三門展開的六門在內容上並不完全一致。由此可見，智儼對《大乘義章》資料的選擇使用並不是簡單的直接引用，而是通過一定抉擇之後進行了調整的。

〔註7〕這種「實體化」理解有偏向「自性見」之尤，而這一傾向正是與佛教緣起法相違背的。

〔註8〕〔唐〕智儼：《華嚴經內章門等雜孔目章》卷二，載《大正藏》第45冊，第549頁上～中。

〔註9〕〔隋〕慧遠：《大乘義章》卷九，載《大正藏》第44冊，第636頁上～中。

〔註10〕〔隋〕慧遠：《大乘義章》卷九，載《大正藏》第44冊，第636頁下。

〔註11〕〔隋〕慧遠：《大乘義章》卷九，載《大正藏》第44冊，第636頁下。

二、調整三乘次第

智儼對其在〈孔目・賢首章〉中所引《大乘義章》的內容有這樣的評價：「此之分齊，是三乘義」〔註12〕。也就是說，在短短四百多字的短文中，智儼用了接近百分之八十的篇幅來說明對「菩提心」一般性認識的三乘義。這表明，一方面智儼較多地接受了慧遠的發菩提心思想，特別是在發心的種類、具體意涵等方面；另一方面，智儼視之為初發菩提心之「三乘義」，這是提示我們在解讀智儼對佛教範疇的詮釋過程中要以三乘、一乘關係為思想背景來展開，初發菩提心思想當然也應該依照這一規律。實際上，智儼繼承杜順解讀《華嚴經》的立場，同時又面臨著玄奘唯識新學的傳入〔註13〕，因此更加重視發揮「一乘」教義，並將之作為本宗的重要特色。例如，在《孔目章》的〈淨行品初明凡聖行法分齊不同義章〉中：

> 順一乘善，不棄一法。據佛別意，唯一乘可行，餘不可行。何以故？非究竟依故。〔註14〕

智儼在說明〈淨行品〉的凡聖行法差異這一問題時所持的就是一乘的立場，此處他強調唯有「一乘」才能達到究竟。〈淨行品〉中的內容都是普通人的日常行為，而經中通過「當願眾生」的轉化，將之提升為最殊勝的成佛道用，智儼則順著這一思路，通過對一乘、三乘之別的討論，將〈淨行品〉的圓教特徵進一步顯發出來。對於小乘、三乘和一乘，智儼基本採取的是「在一乘即圓明具德，處三乘則一相孤門，在小乘廢深論淺」的態度。〔註15〕因此可以認為，作為以彰顯《華嚴經》殊勝不共特質為目的，智儼強調一乘的殊勝性是恰如其分的；與此同時，對於接引更多人契入華嚴的一乘圓教，三乘的階梯作用也是必不可少的，基於此，智儼在〈孔目・賢首章〉中對三乘著墨較多也是合理的。

〔註12〕〔唐〕智儼：《華嚴經內章門等雜孔目章》卷二，載《大正藏》第45冊，第549頁中。

〔註13〕Gimello, Robert M. *Chih-yen (602-668) and the Foundations of Hua-yen Buddhism.* (Doctoral dissertation, Columbia University), 1976, p.168; Gregory, Peter N., *Tsung-mi and the Sinification of Buddhism.* Honolulu: University of Hawaii Press.1991, pp.10-11.

〔註14〕〔唐〕智儼：《華嚴經內章門等雜孔目章》卷二，載《大正藏》第45冊，第548頁中～下。

〔註15〕〔唐〕智儼：《華嚴經內章門等雜孔目章》卷四，載《大正藏》第45冊，第586頁中。

　　不過，智儼對《大乘義章》中「菩提心」的「次第」並不是持全盤接受的態度，而是立足於對《華嚴經》一乘教義基本精神的理解，對慧遠的思想進行總結並在此基礎上採取了一種有選擇性的重構，從而呈現了一個調整版的三乘次第。智儼在〈孔目・賢首章〉中將「發菩提心」分為六門，分別是：信發心、位發心、行發心、方便發心、證發心和究竟發心。〔註16〕這六門分別對應了十信位、十住（解）位、十行位、十迴向位、十地位以及佛果位的成滿。雖然這裡智儼開出的六門在數量上和慧遠在《大乘義章》中的相同，且都是與菩薩修行位階相關聯，但就具體位階的取捨，兩者仍有較多差異。例如，《大乘義章》中最初的發心位是外凡，也就是十信未滿時，其對應的發心即是「相〔註17〕發」。而智儼這裡的第一門是「信發心」，也就是對應了《大乘義章》第二門。以此類推，〈孔目・賢首章〉中的第二至第五門，分別就是《大乘義章》中的第三至第六門，如表 2-1 列舉出兩部著作的差異。智儼在《大乘義章》的基礎上，簡除了外凡的發心，同時加上了對應佛果位的究竟發心，這種對照與《華嚴經》中的四十二或五十二位行相〔註18〕相一致，特別是以「初心成佛」為界限，將外凡與三賢（內凡）、聖者的差異突出出來，這與慧遠所說的是明顯不同的。由此也可以看出，智儼安立三乘的目的仍然是輔助建立一乘，也就是通過「寄位三乘」來接引更多人。同時，將佛果納入修改版的三乘次第中，也避免了《大乘義章》這種方式可能造成「登地」後成佛指日可待的偏見，這對後續引發普賢行打下了前期基礎。

表 2-1　〈孔目・賢首章〉和《大乘義章》的發心種類與修行位階的對照

〈孔目・賢首章〉		《大乘義章》	
發心別	對應位階	發心別	對應位階
／	／	相發	外凡
信發心	十信滿（心）	信發	十信位
位發心	十解心	解發	習種位

〔註16〕〔唐〕智儼：《華嚴經內章門等雜孔目章》卷二，載《大正藏》第 45 冊，第549 頁中。

〔註17〕一作「想」。

〔註18〕四十二位即：十住、十行、十迴向、十地、等覺、妙覺；五十二位即：四十二位之前加上「十信位」。

行發心	十行心	行發	性種位
方便發心	十迴向心	觀發／道發	解行位
證發心	初地已上心	證發	初地已上
究竟菩提發心	佛心	／	／

此外，就初發菩提心結果而言，智儼列出「聲聞」、「緣覺」和「佛」三種菩提，這與《大乘義章》列出發心、伏心、明心、出到和無上菩提這五種類型〔註19〕也有差異。開列三種姓菩提是將三乘導向的三種結果加以明確化，從而通過對比側面說明佛菩提的殊勝。而《大乘義章》將三乘融攝到整個修行次第中，也提示慧遠對大小乘融合的態度上，是認為菩薩乘的修行過程中證得二乘果德是必不可少的。智儼一方面將三乘作為一種接引手段而稍加改造得到調整版的三乘次第，同時也借助三乘的結果來暗示佛果的殊勝，從而通過這兩個方面來體現《華嚴經》一乘為主、三乘為伴的思想特質，這也是其對發菩提心思想展開論述所依據的理論框架。

三、援經獨顯一乘

在提出經過調整之三乘次第的基礎上，智儼進一步來說明一乘初發菩提心。這一部分雖然字數上十分簡略，但因為完全是對《華嚴經》的援引，就這個意義上來說其實際的內涵又頗為深邃。關於一乘初發菩提心，智儼注重「十門顯無盡」的方式來說明其種類，進而通過校量功德的方式來詮釋一乘發菩提心的殊勝性：

> 一乘究竟，有十種發心，如〈離世間品〉說，顯無盡故。其發心德，有二百一十八句經，如下「彌勒善知識」中說。〔註20〕

一乘初發菩提心有十種，其內容是來自〈離世間品〉。據智儼之意，整部《華嚴經》分為三個部分，其中一乘菩提心的內容是來自〈離世間品〉和〈入法界品〉，兩者都屬於第三「辨依緣修行成德分」〔註21〕，是關於由「解」導

〔註19〕〔隋〕慧遠：《大乘義章》卷十二，載《大正藏》第44冊，第702頁中～下。
〔註20〕〔唐〕智儼：《華嚴經內章門等雜孔目章》卷二，載《大正藏》第45冊，第549頁中。
〔註21〕〔唐〕智儼：《大方廣佛華嚴經搜玄分齊通智方軌》卷一：「就品分者有三：初、至光覺等來舉果勸樂生信分；二、明難下明修因契果生解分；三、離世間下辨依緣修行成德分。」，載《大正藏》第35冊，第19頁下。

「行」的內容。其中〈離世間品〉又屬於「成德分」下的「託法進修分」〔註22〕，既側重「解」也側重「由解入行」。〈離世間品〉中的十種發心，包括兩個層面：一是發心之「體」，二是發心之「因」。前者直接以「普賢心」來說明，實際上就是一乘初發菩提心之意〔註23〕。這一發心分為「大慈心」、「大悲心」、「一切施為首心」、「正念一切智為首心」、「功德莊嚴心」、「金剛心」、「大海心」、「須彌山王心」、「安隱心」和「究竟般若波羅蜜到彼岸心」十種〔註24〕。智儼對此進行歸類，這十種心又可以合之為前三「護眾生心」、次三「趣果智心」和後四「厭離有為心」〔註25〕，從而在修行內容歸納為慈悲、求無上智以及於有為法的出離心三方面內容。此外，智儼還將這十種發心與「十住位」相對應〔註26〕，這就提示我們，在智儼看來，這十方面發心正是「十信成滿」的「初發菩提心」。對照《探玄記》的相關內容可以發現，法藏也完全繼承了上述說法。〔註27〕

在十種「普賢心」後則是十種「普賢行」〔註28〕，即由「解」導「行」，包括「行菩薩行」、「恭敬供養未來一切佛」、「立一切眾生於普賢菩薩願行」、「積集一切善根入一切波羅蜜」、「滿足一切菩薩願行莊嚴一切世界」、「往生一切佛所」、「善巧方便求一切法」這九種「自分行法」以及「於一切十方佛剎成無上菩提」這一「勝進行法」〔註29〕。接下來的十種大悲心〔註30〕即是普賢「心」、「行」的深化，包括了觀察眾生「無所歸依」、「隨逐邪道」、「貧無善根」、「長寢生死」、「行不善法」、「欲縛所縛」、「在生死海」、「久遠長病」、「無欲善法」、

〔註22〕〔唐〕智儼：《大方廣佛華嚴經搜玄分齊通智方軌》卷四：「此下有二分：初品，明託法進修分；二入法界下，明依人入證分」，載《大正藏》第35冊，第82頁中。

〔註23〕〔唐〕智儼：《大方廣佛華嚴經搜玄分齊通智方軌》卷四，載《大正藏》第35冊，第83頁下。

〔註24〕《大方廣佛華嚴經》卷三十七，載《大正藏》第9冊，第634頁下～第635頁上。

〔註25〕〔唐〕智儼：《大方廣佛華嚴經搜玄分齊通智方軌》卷四，載《大正藏》第35冊，第83頁下。

〔註26〕〔唐〕智儼：《大方廣佛華嚴經搜玄分齊通智方軌》卷四，載《大正藏》第35冊，第83頁上。

〔註27〕〔唐〕法藏：《華嚴經探玄記》卷十七，載《大正藏》第35冊，第424頁中。

〔註28〕《大方廣佛華嚴經》卷三十七，載《大正藏》第9冊，第635頁上。

〔註29〕〔唐〕智儼：《大方廣佛華嚴經搜玄分齊通智方軌》卷四，載《大正藏》第35冊，第83頁下。

〔註30〕《大方廣佛華嚴經》卷三十七，載《大正藏》第9冊，第635頁上。

「失諸佛法」十種，在智儼基礎上，法藏進一步結合眾生根器來解讀十種悲心。〔註31〕接下來在十種悲心的基礎上，〈離世間品〉繼續說明十種初發菩提心的因緣〔註32〕，包括：「教化成熟一切眾生」，「除滅一切眾生苦」，「與一切眾生種種快樂」，「除滅一切眾生愚闇」，「與一切眾生佛智」，「恭敬供養一切諸佛」，「隨如來教令佛歡喜」，「見佛色身相好」，「入一切佛智」，「顯現佛力無畏」。其中，前五種以眾生為所緣，後五以佛果為所緣。與《瑜伽師地論》中的四種發心因緣〔註33〕或《智印經》〔註34〕中的七種發菩提心因緣相比，〈離世間品〉中的十種因緣是「顯無盡」之意。一乘菩提心的詮釋蘊含了究竟意義和次第接引的兩方面意涵：由普賢心、普賢行的頓說、概說給出一乘初發菩提心的究竟意義，即證得普賢心行；而大悲心、初發菩提心因的詳說、次第說，則是說明了深度解讀普賢心行的每一門，皆是無量的意涵與次第。

在說明完十種發心後，〈孔目・賢首章〉對初發菩提心的功德進行說明，所引用的經文是〈入法界品〉善財五十三參所參訪彌勒菩薩時的內容〔註35〕。在晉譯六十卷本的《華嚴經》中，彌勒菩薩用一百一十七個「菩提心者，則為……」的句式〔註36〕以及一百零三個「譬如……」的句式，將初發菩提心的功德充分展示給善財童子，引導人們體會到初發菩提心功德的廣大，發起菩提心的殊勝利益。按照智儼的意見，前面一百一十七項功德就發心功德齊等佛果的角度來說，後一百零三項功德就善財依德起「大用」而「不捨世間」來說，由此將初發菩提心的功德分為「佛果」和「自在」二門，說明德齊佛果也不是修行的終點，反而更需要以此勝進，充分發揮自在大用、廣利群生。智儼這一說法後來為法藏所繼承〔註37〕。此外，智儼解讀這一部分中並未吸收前人將三乘位階予

〔註31〕〔唐〕法藏：《華嚴經探玄記》卷十七，載《大正藏》第35冊，第424頁中～下。

〔註32〕《大方廣佛華嚴經》卷三十七，載《大正藏》第9冊，第635頁上～中。

〔註33〕《瑜伽師地論》卷三十五，載《大正藏》第30冊，第481頁上～中。

〔註34〕《佛說如來智印經》卷一，載《大正藏》第15冊，第470頁中；《佛說大乘智印經》卷三，載《大正藏》第15冊，第480頁中。

〔註35〕《大方廣佛華嚴經》卷五十九，載《大正藏》第9冊，第775頁中～第780頁中。

〔註36〕按：據《搜玄記》（〔唐〕智儼：《大方廣佛華嚴經搜玄分齊通智方軌》卷五，載《大正藏》第35冊，第104頁中），此處為「一百一十五個」；而就經文顯示則為「一百一十七個」（《大方廣佛華嚴經》卷五十九，載《大正藏》第9冊，第775頁中～第776頁下）。

〔註37〕〔唐〕法藏：《華嚴經探玄記》卷二十，載《大正藏》第35冊，第488頁上。

以對照的方式，由此法藏發揮出「一種勝德皆通始終，此亦不可別配諸位」
〔註38〕的思想，這也是對智儼強調一乘超勝的繼承、運用和深化。

智儼對初發菩提心的解讀，以《華嚴經》的思想為根本，借鑒吸收地論
南道學派的主流意見並有所調整，在華嚴判教的基礎上解讀初發菩提心思想，
鮮明的提出了一乘初發菩提心的殊勝意涵。這伴隨著華嚴宗逐步依照經典獨
立形成宗派思想體系，為法藏集歷代學人之大成打下堅實基礎。

四、智儼的開拓意義

智儼對初發菩提心的解讀，以《華嚴經》的思想為根本，借鑒吸收地論
南道學派的主流意見並有所調整，在華嚴判教的基礎上解讀初發菩提心思想，
鮮明的提出了「一乘初發菩提心」的特殊意涵。智儼思想的特質一方面有繼
承地論學派傳統的一面，這表現為其在對初發菩提心解讀時，主要依據慧遠
《大乘義章》的內容，而且是幾乎全文引用，這是其思想理論的源頭，也是
其進入佛門學修的基礎。另一方面，智儼是將這些大段、全文引用《大乘義
章》的內容歸為「三乘」，後者在華嚴宗「一乘」觀點來看，更多是一種權宜
之計，是最終引導人們共同進入「一乘」、「圓教」的方便。在智儼來看，《華
嚴經》中初發菩提心的相關內容才是最「究竟」的，而其對初發菩提心的解
讀正反映了智儼將「一乘」思想貫徹到底的意旨。此外，稍顯不足的是，智儼
對初發菩提心的「一乘」義並未做系統性解讀，這也為法藏後續繼承與深化
相關內容，最終構建華嚴發菩提心思想提供了機會。

伴隨著華嚴宗逐步依照經典獨立形成宗派思想體系的過程，智儼的初發
菩提心思想為後人提供了最初的思想靈感，隨後法藏繼承乃師的思想，集歷
代學人之大成，系統解讀了「初心成佛」思想，並建構起初發菩提心的修證
方法，裴休造發願文，更將華嚴的初發菩提心導向日常修持。通過「一乘」、
「三乘」之別，智儼構建了華嚴發菩提心思想的淵源，是華嚴宗會通主流話
語與自宗特殊解讀的詮釋方式之先河。智儼對初發菩提心的解讀，不僅反映
了華嚴宗對《華嚴經》的獨特解讀視角，更為我們基於佛教經典的詮釋來順
應思想理論的時代嬗變和響應社會需求等方面開展新時代佛教的中國化研究
提供參考。

〔註38〕〔唐〕法藏：《華嚴經探玄記》卷二十，載《大正藏》第 35 冊，第 488 頁上
　　　 ～中。

第三章　法藏的發菩提心思想

　　本章重點探討法藏的發菩提心思想，包括其對前人思想的評述，其根據《大乘起信論》初發心三門而發揮的三十門義。法藏對發菩提心的解讀是基於這種三門三十心為行相特徵的，其解讀兼具了對發菩提心思想的特徵性、次第性、修證性的表達，使得對華嚴發菩提心思想的詮釋能夠從理論層面逐步過渡到修證實踐的層面。同時，經本文的考察表明，這種解讀仍是直接源於《華嚴經》的發心思想，也繼承了智儼的一乘發心思想，在此基礎上法藏所提出的獨到見解集中體現為對華嚴發菩提心的定義、特徵等方面，使其具有宗主經典、圓行無礙以及解行相攝等特色。

一、法藏及其發心思想相關著作

　　承二祖智儼之法脈，賢首法藏得以繼續傳承華嚴宗風、集華嚴教法之大成。法藏生於唐太宗貞觀十七年（642），示寂於唐玄宗先天元年（712），祖籍為西域康居國（今烏茲別克斯坦境內），祖上累世為康居國之丞相，自其祖父來唐後便在長安定居。法藏被時人稱為「康法藏」、「康藏」，同時又有「國一法師」、「賢首國（大）師」、「香象大師」、「華嚴宗主」、「華嚴和尚」等稱號，反映其人生不同階段的經歷。法藏出身世冑，十七歲入華嚴二祖至相大師智儼門下學習，智儼臨終付囑門人道成、薄塵務必促成法藏出家一事，足見其在乃師心中的份量。法藏一生參與翻譯經典甚多，常以「證義僧」身份參與其中，反映了國家對其於佛法教理深刻理解方面的認可。縱觀其一生著述，莫不以《華嚴經》為核心，其與日本、朝鮮的交往，又促進了這兩國華嚴宗的

形成，對東亞的文化交流產生了重要影響。

關於法藏出家的經過，還是頗與唐、武周的皇室密不可分的。有唐一代，李姓為君，具有少數民族血統的帝國君主為了證明身份的尊貴性，說其皇族是春秋思想家老子的後裔，〔註1〕從而初唐仍以道教為國家之第一宗教，就像李世民在《貶蕭瑀手詔》所說：「至於佛教，非意所遵，雖有國之常經，固弊俗之虛術。」〔註2〕時間到了武則天臨朝，無論是利用《大雲經》〔註3〕，還是為了從宗教上呈現與故唐不同的風貌〔註4〕，這位中國封建社會的唯一女皇都毫不含糊地選擇更加依仗佛教。事實上，無論是八十華嚴〔註5〕的傳譯，還是法藏本人的出家和弘法，莫不能離開這位大護法，如《法藏和尚傳》所載：

> 至咸亨元年（藏年二十八），榮國夫人奄歸冥路。則天皇后廣樹福田，度人則擇上達僧，捨宅乃成太原寺。於是受顧託者，連狀薦推。帝諾曰：俞。仍隸新剎，周羅遂落，夐拔常科，此之謂削染因緣。〔註6〕

唐咸亨元年（670）九月，武則天生母楊氏故去，為了為母親培福，則天捨母宅為寺，因其原籍為太原，遂將寺院命名為太原寺，同時也為太原寺配備僧額。這時就有很多人推薦法藏出家，從而使其獲得了出家的機遇。在當時來

〔註1〕〔後晉〕劉昫：《舊唐書》，北京：中華書局，1999年，第61頁。

〔註2〕〔清〕董浩等：《全唐文（影印版）》，北京：中華書局，1982年，第97頁。

〔註3〕〔後晉〕劉昫：《舊唐書》，北京：中華書局，1999年，第80～81頁、第3227頁。《舊唐書》中認為《大雲經》是偽經，不過，這種說法似應與當時排斥女性政治權力有關，據任繼愈引用王國維及陳寅恪、王重民等進行的考證（任繼愈：《漢唐佛教思想論集》，北京：人民出版社，1998年，第86頁、第185頁），加之《大雲經》本身在北涼即有譯本（據〔梁〕僧祐：《出三藏記集》卷二，載《大正藏》第55冊，第11頁中），綜合應為借用經文及注疏相關內容，附會於武則天稱帝。

〔註4〕《歷代崇道記》中有記載：「天后欲王諸武，太上乃現於虢州閿鄉縣龍臺鄉方與里皇天原，遣部玄崇，令傳言於天后云：國家祚永而享太平，不宜有所僭也」（〔唐〕杜光庭：《歷代崇道記》，載《正統道藏》，第329冊），必然地引起了武則天的不滿；其稱帝之後，在天授二年「夏四月，令釋教在道法之上，僧尼處道士女寇之前」（〔後晉〕劉昫：《舊唐書》，北京：中華書局，1999年，第81頁）。

〔註5〕《大方廣佛華嚴經》卷一，載《大正藏》第10冊，第1頁上中。

〔註6〕（新羅）崔致遠：《唐大薦福寺故寺主翻經大德法藏和尚傳》卷一，載《大正藏》第50冊，第281頁中。

講，這一因緣是非常殊勝的，這意味著法藏某種程度上就是武則天家廟的僧人，從而出家甫一開始就有獲得皇家尊崇和供養的機會，因而其弘法的活動也很容易獲得皇權的支持，這自然非常有利於其後來廣弘華嚴，成為集華嚴教以大成的祖師。

不過，儘管法藏甫一出家便具天時和地利，然而這並不足以作為其成就華嚴宗集大成者這樣的成就，更多「人和」方面的因素也是我們需要考慮的。首先，法藏出身世冑，同時故國康居篤信佛教，加之所居住的長安又是盛唐氣象下的世界級大都市，因此法藏成長的家庭、社會文化環境是其成為一代高僧的重要歷史背景〔註7〕。據《高僧傳》記載，法藏出生於康居國宰相家庭，世代為康居高官，乃祖遷居當時作為世界政治、經濟、文化中心的長安，乃父受到內地中央王朝的禮遇，這些不但是法藏出生身份尊貴性的寫照，更重要的是為其幼年的成長和文化的薰陶提供了重要的基礎。第二，法藏早慧，早在十六歲便有了燃指供佛的覺悟與實踐，〔註8〕十七歲時便於太白山（終南山主峰）入道門修行「餌術」，同時也學習佛教典籍，最終投歸智儼門下。在崔致遠所著《唐大薦福寺故寺主翻經大德法藏和尚傳》中，記載了法藏依止智儼修學的經歷：

> （法藏）年甫十七，志銳擇師……時智儼法師於雲華寺講《華嚴經》，藏於中夜忽覩神光來燭庭宇。乃歎曰：「當有異人，弘揚大教」，翌旦就寺膜拜已，因設數問，言皆出意表。儼嗟賞曰：「比丘義龍輩尚罕扣斯端，何計仁賢，發皇耳目？」或告曰：「是居士雲棲朮食，久玩雜華，為覲慈親，乍來至此」。藏既湌儼之妙解，以為真吾師也。儼亦喜傳炷之得人。……及總章元年，儼將化去，藏猶居俗。儼乃累道成、薄塵二大德曰：「此賢者注意於《華嚴》，蓋無師自悟，紹隆遺法，其惟是人。」〔註9〕

從法藏披剃前的修習經歷看，智儼法師看到了當時還是居士身份的法藏在弘揚

〔註7〕　方立天：《法藏評傳》，北京：京華出版社，1995年，第5頁；陳永革：《法藏評傳》，南京：南京大學出版社，2006年，第2頁。

〔註8〕　（新羅）崔致遠：《唐大薦福寺故寺主翻經大德法藏和尚傳》卷一，載《大正藏》第50冊，第283頁中；〔南宋〕宗鑒：《釋門正統》卷八，載《卍續藏》，第75冊，第358頁中。

〔註9〕　（新羅）崔致遠：《唐大薦福寺故寺主翻經大德法藏和尚傳》卷一，載《大正藏》第50冊，第281頁上～中。

《華嚴經》上的潛力。法藏依止智儼門下學習，儼師示寂前還念念不忘完成法藏的剃度事宜，囑託門人竭力促成此事，並贊說法藏是「無師自悟」者，是紹隆華嚴教的不二人選。實際上，甫一出家的法藏就表現出了令人驚奇的才能：

> 既出家未進具。承旨於所配寺講《百千經》，時屬端午，天后遣使送衣五事……后於雲華寺講，有光明現從口出須臾成蓋，眾所具瞻。延載元年講至《十地品》，香風四合瑞霧五彩，崇朝不散紫空射人，又感天華糝空如霰。后於佛授記寺譯新經畢，眾請藏敷演，下元日序題入文，洎獵月望前三日晚講至華藏海震動之說，講室及寺院欻然震吼，聽眾稻麻歎未曾有。當寺龍象狀聞天上，則天御筆批答云：「省狀具之。昨因敷演微言弘揚秘頤，初譯之日夢甘露以呈祥，開講之辰感地動而標異，斯乃如來降祉用符九會之文。豈朕庸虛敢當六種之動，披覽來狀欣暢兼懷。」仍命史官編於載籍。無慮前後講新舊兩經三十餘遍。〔註10〕

在法藏還是沙彌的時候，就能夠在大薦福寺講經說法，所講的經典《百千經》即是《華嚴經》之別稱，〔註11〕而這次講經得到了當時還是皇后的武則天的青睞，武氏送來供養，足見對法藏的支持和厚愛。隨後，法藏前後講晉譯和唐譯華嚴三十餘遍，而且多次產生如香風、彩雲、降霰、地動等神異現象，而武氏也充分利用這些神奇的現象來與自己做聯繫。由此可見，當時法藏的講經活動是備受朝野所矚目，可謂是當時的文化盛事。此外，法藏作為華嚴宗重要的領軍人物，也參與了新譯華嚴的宏大國家級文化工程中：

> 迎三藏實叉難陀譯在神都……命藏筆受……雖益數品新言反脫日照所補，文既乖緒續者懵焉。藏以宋唐兩翻對勘梵本，經資線義雅協結鬘，持日照之補文綴喜學之漏處，遂得泉始細而增廣月暫虧而還圓，今之所傳第四本是。〔註12〕

在這次的譯經活動中，法藏首先是擔任了筆受工作，這項工作對佛教的語言面貌〔註13〕具有重要影響，因為譯出經典在具體用詞上的差異是直接關係到

〔註10〕（新羅）崔致遠：《唐大薦福寺故寺主翻經大德法藏和尚傳》卷一，載《大正藏》第 50 冊，第 281 頁中～下。

〔註11〕〔唐〕法藏：《華嚴經探玄記》卷一，載《大正藏》第 35 冊，第 120 頁下。

〔註12〕（新羅）崔致遠：《唐大薦福寺故寺主翻經大德法藏和尚傳》卷一，載《大正藏》第 50 冊，第 282 頁上。

〔註13〕高列過：《筆受對漢譯佛經語言面貌的影響初探——以鳩摩羅什譯經被動式

後人對經典的注疏和理解的。不但如此，法藏還通過對勘漢譯本和梵本，將此次譯經所缺少的部分予以補全，最終才成為如今流傳的八十卷本。從這個記載可以看出，法藏對《華嚴經》譯出過程態度之慎重及其對《華嚴經》思想義理理解之深刻，為我們瞭解其在實際宗教實踐中所體現的佛學造詣提供了一個重要的依據。

除了注疏《華嚴經》，以《華嚴經探玄記》的大部頭注疏流傳於世外，法藏還撰述諸多小論，如關於《華嚴經》具體章節解讀的《華嚴經明法品內立三寶章》〔註14〕，《華嚴經》主旨大意及主要問題的概論性著作《華嚴經旨歸》〔註15〕、《華嚴策林》〔註16〕、《華嚴經義海百門》〔註17〕，反映華嚴發菩提心觀修問題的《華嚴發菩提心章》〔註18〕，為武則天說明華嚴基本思想的《華嚴金獅子章》〔註19〕，華嚴宗判教及顯示華嚴一乘圓教的《華嚴一乘教義分齊章》〔註20〕，華嚴宗的觀法《修華嚴奧旨妄盡還源觀》〔註21〕和《華嚴遊心法界記》〔註22〕等。除此之外，法藏對如來藏思想關注較多，著有《大乘法界無差別論疏》〔註23〕、《入楞伽心玄義》〔註24〕，他對《大乘起信論》頗

為考察基點〉，載《漢語史學報》，2016 年第 1 期，第 251～260 頁。

〔註14〕〔唐〕法藏：《華嚴經明法品內立三寶章》卷一，載《大正藏》第 45 冊，第 613 頁上～第 626 頁中。

〔註15〕〔唐〕法藏：《華嚴經旨歸》卷一，載《大正藏》第 45 冊，第 589 頁下～第 596 頁下。

〔註16〕〔唐〕法藏：《華嚴經策林》卷一，載《大正藏》第 45 冊，第 598 頁中～第 612 頁下。

〔註17〕〔唐〕法藏：《華嚴經義海百門》卷一，載《大正藏》第 45 冊，第 627 頁上～第 636 頁中。

〔註18〕〔唐〕法藏：《華嚴發菩提心章》卷一，載《大正藏》第 45 冊，第 651 頁上～第 656 頁上。

〔註19〕方立天：《華嚴金師子章校釋》，北京：中華書局，1983 年。

〔註20〕〔唐〕法藏：《華嚴一乘教義分齊章》，載《大正藏》第 45 冊，第 477 頁上～第 509 頁上。

〔註21〕〔唐〕法藏：《修華嚴奧旨妄盡還源觀》卷一，載《大正藏》第 45 冊，第 637 頁上～第 641 頁上。

〔註22〕〔唐〕法藏：《華嚴遊心法界記》卷一，載《大正藏》第 45 冊，第 642 頁下～第 650 頁下。

〔註23〕〔唐〕法藏：《大乘法界無差別論疏》，載《大正藏》第 44 冊，第 61 頁上～第 76 頁中。

〔註24〕〔唐〕法藏：《入楞伽心玄義》，載《大正藏》第 39 冊，第 425 頁下～第 433 頁中。

為青睞，有兩部注疏分別為《大乘起信論義記》〔註25〕和《大乘起信論別記》〔註26〕。法藏還對般若系的思想和菩薩戒也有所涉及，有《般若波羅蜜多心經略疏》〔註27〕、《十二門論宗致義記》〔註28〕，《梵網經菩薩戒本疏》〔註29〕等。這些著作總計近五十卷，內容以解讀《華嚴經》、闡發華嚴宗義理為主，但是仍有一些是關於被華嚴宗判攝為「終教」的如來藏系經論以及被其判攝為「始教」的般若系經論也為法藏所重視，同時法藏還關注到了梵網菩薩戒。這些說明法藏重視般若思想和如來藏思想，這在其注解《華嚴經》的字裏行間也能看到端倪。此外，法藏應是對菩提心和菩薩行較為重視，對發菩提心的觀法有較多著墨外，特別是其在《華嚴發菩提心章》的撰述中，將菩提心納入華嚴法界觀修體系，不但直接提供了華嚴發菩提心的觀行原理和實踐方法，還為華嚴法界觀的實踐提供了最佳的修習例證。無論是專門著述還是在解經過程中，其對發菩提心的重視程度與對般若空性的重視程度可以視作其解經過程的主要思想基石。

二、法藏發心思想之特質

按照賢首法藏的解讀，圓教理解的發菩提心與大乘始教、終教的解讀有著較大差異。實際上需要結合不同教相判攝來理解發菩提心，這一方面能通過對比體現華嚴圓教的特色，一方面也是融攝諸宗說法於華嚴教的途徑。在《華嚴經探玄記》（簡稱《探玄記》）中，法藏是這樣來判攝不同教相所解的發菩提心義的：

> 三、發心者。謂始從具縛不識三寶名字等，創起一念信等，此約始教，如《本業經》。終教如《起信論》修行信心分。圓教如《賢首品》初。以小乘非此故不約說。頓教無位故亦不說。〔註30〕

〔註25〕〔唐〕法藏：《大乘起信論義記》，載《大正藏》第44冊，第240頁下～第287頁中。

〔註26〕〔唐〕法藏：《大乘起信論義記別記》，載《大正藏》第44冊，第287頁中～第295頁下。

〔註27〕〔唐〕法藏：《般若波羅蜜多心經略疏》，載《大正藏》第33冊，第552頁上～第555頁上。

〔註28〕〔唐〕法藏：《十二門論宗致義記》，載《大正藏》第42冊，第212頁中～第231頁上。

〔註29〕〔唐〕法藏：《梵網經菩薩戒本疏》，載《大正藏》第40冊，第602頁上～第655頁中。

〔註30〕〔唐〕法藏：《華嚴經探玄記》卷四，載《大正藏》第35冊，第175頁下。

此處談到了始教的發心是初「創」的信心，也就是以信成就為發心的起始。
而終教的發心則是對信心的修行，這與始教相比就往前推進了一步：前者是
剛從不信三寶的狀態回轉到建立微弱、並不穩固的信心而言，因此始教的「發
菩提心」實際上與我們一般意義上說的「皈依」是頗為類似的；而終教則將
發心解讀為信位的修行，這已經是將發菩提心視作修行的某個階段，賦予其
更加濃厚的實踐意味。關於圓教的「發心」，法藏則直接說明〈賢首菩薩品〉
中所講初發心即發菩提心之圓教解，在《華嚴經》的原文為：

> 菩薩初發意，直心大功德，於佛及法僧，深起清淨信。信敬三
> 寶故，能發菩提心，不求五欲樂，實貨諸財利，亦不求自安，希望
> 世名聞；滅除眾生苦，令盡無有餘，誓度斯等類，菩薩初發心。常
> 欲令眾生，離苦永〔註31〕安樂，嚴淨一切剎，供養無量佛，樂立佛
> 正法，欲得無上道，淨修一切智，菩薩初發心。〔註32〕

按法藏所解，此處的初發心其行相可以分為十門，即：正直趣理心、深信三
寶心、遠離四過心、大願度生心、大慈大悲心、嚴淨佛剎心、廣供諸佛心、建
立正法心、正求勝果心和淨修果因心。〔註33〕同時法藏認為「此上十心並所
緣境無限量」，從而「令心攝德亦無限」，也就是說，這所列舉的十種「心」實
際上是十種代表性的描述，而由智儼明確提出與強調的「十玄無盡」之立場
來看，正是通過列舉十門來的方式來顯示出華嚴發菩提心在涵義方面的無限
性。

　　就初發菩提心的多重解讀，一方面要從其行相出發，另一方面不可避免
地要結合發心功德來談。關於功德的問題，〈賢首菩薩品〉是以譬喻的方式來
呈現發心功德的：

> 菩薩諸功德，無量無有邊。我當隨力說，菩薩少功德。我之
> 所演暢，如海一微渧。菩薩於生死，最初發心時。一向求菩提，
> 堅固不可動。彼一念功德，深廣無邊際。如來分別說，窮劫猶不
> 盡。〔註34〕

這一段偈頌說明，初發心菩薩的功德無量無邊，即便是如普賢菩薩這樣的法

〔註31〕據南宋思溪藏、元大普寧寺藏、明方冊藏和宮內省圖書僚本等為「求」。
〔註32〕《大方廣佛華嚴經》卷六，載《大正藏》第 9 冊，第 433 頁上。
〔註33〕〔唐〕法藏：《華嚴經探玄記》卷四，載《大正藏》第 35 冊，第 187 頁中。
〔註34〕《大方廣佛華嚴經》卷六，載《大正藏》第 9 冊，第 432 頁下～第 433 頁上。

身大士來說明，也是難以說盡的，甚至連佛也說不能盡。一般以為，信位成滿的菩薩，只是成佛修行次第性位階中處於相對初級階段者，那麼何以信滿的菩薩會有如此廣大的功德呢？簡要來說，就是初發菩提心雖在信、住之間，但由此所彰顯的卻是普賢行的功德，也就是說雖是十信成滿、初心住位，但已經含攝了普賢行，因而有此廣大功德〔註35〕。具體來說，基於三乘、一乘不同立場，這一解讀是不盡相同〔註36〕：就三乘立場來理解發心，信門就僅僅是包含十種信心的修行法門〔註37〕，即信心、念心、精進心、慧心、定心、不退心、迴向心、護心、戒心和願心，十種信心並不含攝其他，例如《仁王經》中說忍位前的菩薩修十住行、行十善行時還是「有進有退」。〔註38〕而就一乘的立場，則有三種理解的角度：其一，信滿後即該攝普賢行本身的功德；其二，由信門所顯普賢行功德，為普賢行功德的因分；其三，功德不可說，信滿即為普賢行功德的果分。僅就信門而言，則是當品為顯示普賢行功德的因分，即一乘之第二種理解；但是，如果從信門也是作為成佛之路的重要一環這個角度來理解，則信門還有該攝普賢行功德的圓滿性理解和離於言詮的超越性理解。如是便形成了以當品的分位理解為主，將圓滿及絕言兩個角度的理解視為助伴的一種圓融性的詮釋，後者彰顯了「圓教中所明信位，與彼三乘中十信義別不同」〔註39〕之意。

此外，發心還需要與修行位階相聯繫，從而將發菩提心思想與實踐性旨趣進行關聯。關於初發菩提心的實踐部分，即修行位階方面，三乘和一乘也有相應的差異：

> 四、定位者。此十信法於始教中自是位⋯⋯若約終教此信但是十住位之方便，自無別位故⋯⋯若約圓教有二義：若依普賢自法，一切皆無位；若約寄法，則同終教。〔註40〕

此處配合始教的信是「創」起之「信」，從而配合修行十種信心的法門便是實

〔註35〕〔唐〕法藏：《華嚴經探玄記》卷四，載《大正藏》第35冊，第187頁上。

〔註36〕〔唐〕法藏：《華嚴經探玄記》卷四，載《大正藏》第35冊，第187頁上～中。

〔註37〕〔唐〕法藏：《華嚴經探玄記》卷四，載《大正藏》第35冊，第176頁上。

〔註38〕《仁王護國般若波羅蜜多經》卷二，載《大正藏》第8冊，第841頁中。

〔註39〕〔唐〕法藏：《華嚴經探玄記》卷四，載《大正藏》第35冊，第187頁中。

〔註40〕〔唐〕法藏：《華嚴經探玄記》卷四，載《大正藏》第35冊，第175頁下～第176頁中。

實在在的修行位階。在終教那裡，由於發心的起點已經是信分，也就是具有一定程度的十種信心的修行，故這時所體現的修行位階是十住位為實在的修行位階，而十住位之前則皆是修行的前方便。而按圓教所解，發心後的修行則更加複雜，不過因此也更加圓融。據圓教解，初發心的修行可以有兩個層面的解讀：一個是普賢自法，一個是寄位法。前者指的是任一位的修行蘊含一切法門，強調了修行次第的多重可能性和多種修行理路之間所呈現的重重無盡的相攝關係。而後者形式上雖然與終教相同，但更多地強調「寄位」之意，也就是權且使用這些位階，其目的是為了逐步落實圓教修行而提出的次第性修行路徑。當然，這中次第性是為那些根器不那麼銳利的普通行者而施設，可以認為是別教一乘中的三根普被法門。這一圓融和行布同時具足的解讀思路，法藏在《探玄記》第一卷就予以說明，並將之作為一種普遍的解讀方式：

> 六顯位故者，為顯菩薩修行佛因，一道至果具五位故。此亦二
> 種：一、次第行布門，謂十信、十解、十行、十迴向、十地滿後，
> 方至佛地；從微至著，階位漸次。二、圓融相攝門，謂一位中即攝
> 一切前後諸位，是故一一位滿皆至佛地。此二無礙廣如下文諸會所
> 說。〔註41〕

這種「圓融—行布」的圓融無礙解讀方式，蘊含著如下特色：第一，從次第上，是從初級向高級的提升過程，「安立」的修行位階逐步升高，能夠呈現接引不同根器學人的無量法門；第二，從究竟目標上，每個修行階段都指向最終的目標，成為蘊含最終目標某一部分的階段性成果，使得每一修行位階都具有終極意義；第三，就總體而言，次第的每個位階蘊含全部的目標和潛在的能力與功德，與另一方面，即究竟目標由次第性位階來實現，兩者是相容、相攝、並行無礙的；第四，由上述三點即可得到這種解讀方式的普遍性意義，亦即區分而不著於這二門的分別，而這正是後續理解諸品會的關鍵之一，也是區分終教和圓教的關鍵點〔註42〕。

關於初發菩提心，在《大智度論》中有更為詳盡的闡釋，如卷三十八中：

〔註41〕 〔唐〕法藏：《華嚴經探玄記》卷一，載《大正藏》第35冊，第108頁下。
〔註42〕 〔唐〕法藏：《華嚴經探玄記》卷四：「若約圓教有二義。若依普賢自法一切皆無位，若約寄法則同終教。然信滿入位之際，通攝一切後諸位皆在此中，無不具足，此則約行攝位故也。」載《大正藏》第35冊，第176頁上。

是菩薩亦利根、堅心，久集無量福德、智慧。初發心時，便得
阿耨多羅三藐三菩提，即轉法輪，度無量眾生，入無餘涅槃。〔註43〕

不過，與《華嚴經》和注疏系統強調「初心成佛」義不同的是，這裡強調了菩薩的利根、堅固發心特徵，並且此一結果應是以長久積集福慧兩種資糧為前提。因此，這裡邊所講的成就正覺，就是指的得以轉法輪、度眾生、最終示入般涅槃的佛果境者，而不是道理成佛或者未來必然成佛的含義。又如卷四十五中：

初發意者，得無生法忍，隨阿耨多羅三藐三菩提相發心，是名
初發意，名真發心。了了知諸法實相及知心相，破諸煩惱故；隨阿
耨多羅三藐三菩提心，不破故、不顛倒故，此心名為初發心。〔註44〕

從此中之描述可以看出，這裡邊所寫之初發意菩薩，乃是得到不退轉境地，並未圓成佛果的狀態。因此，《大智度論》中關於菩提心，是具有多層次的理解。關於這一點，下邊一段系統地說明了發心的差異性：

是三種發心：一者、罪多福少；二者、福多罪少；三者、但
行清淨福德。清淨有二種：一者、初發心時，即得菩薩道；二者、
小住，供養十方諸佛，通達菩薩道故，入菩薩位，即是阿鞞跋致
地。〔註45〕

這裡說明了眾生罪業、福業多少，乃至清淨與否，這些問題是關係到發心後呈現不同差異性結果的重要因素。而單純清淨福德眾生，更以發心程度的差異性而顯現實時成就佛果和得不退轉兩種差異性結果。因此，《大智度論》中關於發心及其結果，實際上也蘊含著眾生根機與「發心—成佛」這對因果之間的關聯性。由此我們可以看到，華嚴宗祖師結合判教說明初發菩提心的含義，正是繼承了《大智度論》的基本思想，並融合了華嚴獨特的判教觀而成。

此外，《大智度論》中還辨析了「菩提心」、「無等等心」和「大心」的差別。其中，關於「菩提心」，有：

菩薩初發心，緣無上道，我當作佛，是名「菩提心」。……檀、
尸波羅蜜，是名「菩提心」。所以者何？檀波羅蜜因緣故，得大富無
所乏少；尸波羅蜜因緣故，出三惡道人天中尊貴；住二波羅蜜果報

〔註43〕《大智度論》卷三十八，載《大正藏》第 25 冊，第 342 頁下。
〔註44〕《大智度論》卷三十八，載《大正藏》第 25 冊，第 383 頁中。
〔註45〕《大智度論》卷三十八，載《大正藏》第 25 冊，第 342 頁下。

力故，安立能成大事，是名「菩提心」……復次，初發心名「菩提

心」〔註46〕

關於「無等等心」，有：

「無等等」名為佛，所以者何？一切眾生，一切法，無與等者；
是菩提心與佛相似，所以者何？因似果故，是名「無等等心」。是心
無事不行，不求恩惠，深固決定……

羼提、毘梨耶波羅蜜相，於眾生中現奇特事……是心似如佛心，
於十方六道中，一一眾生，皆以深心濟度；又知諸法畢竟空，而以
大悲能行諸行，是為奇特！……如是等精進波羅蜜力勢，與無等相
似，是名「無等等」。

……復次，……行六波羅蜜名「無等等心」。〔註47〕

關於「大心」，有：

入禪定，行四無量心，遍滿十方，與大悲、方便合故，拔一切
眾生苦；又諸法實相，滅一切觀，諸語言斷，而不墮斷滅中，是名
「大心」。

……復次，……入方便心中是名「大心」。如是等各有差別。

〔註48〕

這段問答給我們提供了關於菩提心的三個層次：此處所指的「菩提心」就是
初發菩提心，亦即就因位所說之菩提心；「無等等心」則是佛心，是就果位而
說的菩提心；而「大心」則是度眾生而實無眾生可度的菩提心，是兼具空性
慧和大悲心的勝義菩提心。此外，「菩提心」、「無等等心」和「大心」這三種
心還與六波羅蜜有關聯：初發心布施、持戒的修行為主；佛心則需精進、忍
辱雙管齊下；而度化眾生的勝義菩提心則更需要禪定、智慧、四無量心。由
是，一套菩提心的增長廣大的次第便呈現出來。

與由《大乘起信論》為源流的三種發心——信成就發心、解行發心、證
發心相對照，《大智度論》中的「菩提心」往往從指代「信成就發心」為起始，
進一步所成就的「無等等心」和「大心」則對應《大乘起信論》之「解行」、
「證」發心，並且是兼而有之。需要指出的是，《大乘起信論》中的初心並不

〔註46〕《大智度論》卷四十一，載《大正藏》第25冊，第362頁下～第363頁上。
〔註47〕《大智度論》卷四十一，載《大正藏》第25冊，第362頁下～第363頁上。
〔註48〕《大智度論》卷四十一，載《大正藏》第25冊，第363頁上。

直接等於成佛，所對應者為十住位之初發心住，而《大智度論》中的初發菩提心含攝「初心成佛義」之一分。因此，從因門即發心的角度，《大乘起信論》的體系提供的是基於信、解、行、證次第的發心圓滿過程，而《大智度論》則是開「成佛之因果」並「自覺覺他」雙重二門的菩提心修行次第。而就果的角度，《大乘起信論》的初心觀點需要融合《華嚴經》的思想，通過華嚴宗行布門的寄位修行來於究竟的佛果相銜接；《大智度論》則就因果、圓滿兩角度來談初心與佛果的關係，這也為從華嚴宗圓融門的角度來理解初發菩提心提供了一個思考面向。

三、法藏對菩提心的劃分

在全面理解《華嚴經》初發菩提心的基礎上，《華嚴發菩提心章》〔註49〕（以下簡稱《發菩提心章》）中法藏對華嚴初發菩提心提出了獨到的理解，呈現了三門、各開十義的詮釋，為諸宗闡釋中頗具鮮明特色者〔註50〕。《發菩提心章》集中地將發心與華嚴不共的圓教觀法融於一文，體現了發心與觀修的密切關係。關於這部著作，在大正藏中收錄之版本有凡例：

此章別有異本，而文畫多紕謬，字句頗缺脫，今以栂尾南都諸本隨義參訂改正。筆削非私意也，每值文有大異，繫之鼇頭。《法界義鏡》曰：「香象大師《菩提心章》載法界觀門，以明發心相。」故今章明第四表德中有五門：自第一真空觀至第三周遍含容觀，全舉彼觀文耳也。又如圓超《疏鈔錄》、凝然《華嚴宗要義》、永超《東域傳燈錄》及《高山寺藏目》等，皆標為賢首撰也。世別有題為《華嚴三昧章》者，然其文大同此章。今謂是乃後學誤以今章殘編為《三昧章》者耶？故《探玄記》說十重唯識曰：「上來所明約教就解而說。若就觀、行，亦有十重，如一卷《華嚴三昧》中說云。」然考世所題為《三昧章》者，總無其文，故知彼非其於《探玄記》所指者必矣。正德四年納錦綾山曼陀羅院

〔註49〕〔唐〕法藏：《華嚴發菩提心章》卷一，載《大正藏》第45冊，第650頁下～第651頁上。

〔註50〕除了基於《探玄記》和《華嚴發菩提心章》，也有基於《大乘法界無差別論疏》來考察法藏發菩提心思想的思路，見中國人民大學張文良教授的論文：張文良：《法藏的「菩提心」觀：以〈大乘法界無差別論疏〉為中心》，北京《宗教研究》，2014年第2期，第117～128頁。

在這個凡例中，介紹了此一版本以栂尾本和南都本為基礎進行了「訂正」，且文字出現「大異」時則將記錄下來，標注於「龕頭」。此外，這個凡例還提出了關於作者是否為賢首法藏及《發菩提心章》與《華嚴三昧章》的關係這兩個問題，並做了說明。前一個問題，凡例中引用日本華嚴宗僧人凝然所著《法界義鏡》中有關《菩提心章》對《法界觀門》的引用來證明兩部著作的作者非同一人，而進一步引用《疏鈔錄》、《華嚴宗要義》、《東域傳燈錄》、《高山寺藏目》等日本典籍說明賢首法藏為《菩提心章》作者。關於後者，即《菩提心章》與《華嚴三昧章》的關係，此凡例則持兩者非同一本的立場，其理由是所引《探玄記》說《華嚴三昧章》的觀行法門皆是十門，而《發菩提心章》則非。此外，凡例中還有一句「世別有題為《華嚴三昧章》者，然其文大同此章」，從文中並不能直接看出其是作為結論出現，還是另有《探玄記》以外的證據所依。

　　不過，這樣的結論是基於日本學人的體系所得到的，自然也會有所爭議。實際上，依照朝鮮半島的傳承，其得到的結論又是《華嚴三昧章》與《發菩提心章》為同一文本，只是略有差異，而其本名是《三昧章》而非《發菩提心章》，如楊仁山（1837～1911）在《賢首法集敘》中對《華嚴三昧章》的說明：

　　　　《華嚴三昧章》一卷　新羅崔致遠作《賢首傳》，用《華嚴三昧觀》直心中十義配成十科，證知此章即觀文也。東洋刻本改其名為《發菩提心章》，於表德中全錄杜順和尚《法界觀》文，近三千言，遂疑此本非賢首作。庚子冬，南條文雄遊高麗，得古寫本，郵寄西來，首題《華嚴三昧章》。讎校盡善，登之棃棗。因來本作章，故仍其舊。尚有《華嚴世界觀》，求而未得也。〔註51〕

此外，楊氏還在與日本佛教學者南條文雄（1849～1927）書信交流中說：

　　　　法藏所作《華嚴三昧觀》，崔致遠作《別傳》已用其直心中十心名目。貴國所刻《發菩提心章》，錄十心之文與崔同，並有三十心，而與《法界觀》及他種湊合而成。謹知《華嚴三昧觀》當有全本流傳高麗也。祈請駐韓道友訪之。〔註52〕

〔註51〕楊仁山：《楊仁山居士遺書》卷十八，載《大藏經補編》第28冊，新北：華宇出版社，1984年，第628頁中。
〔註52〕楊仁山：《楊仁山居士遺書》卷二十三，載《大藏經補編》，第28冊，第698頁上。

從這兩條資料看，楊氏以崔致遠所著《唐大薦福寺故寺主翻經大德法藏和尚傳》中稱所引「用《華嚴三昧觀》直心十義」這一點，以及南條文雄從朝鮮得到古寫本，從而斷定《三昧觀》即《發菩提心章》，進而認為「東洋刻本改其名」。最近也有日本學者認為，《華嚴三昧章》與《發菩提心章》兩者是同一文，而法藏所著用名應為《華嚴發菩提心章》〔註53〕。

不過，無論命名為《華嚴發菩提心章》還是《華嚴三昧章》，絕大多數的研究都承認這部著作的作者是法藏。所差異性表現為兩個方面：一者，兩個版本分別強調了發菩提心和成就圓滿觀行——前者是修行的起點，而後者則更多是傾向於修行終點所說。二者，文本方面的差異，即：《發菩提心章》全文引用《法界觀門》，而《華嚴三昧章》則並未引用。就發菩提心的角度來看，兩者的差異性並不構成太多影響，僅就圓滿發心的過程有所差異。另一方面，即便《發菩提心章》一文缺失《法界觀門》，但就後續的色空章十門展開以及理事圓融義來說，亦是傳承華嚴法界觀門觀修思想而施設的實踐理路。因此，無論是法界觀門的實踐原理為承杜順的經驗，還是原文即是杜順所作，這一部分都可以納入《發菩提心章》中進行討論，其思想的一致性是毋庸置疑的。〔註54〕

（一）初發菩提心的三門展開

發心作為一種修行的目標，在這篇《發菩提心章》中的四門分別中居於首位，引領後續之簡教、顯過、表德三門。發心這部分開列漸次深入的「直心」、「深心」、「大悲心」這三心，顯示了初發菩提心多重含義：

> 一者、直心，正念真如法故；二者、深心，樂修一切諸善行故；
> 三者、大悲心，救度一切苦眾生故。〔註55〕

所謂正念真如法，也就是以真如實相或者空性為所緣，以如理思惟直至現量親證空性為目標，從中得以發起的趣求空性的菩提心。這就需要以質直之無偽心來觀察、觀照緣起，從而融通地體察實相之「理」和事相之「事」。深心，則進一步從緣空性的修行轉到以法界緣起為所緣而廣修善行方面：這一方面要求修「諸」行，也就是將一切行為作為所緣境來發起修行實踐，而另一方

〔註53〕 Tateno, M. *A study of fa-ts'ang's hua yen fa p'u t'i hsin chang and hua yen san mei kuan.* Journal of Religious Studies, 1999(73), 53-74, iii.

〔註54〕 韓煥忠：《華嚴判教論》，濟南：齊魯書社，2014 年：第30～31頁。

〔註55〕 〔唐〕法藏：《華嚴發菩提心章》卷一，載《大正藏》第45冊，第651頁上。

面還要求修「善」行，即強調的是事相上的不紊亂，並非「善惡不分」，而是需要符合「諸惡莫作、眾善奉行」〔註56〕之要求〔註57〕。在直心緣境生解的基礎上，深心側重依解行持和以行證解，從而通過身語意三業的轉化，將道理上的正知正念轉化為自身生命的一部分。在此基礎上，則需要進一步發起救度一切眾生的「大悲心」，即在通過修習空性和緣起而證得「諸一切種諸冥滅」後，更要發起「拔眾生出生死泥」〔註58〕的為眾生離苦得樂而修學之心。因此，第三門之「大悲心」將信解與行導向無限，以無盡的眾生界為所緣，其中便具有了隨順普賢行的重大意義〔註59〕。

　　檢視《華嚴經》中有關菩提心的內容，我們能夠發現內中即直接是「直心」、「深心」、「大悲心」的，不但涉及到具體的寄位修行，而且還與修行中的若干問題，如發心起點、堪為法器、依止善知識等頗有聯繫，從而使華嚴菩提心「三門說」的依據能夠擴展到《華嚴經》原文之中，且與修行實踐聯結起來。作為修行的起點，發心在〈賢首菩薩品〉得以詳細說明，在本節的開始部分，已談到有關初發心的十門行相，其中對於第一門即直心的解釋，就是「正念真如法」〔註60〕。而深信三寶、遠離四過、大願度生、嚴淨佛剎、廣供諸佛、建立正法、正求勝果、淨修果因等皆為深心即「修一切善行」所攝。第五門的大慈大悲心即救度一切苦眾生的「大悲心」，此外第四門的大願度生心、第八門的建立正法等也含攝「大悲心」之意。另外，作為聽聞正法的起點，需要具有作為聽法合格法器的特徵。在〈盧舍那佛品〉中，我們看到普賢菩薩

〔註56〕《增壹阿含經》卷一：「迦葉問言：『何等偈中出生三十七品及諸法？』時，尊者阿難便說此偈：『諸惡莫作，諸善奉行，自淨其意是諸佛教。所以然者，諸惡莫作，是諸法本，便出生一切善法；以生善法，心意清淨。是故，迦葉！諸佛世尊身、口、意行，常修清淨。』」（載《大正藏》第2冊，第551頁上）。

〔註57〕實際上，從《華嚴經》中也能看出對善惡因果不昧的說法，如經中對「十善業道」和「十不善業道」的因果規律的說法，見：《大方廣佛華嚴經》卷二四，《大正藏》第9冊，第549～550頁。

〔註58〕（天竺）世親，〔唐〕玄奘譯：《阿毗達磨俱舍論》卷一，載《大正藏》第29冊，第1頁上。

〔註59〕如：《大方廣佛華嚴經》卷四十：「善男子！汝於此義應如是解。以於眾生心平等故，則能成就圓滿大悲，以大悲心隨眾生故，則能成就供養如來。菩薩如是隨順眾生，虛空界盡、眾生界盡、眾生業盡、眾生煩惱盡，我此隨順無有窮盡，念念相續，無有間斷，身、語、意業無有疲厭。」（載《大正藏》第10冊，第846頁上）。

〔註60〕〔唐〕法藏：《華嚴經探玄記》卷四，載《大正藏》第35冊，第187頁中。

為大眾說明，若要堪為聽聞佛法的合格法器，需要具備三力和七心。原經描述其中的七心為：「離諸諂曲心清淨，廣大慈悲無邊際，深心淨信無厭足，彼聞是法喜無量。」〔註61〕其言下之意包括：離諂曲的直心、離求過等的清淨心、為益物的慈心、為救生的悲心、為修行的深心、受甚深法的信心以及聞法的渴求而不滿足的無厭足心。〔註62〕可以看出，這七種心的內容實際上直接包含直心、深心、大悲心，而其他四種心，即清淨心、慈心、信心和無厭足心則是上三心的內涵之一部分或者可以作為其前行。以上是總說聞法的要求，而就具體修行位階，也需要三心的前提，如初地前的聞法要求此大菩薩眾具有「直心清淨」等功德〔註63〕，而其中直心則是為總，是作為其他要求的引領和總說〔註64〕。成為合格法器，尚需依止善知識來修學，而如何依止善知識，也需要此三門之菩提心來統攝，如〈入法界品〉所說：

> 若有菩薩成就十法，則能親近諸善知識。何等為十？所謂：直心清淨，遠離諂曲；不壞大悲，攝取眾生；觀察眾生，非真實性；於薩婆若，心不退轉；於佛大眾，得堅信心；以淨慧眼，觀諸法性；無壞大悲，普覆眾生；明淨慧光，了諸法界；善對治法，雨甘露雲，除生死苦；順善知識，以明淨眼，觀諸法性，相續不斷。〔註65〕

其中，第一位的即是直心，依次為悲心和深心〔註66〕，其他包括智心、不退心、堅信心、大心、廣心、巧方便心、常心等，皆是三心內涵所攝。

由上可以看到，作為初發心三門的直心、深心、大悲心，不但發揮了前導作用，而且亦是修行實踐中不可或缺的因素。從三心的所緣來看，直心所緣真如，解行中體解為主，行為助伴，可以認為是「信解行證」之「信解」；深心為廣修一切善行，從而更多地側重「行」的方面；最後大悲心則是將前二心具體落實在以無盡法界眾生為所緣，以成就無限慈悲為取向的實踐之中。因此，直心、深心、大悲心是一個逐步昇華和圓滿的次第。比如，法藏對〈十地品〉諸地關係的解讀有「盡地即是十地滿也。徹至終位故云深心，情無異

〔註61〕《大方廣佛華嚴經》卷三，載《大正藏》第9冊，第409頁中。
〔註62〕〔唐〕法藏：《華嚴經探玄記》卷三，載《大正藏》第35冊，第157頁中。
〔註63〕《大方廣佛華嚴經》卷二十三，載《大正藏》第9冊，第543頁中。
〔註64〕〔唐〕法藏：《華嚴經探玄記》卷十，載《大正藏》第35冊，第292頁上。
〔註65〕《大方廣佛華嚴經》卷五十七，載《大正藏》第9冊，第762頁中。
〔註66〕〔唐〕法藏：《華嚴經探玄記》卷二十，載《大正藏》第35冊，第484頁上。

願故云直心，然無二也」〔註67〕一句，即是說明直心為初登地的描述，而隨著修行深入，徹底修習終了達到十地，則此修行之心由「直心」便圓滿為「深心」，所以從這個角度講是「無二」的。

同時，這三門的關係除了次第性外，也有統攝的關係，如歡喜地菩薩發菩提心的修行便含攝三者：

> 是心以大悲為首，智慧增上，方便所護；直心、深心淳至量同佛力……畢定究竟阿耨多羅三藐三菩提，菩薩住如是法，名住歡喜地，以不動法故。〔註68〕

此處阿耨多羅三藐三菩提心的生起之因，是以大悲心為引領，除了需要無量的四攝方便法外，尚需至真至純之心，此處所指即直心和深心，前者就證理角度說，後者則是就集善的角度。〔註69〕

此外，在善財童子依止自在海師的言教中，我們還能看到三心與修行的關係，從而提示我們此初發菩提心之三門也能構成完整的修行體系：

> 善男子！我成就大悲幢淨行法門，在此海邊樓閣城中，為貧窮者修諸苦行，欲令一切隨意所求悉充足已，廣為說法，皆令歡喜，發起善根，長養功德智慧之藏；利菩薩根，發菩提心，淨菩薩直心，增益菩薩深心，出生長養大悲之力，除生死苦，遊生死海而無疲倦，攝取眾生海，令住功德海，得一切法智海光明，見一切佛海，度一切智海。〔註70〕

此中之「直心」、「深心」、「大悲心」就是對應《發菩提心章》的三心〔註71〕，而後續的離苦（即：除生死苦，遊生死海而無疲倦）、攝取眾生（即：攝取眾生海，令住功德海）和得法（即：得一切法智海光明，見一切佛海，度一切智海）則分別對應「直心」、「深心」、「大悲心」的功用〔註72〕。因此，開此三門正是法藏意圖將統攝教理與修行樞紐的初發菩提心進一步以這種統攝關係來細化其內涵的重要嘗試。

〔註67〕〔唐〕法藏：《華嚴經探玄記》卷九，載《大正藏》第35冊，第285頁中。
〔註68〕《大方廣佛華嚴經》卷二十三，載《大正藏》第9冊，第544頁下。
〔註69〕〔唐〕法藏：《華嚴經探玄記》卷十，載《大正藏》第35冊，第302頁中。
〔註70〕《大方廣佛華嚴經》卷五十，載《大正藏》第9冊，第713頁下～第714頁上。
〔註71〕〔唐〕法藏：《華嚴經探玄記》卷十九，載《大正藏》第35冊，第469頁中。
〔註72〕〔唐〕法藏：《華嚴經探玄記》卷十九，載《大正藏》第35冊，第469頁中。

（二）直心十義

在初發菩提心的三門展開中居首位「直心」者，依《發菩提心章》展開凡十義〔註73〕，其相狀描述如下：

> 初直心中，具有十心：一者、廣大心，謂誓願觀一切法，悉如如故。二者、甚深心，謂誓願觀真如，要盡源底故。三者、方便心，謂推求簡擇，趣真方便故。四者、堅固心，謂設逢極苦樂受，此觀心不捨離故。五者、無間心，謂觀此真如理，盡未來際不覺其久故。六者、折伏心，謂若失念煩惱暫起，即覺察折伏令盡，使觀心相續故。七者、善巧心，謂觀真理，不礙隨事，巧修萬行故。八者、不二心，謂隨事萬行，與一味真理融無二故。九者、無礙心，謂理事既全融不二，還令全理之事互相即入故。十者、圓明心，謂頓觀法界全一全多，同時顯現無障無礙故。

在直心十義中，廣大心為首，為修直心之初學法門。文中要求以一切法為所緣，於此修習而契入真如，也就是「法門無量誓願學」的另一種表達。如我們平素修學佛法，必以佛法僧三寶為皈依，而於佛所成就的無上菩提之路，法寶所詮說的修行理路及檢驗標準，再到僧寶所示現的具體修行實踐案例，無不是「一切法」所攝，亦是代表了成就無上菩提的「一切法」中的絕大部分內涵。因此，從道理上學習一切法，內化而調整意業，才是三業隨順世間、出世間善法的起點，亦是發起菩提心之最為基礎的修行法門者。此外，「悉如如」同時又提示了初學攝圓滿之意，如〈十忍品〉中「悉如如」即是「法界無所起」，證得「悉如如」即是「無生忍」，獲無量佛所授記：

> 是名無生忍，解諸法無盡，了達悉如如，法界無所起。菩薩住
> 此忍，一切十方界，現在無量佛，皆悉授彼記。〔註74〕

作為初學的「廣大心」，固然含攝圓滿之意，但仍需後續一個圓滿的目標，即第十義謂「圓明心」者。非上根利智者，倘若從初學「廣大心」直接試圖契入「圓明心」，則可能落於不圓滿、乃至偏狹的過患，如「圓明心」的描述中，「法界全一全多」，而全中包含哪些方面，及諸多方面的關係為何，何以多內涵可以攝於一中，如何能夠同時顯現，何以同時顯現而無所障礙等問題都需

〔註73〕〔唐〕法藏：《華嚴發菩提心章》卷一，載《大正藏》第45冊，第651頁上～中。

〔註74〕《大方廣佛華嚴經》卷二十八，載《大正藏》第9冊，第583頁下。

要先明理、後修事來逐步體會。因此，此處施設餘八義，作為遞陞至「圓明心」的次第接引。

接續「廣大心」的第二義者是「甚深心」，亦即觀真如「盡源底」。如果說「廣大心」是說明所緣的內容需要完整性，那麼此處則是提示對真如的觀修還需要在程度上徹底且有深度。對於初學者往往會有淺嘗輒止和隨處攀援，從而不願一門深入的情形，而「甚深心」正是在初學法門之後便開始提示人們徹底深入學習修行的意義。在此基礎上，進一步還需要「方便心」，亦即選擇合適的途徑，促成相應的條件等方面來實現修行目標。一旦發心之路確立了明確的目標，其後更需要正確的方法、途徑來實踐和篤行。這個選擇方法的過程，一方面是「磨刀不誤砍柴工」式的方法學優化過程，另一方面本身也是提升智慧，提升善於抉擇之能力的修行過程。而伴隨著途徑，亦有困難險阻和種種誘惑，於中產生貪嗔之心而隨彼境轉，由此便於修學無益、甚至有妨，故需要觀照自心，於念念中不忘失初心，是為第四「堅固心」。而念念相繼的不但是最初發起的菩提心，還是不斷圓滿的初心，這個念念相繼的修習，即「無間心」則使內心的力量繫於一處善所緣（即初發菩提心），從而兼具提高定力、增上功德、為精進之助伴等多方面之功用。第六「折服心」則是從修行遇到外部阻礙方面講，一如「堅固心」的作用，最終目的是保持內心的正念，所區別者是此處「折服心」更強調對治內心煩惱的作用。在以上幾種對治法門的持續修行基礎上，第七至第九義則是處理「理」和「事」這一對範疇的方法。第七「善巧心」側重說明觀真如時，不妨礙善巧地隨順事相的緣起法和順應世俗諦，其隨順和順應的目的是借緣起法廣修萬行，積累成佛的資糧。第八「不二心」則重點在說明「理─事」關係的另一個側面，即隨修事相時不忘失以觀真如為目標，提示我們不要陷入到事相而忘記出離心和菩提心的修行本位。第九「無礙心」則在兩個側面的修習基礎上，進一步提升「理─事」關係，使之逐步達成圓融無礙，相即相入的含攝關係，為進一步圓滿成就「事事無礙」的圓明心打好基礎。這十義「直心」意味著行人從以一切法為所緣而觀照其如如不動之本性，即廣大心，通過由事轉理、深入抉擇、堅固信念、念念相續、精進不懈、不設障礙、攝事入理，達到理事無礙、事事無礙之圓滿境。在信解的層面，經過觀修所緣的深入化、微細化，其所要達成的目標也從「廣大心」中的「悉如如」提升、圓滿為第十「圓明心」所指出的「同時顯現、無障無礙」之境界，從而為在道理、理解層面上樹立法界觀之

正見提供了次第性的引導。

（三）深心十義

　　第二門「深心」描述的是廣修一切善行的方面。在直心修習中，所緣是真如，無論是就事相方面的觀修還是理上的真如觀，對於凡夫位起點的修行者而言都是側重於在意業的角度對原有生命狀態的調整和提升。在此基礎上，第二門的「深心」，則是更側重於事相上的修習，因此這一心的修習則對於身口意三業都有涉及。對深心十義的理解，需要從修行一切善業的角度來考慮。此十義為：

> 　　第二深心中，亦具十心：一者、廣大心，謂於遍法界一切行門，誓當修習學故。二者、修行心，謂於此無邊行海，對緣修造故。三者、究竟心，謂凡所修學，要當成就，乃至菩提故。四者、忍苦心，謂能忍大苦，修諸難行，不以為難故。五者、無厭足心，謂頓修多行，情無厭足故。六者、無疲倦心，謂於一一難行多時，勇悍無疲倦故。七者、常心，謂於一一行，各盡未來際，念念相續恒不斷故。八者、不求果報心，謂修此諸行，不求人天二乘果故。九者、歡喜心，謂凡修諸行，稱本求心，皆大歡喜故。十者、不顛倒心，謂凡所修行，皆離二乘，俱絕三輪故。〔註75〕

這十個心的次第，仍是以發願為主的「廣大心」為起始點。與「直心」中的「廣大心」是以發願體悟、理解法界緣起和真如實相的目標不同，此處的發願是以發誓修習一切行為目標，所說的「一切行」實際上就是將直心修持中的在道理層面上對法界觀這一正見的圓滿理解落實在身體、語言和生命層面的行為上。因而發起這樣的「廣大心」是作為由「直心」契入「深心」修行的橋樑，一方面接續著「直心」中發願的修行而進一步發願，另一方面則通過把發願的目標指向了修行實踐層面，從而引導行者本人直接契入到了由解入行的修行新階段。

　　在發起願修一切行的「廣大心」後，需要通過「修行心」進行落實，進一步用「究竟心」來檢驗是否於某一件事上有半途而廢之虞。前者側重於對每一所緣境皆生起修無上菩提之心，這是從行門上來說；因而與第一「廣大心」更強調所緣的無限相比，此處則更多從面對無限的所緣而需要逐一的修習這

〔註75〕〔唐〕法藏：《華嚴發菩提心章》卷一，載《大正藏》第45冊，第651頁中。

樣一個角度來強調修每一件善行。第三「究竟心」則是在前二義的基礎上，進一步強調一門深入、繼而門門深入的意義。與覺觀真如類似，在以無量善行為所緣境的修行過程中，仍不可避免地遇到來自內心與外在的違緣。「深心」修行中便有針對性地提出「忍苦心」對治艱難困苦之對境，「無厭足心」對治黏著安穩處或階段性修行成效而落於放逸的情況，「無疲倦心」對治違緣對境數數生起，此消彼長，難以應對時的那種無奈乃至放棄的不良心態，在此三者的基礎上，則將深入修行、披甲精進之心匯於念念相繼中，即成為第七之「常心」。通過修習「無厭足心」、「無疲倦心」、「常心」，以勤精進之心理力量來保持繼續修行的動力。

「深心」的後四義也是通過處理「理—事」關係來最終達到圓滿的。第七「常心」一方面如上所述為通過念念相繼的方式匯前六義於恒久修習的目標，同時，其還是就圓滿「理—事」關係中修「事」的起點。這裡邊有兩方面的要求，一是對每件善行都需要在無限的時空這樣的背景下來起修，從而就每件事情都通過臨摹普賢行的方式予以擴大至無限；第二，在每件善行趨於普賢行而起修的基礎上，更要以每件事為所緣，皆臨摹普賢行而修，從而事相上趨近圓滿普賢行。在具體起修時，必然得到階段性的修行體驗、成效、權稱果位，倘若於無上菩提的發心不足，將落入執取非究竟階段性成果的陷阱，從而減少以更高標準來繼續修善的動力。這就需要通過「無果報心」來提醒自己不求非究竟的小果。不過，對於非究竟的階段性成果的不執取，並不是說要排斥，而是要心無所著，因此，又開第九「歡喜心」來提示行人在不執求果報的同時，也要接納修行中的一切境和果，而後者則是成就度眾生無量方便的一環，亦是最終修習「不顛倒心」之三輪體空的基礎。

此門十心中，「廣大心」和「不顛倒心」對法界的理解自不必說，前者為因上發願而後者則是在果上得證。就中間八心，也是時時修習法界觀的入手處。例如，「修行心」、「究竟心」意味著事相上的修習，是對法界緣起具體一例的深入諦察並隨順緣起於身口意三業來轉化緣起，從而達到事情的究竟。在其中，除了作為親因緣和我們所能體察到的疏因緣外，還有很多未知的因素，從而會產生我們所認為的「違緣」，而「忍苦心」、「無厭足心」、「無疲倦心」、「常心」正是面對這樣隱藏的緣起之最好方法。最後，一件事結束，不能將其結果執著為究竟，不然將會障礙不斷持續的修行之路，因而需要用「不

求果報心」和「歡喜心」兩方面來激勵自己，而每每達到一個小目標乃至最終的大目標時，仍需要通過「不顛倒心」來突破執著，亦是從願菩提心契入勝義菩提心一種方式。

（四）大悲心十義

第三「大悲心」是為救度一切眾生的目的而諦觀真如、廣修諸善。在「直心」和「深心」修習的基礎上，第三門的「大悲心」，以眾生為所緣，將善行的所緣由理論的、靜態的，提升為實際的、動態的。是故對「大悲心」十義的理解，需要從更加圓融的角度來全面考慮。此十義為：

> 第三大悲心中，亦具十心：一者、廣大心，謂於一切眾生皆立誓願，將度脫故。二者、最勝心，謂度彼要當得佛果故。三者、巧方便心，謂求度眾生巧方便法，要當成熟故。四者、忍苦心，謂堪忍代彼一切眾生受大苦故。五者、無厭足心，謂於一一難化眾生化以無量方便，無厭足故。六者、無疲倦心，謂化難化眾生設於無量劫荷負眾生苦，不以為勞故。七者、常心，謂於一一眾生盡未來際念念無間，不休息故。八者、不求恩報心，謂於諸眾生作此廣大饒益，終不希望毛端恩報故。九者、歡喜心，謂令眾生得安樂時，通令得轉輪王樂、釋梵天王乃至二乘及大涅槃等樂故。十者、不顛倒心，謂不見能化及所化故。〔註76〕

在「直心」和「深心」的基礎上，「大悲心」十義仍是以「廣大心」為首，此處「廣大心」的其所緣是無盡法界的一切眾生，而所要達成的效果就是使無盡眾生得以「度脫」，其內容依《華嚴經》的〈明法品〉：

> 教化一切修習善行，悉令一切永離惡道，勤修精進超出眾難。貪欲多者，教離欲觀；瞋恚多者，教平等觀；邪見多者，教因緣觀；欲界眾生，教離欲恚惡不善法；色界眾生，教增上觀；無色界眾生，教細微智慧；樂聲聞緣覺，教寂靜行；樂大乘者，教以十力莊嚴大乘。〔註77〕

這裡邊「度脫」包含十個方面，即：（1）出離惡道；（2）出離眾難處；（3）～（5）出離貪、瞋、癡三毒；（6）～（8）出離欲、色、無色三界；（9）化導入

〔註76〕〔唐〕法藏：《華嚴發菩提心章》卷一，載《大正藏》第45冊，第651頁中。
〔註77〕《大方廣佛華嚴經》卷十，載《大正藏》第9冊，第461頁中。

聲聞緣覺乘；（10）化導入大乘。〔註78〕此十類前八種為出離世間之法門，後二則是權入出世間法門；若依別教一乘的見地，則十類皆可認為是出出世間的次第，各人則可根據自身條件擇一入門而起修。在「度脫」為主的「廣大心」基礎上，「大悲心」之第二義給出的是度生之究竟目標——當得佛果，施設於眾生當來必定成佛之具足緣起，這就會通了「眾生度盡」與「顯現上仍為眾生」之間的差異。由上二義，使甫一發起的「大悲心」便已含攝了究竟意義，從而為「大悲心」的修行明確了前進之方向。

在度化眾生的過程中，必然涉及到各類困難。因此，與「深心」的修習相類似，「大悲心」的修習也需要各種助力。所緣為所度化眾生的成熟，為眾生得度施設助緣也是緣起法，需要具緣成就，眾生善根未成熟，則仍需要通過前方便善巧引導，故第三義便是「巧方便心」。與善巧誘導使眾生善根成熟相配合的是，眾生處於苦處不能自拔，故在單純施設方便成熟之外，還需要身體力行地能夠具備代眾生受苦的願力和能力，即第四「忍苦心」。就事相，從為民捐軀、神農嘗百草到鮮血、器官捐獻，乃至花一點自己的時間傾聽他人的痛苦，皆可攝於代眾生苦的成分，而這亦是有施設方便，化導眾生使之善根成熟的作用，只需在與眾生分享苦楚時適當引入關於苦之原因及出離苦楚的方法等即可。對「巧方便心」和「忍苦心」的修習，還需要程度上的增加。對於「巧方便心」需要對每個眾生逐個施設，每一位眾生皆須無量方便，而無盡的眾生其施設方便的數量便更加不可思議，而此時菩薩不應有一絲一毫的疲厭和滿足，是為第五「無厭足心」；相類似的，第六「無疲倦心」則是指對應化導眾生過程中，無論是過程本身的各種苦楚還是代眾生受苦，每樣苦楚皆是數量上無量無邊，時間上以無量劫而計度，而菩薩不會以此為辛勞。在分別能夠具足無有疲厭之心基礎上，還需對這樣的無疲厭之心更加昇華為於所有的眾生逐一地能夠廣設方便、忍苦而於念念無間，不曾休息，使其成為生命中的常態，謂之第七「常心」。

另一方面，度眾生仍需要以「無所得」之心來統攝，由此契入三輪體空得以理事融通。第八義「不求恩報心」是就回報的角度說，即一絲一毫的報答也不希求。第九「歡喜心」則是進一步將之昇華為不但不求恩報，而且將上述不可思量之艱難的度眾生過程視為樂處，其樂受堪比轉輪王、釋梵天王

〔註78〕〔唐〕法藏：《華嚴經探玄記》卷五，載《大正藏》第35冊，第211頁上～中。

乃至大涅槃之樂。對於上述九種心，尤其是「不求恩報心」和「歡喜心」的數數串習，最終達到能化的我和所化的眾生不二的「不顛倒心」，達到菩薩度化眾生的三輪體空。這樣的修習一方面是進一步強化了無盡緣起之正見〔註79〕，另一方面，也是通過這樣的修習體證「大悲心」，體解眾生與我皆無以佛性而無差別，為初發菩提心的深入體解和不斷堅固提供心理支持。

小結

本章梳理了法藏對發菩提心的基本概念和各相狀之間的關聯與次第的相關思想，聚焦法藏發心思想中關於初發菩提心如何定義、分類，以及其解行圓融的特徵。法藏對發菩提心的闡釋為其基於初發菩提心的觀修實踐之展開打下基礎。法藏在初發心開三門的基礎上，每一門心的涵義又各自開啟十義，一方面顯示了初發心多重含義，另一方面也為修行提供次第性的指向。這樣的解讀具有解行並重、修證結合的次第性，使對初發菩提心的理解同時含攝了修習法界觀的要點。這樣的安排，在《發菩提心章》中便成為後續法界觀修習的前導。有關初發菩提心三門各開十義以及每種含義的特徵，茲列於表3-1中。

「直心」的十義以「真如」為所緣，以「解」為主旨，從第一到第十則呈現逐步堅固、增長廣大、圓明無礙的特徵，其中圓滿者可以用「炳然齊現」來描述；「深心」的十義以「善行」為所緣，以「行」為主旨，其一至十義的增長則側重修行，最終的圓滿則可以「三輪體空」來描述；「大悲心」的十義以「眾生」為所緣，以「證德」為主旨，十義中皆以度眾生過程的圓滿為次第，最終達到「能所雙泯」之境界。縱觀法藏所開菩提三心三十義，皆以發願為首、圓滿為終，涵納了深度、堅固度和對境對治的具體修行問題，最終以處理「理─事」關係的途徑而達圓滿。

此外，需要說明的是，法藏所開列的三心三十義，每一心之十義可以從上述的次序展開一種修行次第，也可以從多角度、多層面的相資、相攝角度來理解。站在這個角度來看，每一義又具足此心十義，也具足三十義及其背後代表的無量義，由此形成重重相資持、相含攝的無量次第。從這個意義上，法藏對初發菩提心解讀的特色亦可以是無限的，茲舉十門如下：一者，宗經據論；二者，重視發願；三者，層層擴大；四者，前後聯通；五者，以後融

〔註79〕對於具有情識的有情眾生，這種緣起的複雜性要更顯著一些。

前；六者，攝世出世；七者，含對治門；八者，次第圓融；九者，理事相攝；十者，普行無盡。

表 3-1　初發菩提心的三門行相及特徵

三心十義	直　心		深　心		大悲心	
	十　門	特　徵	十　門	特　徵	十　門	特　徵
1	廣大心	緣一切法	廣大心	一切行門	廣大心	緣一切眾生
2	甚深心	緣真如	修行心	對緣修造	最勝心	度人成佛
3	方便心	推求簡擇	究竟心	當成就	巧方便心	善巧方便
4	堅固心	背極苦樂	忍苦心	難行能行	忍苦心	堪代受苦
5	無間心	盡未來際	無厭足心	多行	無厭足心	恒化難度
6	折伏心	對治失念	無疲倦心	勇悍無倦	無疲倦心	長久不勞
7	善巧心	不礙隨事	常心	恒不斷	常心	常不休息
8	不二心	隨事融理	不求果報心	不求小果	不求恩報心	不求回報
9	無礙心	事相即入	歡喜心	歡喜	歡喜心	彼樂勝
10	圓明心	炳然齊現	不顛倒心	三輪體空	不顛倒心	能所泯
次第	解		行		德／證	

第四章　華嚴菩提心的觀修實踐

本章重點探討初發菩提心的實踐依據，包含作為實踐主體的修行者的根器差異性和發菩提心觀行的心理基礎。前者法藏是通過教詮和觀行之間關係的角度來闡述，後者則通過多層次的方法來剪除凡情，為契入華嚴法界的觀行實踐打下良好的心理基礎。《華嚴發菩提心章》的簡教和顯過兩門實現上述兩項前行準備，同時其內容還能提供自檢標準，包含人格成長的次第和入手處，以及能修之人、事和所修之心兩方面，為實際修行提供可操作的依據。

一、觀修前的準備

（一）觀行者的差異

《華嚴發菩提心章》通過簡教一門，以教行關係為中心來說明眾生的十類根器差異，成為修行起點以及效果的自檢標準，並提供了人格成長的次第路徑。這個標準是圍繞對佛教之態度和依教奉行的程度兩個方面來展開的：

> 問：「眾生修行，為要籍受持聖教，方成行耶？為要須捨教法行，方成立耶？」
>
> 答：「通辨此義，略有十類眾生。」〔註1〕

這說明眾生在修行方法上有兩種不同的理路——依教而行以及捨教而行，前者強調教學，後者強調修持。如果孤立地看待教和行的關係，往往會導向對

〔註1〕〔唐〕法藏：《華嚴發菩提心章》卷一，載《大正藏》第 45 冊，第 651 頁中～下。

一種觀點的過分強調，從而忽視了另一方面的重要意義。因此，法藏說對於這個問題需要「通辨此義」。所謂「通」，也就是不阻塞、順暢之意〔註2〕，「通辨」也就是指需要全面的而非片面看待和辨析這一問題。實際上，這樣的總體說明就已經隱含了對上述兩類說法的回應：一方面，重教和重修在相對的層面上都有其合理性，但另一方面倘若有所執取，則落入「不通」，因此需要通過對「十類眾生」的差異性進行辨析來使這一問題「通暢」而達到全面性的認識。

法藏所列出的關於眾生根器十類代表性差異，按是否相信佛教的角度，是以「好人」為界限而分為兩組：第一組「非好人」者是前三類，第二組則是從第四類開始。

第一組三類眾生都屬於不正發心，按照其所發心程度從第一類至第三類逐次遞減。其中，第一類眾生是最為具足邪見者，分為兩種情況：

> 一者、自有眾生元不識教，懸捨聖言，師自妄心，或隨邪友違教修行，以為心要。外現威儀，內實朽爛，巧偽誑惑，是魔徒黨，此為最惡人也。〔註3〕

第一類最為具足邪見者所分的兩種情況，前者描述的是眾生處於不識佛教的狀態，表現為「懸捨聖言」。這說明，這種「不識」所描述的狀態並不是沒有遇到佛法，而是瞭解乃至學習過後，卻並未認識到其價值從而主動忽略，俗語有「無緣對面不相逢」正是此類情況的寫照。在這樣的狀態下，此類眾生同時會固執己見，以自己的妄心為老師。另一種情況則是跟隨惡友學修，違背佛陀言教，並認邪為正。從表現上看，這兩種皆是外表乍現威儀，而內在則與外在的顯現不相符，甚至內心不堪至於「朽爛」，這種內外的迥異本身即是虛妄的表現，與追求實相和利益自他自然是相違的。此外，如果以此差異進一步圖謀攫取不當利益，則落入「魔眾」之屬。本質上，這兩種皆是對自我的絕對信任，前者相信自己能夠無師自通，後者相信自己的選擇是正確的。所謂自己，便是以妄心繫統為基礎的「我執」，基於此的認識往往是錯誤的，如果依此來解佛陀言教，必然容易會落入曲解和侷限的窠臼，自然是古德所

〔註2〕《說文解字》中，「通」解釋為「達」，而「達」是「行不相遇」的意思，也就是指走路過程中是通暢、互不阻礙的（〔漢〕許慎著，班吉慶，王劍，王華寶點校：《說文解字校訂本》，南京：鳳凰出版社，2004年，第48、49頁）。

〔註3〕〔唐〕法藏：《華嚴發菩提心章》卷一，載《大正藏》第45冊，第651頁下。

謂「三世佛冤」和「魔說」〔註4〕了。比此類稍好一點的第二類，與第一類相比這種邪見表現得相對較弱：

> 二者、自有眾生亦背聖教不讀經典，唯以質直心，隨逐前巧偽人，謂為出要，勤苦修行竟無所益，此雖勝於前類，猶非好人也。〔註5〕

此處所指的一類眾生與前一類的共同點在於背棄佛陀言教和流傳的經典，因而在知見方面不正確。但另一方面，因為這一類人具有「質直心」，則顯示出與第一類人的差異。這一類眾生更多地作為前一類的追隨眾而出現，即我們所說的信徒，因而被惡知識所引導的結果便是法藏所說的雖然勤苦修行但是終無所益，這是因為所跟隨的修學體系其目標本身就是錯誤的。需要指出的是，此處之「質直心」與初發菩提心三門之「直心」之間還是有很大差異的，此處更多地是從無諂曲之心以及無害人之心的角度來說〔註6〕。以上兩類眾生因為捨棄佛陀言教經典的原因，因而「不得義理」〔註7〕。比上述兩類更為微弱者，為第三類：

> 三者、自有眾生聞前二人背教為損，即便只讀聖言不解義意，莫知修行，唯以巧偽傍依聖教，求名求利，違自所誦，順妄背真，此雖不捨聖言，猶非好人也。〔註8〕

到第三類人時，已能讀誦佛陀言教及經典，但表現為只單單讀誦而不求甚解，更遑論修行，故比前兩類背棄者相比要好很多，但因為純讀誦而不求甚解的原因，就會表現出「以巧偽依傍聖教」從而「求名求利」、「順妄背真」的特點，也就是曲解佛經的真意。這裡邊有一個需要重視的地方是此類人因為知道背棄佛陀言教的過患而轉變態度，強調了對作為佛陀言教的法寶，乃至於對佛陀及其僧團的態度（即對佛寶、僧寶的態度），從而使其沒有「背棄」三

〔註4〕〔明〕居頂：《續傳燈錄》卷九，載《大正藏》第51冊，第521頁上。

〔註5〕〔唐〕法藏：《華嚴發菩提心章》卷一，載《大正藏》第45冊，第651頁下。

〔註6〕如：《雜阿含經》卷二十六：「若比丘來為我聲聞，不諂不曲，質直心生」（載《大正藏》第2冊，第189頁上）；《大般若波羅蜜多經》卷四百四十八：「當於一切有情起質直心，不應起諂詐心」（載《大正藏》第7冊，第259頁上）；《大般涅槃經》卷二十六：「常讚人善，不訟彼缺，名質直心」（載《大正藏》第12冊，第519頁下）；《大般涅槃經》卷二十六：「云何菩薩質直心也？菩薩摩訶薩常不犯惡，設有過失實時懺悔，於師同學終不覆藏，慚愧自責不敢復作，於輕罪中生極重想」（載《大正藏》第12冊，第519頁下）。

〔註7〕〔唐〕法藏：《華嚴發菩提心章》卷一，載《大正藏》第45冊，第651頁下。

〔註8〕〔唐〕法藏：《華嚴發菩提心章》卷一，載《大正藏》第45冊，第651頁下。

寶，故而與前二類相比的評價略微好一些。

從第四類眾生開始，便有了回轉、歸投三寶的意味，以此為起點逐步加深對教行關係的認識，從而為圓滿發心提供修行上的起點：

> 四者、自有眾生雖受持讀誦唯逐文句，不知義理，不解修行，
> 唯以直心讀誦為業，雖無巧偽勝過前人，猶非究竟。〔註9〕

這類眾生已能受持、讀誦佛陀言教和經典，而且是以無諂曲的「直心」來讀誦受持，故不存在以佛法謀利益的可能性，但美中不足的是此類眾生拘泥於文字相，不明了義理，更不能理解而導入修行。因此，和前三類相比已經有所進步，但並不是究竟的。此外，第三、第四類眾生，因為都未有背捨佛陀的言教但因為諂曲巧偽的態度（第三類）或者拘泥文字而不解其意（第四類）的緣故，都屬於「俱不捨聖教而不得義理」之類。〔註10〕

在第四類眾生的基礎上，第五、六、七類眾生所顯現的是對於教和行在運用程度上的差異：

> 五者、自有眾生讀誦聖教，分知解行，隨力修行，多讀文句，
> 少有修行。雖是好人，猶未究竟。
>
> 六者、自有眾生廣尋聖教，遍知解行，漸修聖言，而順教修行，
> 取意專修不復多讀。此雖復勝前，猶非究竟。
>
> 七者、自有眾生受持聖教深會其意，亡筌得實，唯在修行，不
> 復尋言。雖捨教筌，猶非究竟。〔註11〕

第五類眾生在讀誦聖教的基礎上，能夠隨力隨分地理解言教背後的含義，並如說修行。這種把佛法正見轉化為自身行動的過程，實際上需要內心觀念的轉變為基礎，從而逐步接納原本並不習慣乃至難以信服的意見；當這種觀念逐步被接納、繼而內化為自己的知見後，便能嘗試依此而落實在身口二業，從而由「善用其心」〔註12〕提升為「成就身口意三業」〔註13〕。以觀念的轉

〔註9〕〔唐〕法藏：《華嚴發菩提心章》卷一，載《大正藏》第45冊，第651頁下。

〔註10〕〔唐〕法藏：《華嚴發菩提心章》卷一，載《大正藏》第45冊，第651頁下。

〔註11〕〔唐〕法藏：《華嚴發菩提心章》卷一，載《大正藏》第45冊，第651頁下。

〔註12〕如文殊菩薩對智首菩薩所說的那樣：「若諸菩薩善用其心，則獲一切勝妙功德；於諸佛法，心無所礙，住去、來、今諸佛之道；隨眾生住，恒不捨離；如諸法相，悉能通達；斷一切惡，具足眾善；當如普賢，色像第一，一切行願皆得具足；於一切法，無不自在，而為眾生第二導師。」（《大方廣佛華嚴經》卷十四，載《大正藏》第10冊，第69頁下～第70頁上）。

〔註13〕《大方廣佛華嚴經》卷六：「菩薩成就身、口、意業，能得一切勝妙功德；於

變為起點，繼而誘發行人的身口二業的轉變，最終達到提升生命的效果。由此看到，如說修行之利益真實不虛，由教入證乃是一種關於解行關係的恰當描述。然而，少分的解及行所起到對生命改善意義上的作用與無始以來基於無明、我執的煩惱相比，似應只是杯水車薪。第五類眾生雖解行並重、由教入修，但修行僅是隨力隨分，在學修比例上是學多、修少，因此並不達到究竟。關於其學修比例及隨力隨分這個問題，一方面由於當下緣起導致了這種學修關係，另一方面亦不能將這種狀態絕對化而喪失前進的動力；此外，以調適學修比例並最終泯除學修二元對立為目標，進而隨力隨分之修，在這個意義上，這種修行就提升為實踐「主伴圓明」關係的、適合普通人的修行之路。在第五類眾生基礎上，第六類眾生應該廣學多聞、漸修解行、個人一門深入，從而提高了他們在修行體驗上的受益。實際上，第六類眾生的廣學多聞一直到最後的一門深入，正是解決人們關於多聞的理解歧義的一個思路：一開始往往需要用「廣學的多聞」來瞭解各種信息、積累各種資糧，為選擇修行之路做好準備；在此基礎上，需要依照次第進行漸修行解，將體會（解）與體證（修）相結合，來彌合所學之道理與行為上的差異。而在第六類眾生這裡，這種彌合之路似乎較為艱難漫長，故需要一門深入下去，從顯現上即為「取意專修」，即認為獲得了相對的（或者絕對的）真理而專一而修，從而「不復多讀」了。從具體修行上而言，應是一門深入，但一門深入並不是圓滿佛果的最終目的，而是藉由專心一門而使修習之理路不斷熟稔乃至任運，從而引發「一修一切修」之能力，最終靠圓滿的普賢行而成就無上菩提〔註14〕。與第五類偏重對言教經典的解讀而少分修行相比，第六類更加重視修行在發心觀修上的作用，由此而勝於第五類。可見，教和行的關係上，教作為基礎自不可缺少，但若有一定的教理基礎，則導入修行則更加重要。不過，第六類與第五類眾生從教、行關係方面，都有所偏頗，第七類眾生便能夠對佛陀言教之「深意」予以體解。關於佛陀言教的探討，一直以來便有「權實」之辯。此類眾生在表現上，能夠「亡筌得實」，也就是契合如《金剛經》所說

佛正法，心無罣礙；去、來、今佛所轉法輪，能隨順轉；不捨眾生，明達實相；斷一切惡，具足眾善；色像第一，悉如普賢大菩薩等；成就如來一切種智；於一切法悉得自在，而為眾生第二尊導」（載《大正藏》第 9 冊，第 430 頁中～下）。

〔註14〕如：《大方廣佛華嚴經隨疏演義鈔》卷三中說「言一斷一切斷等者。等取一障一切障，一修一切修，一證一切證故」，載《大正藏》第 36 冊，第 21 頁下。

之「不取、不取非法、法尚應捨、何況非法」〔註15〕的修行狀態。然此類眾生顯現的修行狀態亦非究竟，因為其表現為「唯在修行，不復尋言」，尚有教、行二元的分別且偏於修而忽視言教，故只可以認為是即將進入圓頓解行門之前的狀態。

從第八類眾生開始，則逐步契入圓頓法門，故其對教行的關係的態度是迥異於前七者的。第八類眾生的特點為：

> 八者、自有眾生尋教得旨，知一切法無不稱性，是故於文字教法亦不待捨離，持此順稱之教則為正行，此雖不捨教而得真，猶非究竟。〔註16〕

這類眾生的生命起點就是能夠「尋教得旨」，亦即能夠較快地體會佛陀言教背後的「要旨」；這類眾生能夠體會一切法莫不都是指向實相的，即體會到了以文字相為載體的佛陀言教和經典在導向究竟意義方面的重要性。因此，此類眾生對待文字相的態度是：在第七類眾生身上所彰顯的那種「認識到學教基礎上的修證更為重要」的基礎上，採取一種對文字教法「不捨離」的態度，從而糾偏了第七類眾生身上顯現的重行而忽略教的傾向。但此類眾生並沒有解決教、行關係問題，因而顯現的是雖然不背捨教而得到真詮，但仍不是究竟者。在此基礎上，第九類眾生顯現為：

> 九者、自有眾生常受持稱性之言教，遂得於教不捨不著，恒觀絕言之真理，乃得於理亦不捨亦不滯，俱起二行故。《經》曰：「聖說法，聖默然」者，是其事也。此雖理事無礙，二行俱起，猶非究竟。〔註17〕

這類眾生受持究竟教義後的態度是「不捨」且「不著」，也就是一方面不會因為落於文字相而有排斥，同時也不會執著和拘泥於文字相本身，而是順著言教所指去探尋離於言詮的真理，並且是恒常觀修真理。因此，在學教的當下就發起了由教導行的實踐，因而能夠較快地體會到言教背後的道理。不過，由教導行、由言入「理」並不是這類眾生修學的終點。對於所獲得的道理，第九類眾生並不是認為是修行的重點而有所執著。相反，對待「理」的態度也是不背捨並且

〔註15〕依羅什大師譯本，原文為：「若取法相，即著我、人、眾生、壽者。何以故？若取非法相，即著我、人、眾生、壽者，是故不應取法，不應取非法。以是義故，如來常說：『汝等比丘，知我說法，如筏喻者，法尚應捨，何況非法』」（《金剛般若波羅蜜經》，載《大正藏》第8冊，第749頁中）。

〔註16〕〔唐〕法藏：《華嚴發菩提心章》卷一，載《大正藏》第45冊，第651頁下。

〔註17〕〔唐〕法藏：《華嚴發菩提心章》卷一，載《大正藏》第45冊，第651頁下。

不拘泥。因此，借助對語言文字言教及其背後道理兩方面的中道的態度，此類
眾生能夠同時起學教、修證二種行為，從而在教行關係上顯示出不偏不倚的態
度。此處法藏引用如《長阿含經》所載佛陀的言教來作為佐證：

> 世尊告諸比丘：「善哉！善哉！汝等以平等信，出家修道，諸所
> 應行，凡有二業：一曰賢聖講法，二曰賢聖默然。」〔註18〕

關於默然的問題，法藏大師開列了五種含義，即：（1）令大眾渴仰；（2）顯法
尊重、增眾尊敬；（3）使諸佛加被聽者，於說能受；（4）令諸佛教說，令物生
信；（5）因默令請，顯地法寂滅，離言絕相。而此處的「聖默然」，即第五種
說法。在《華嚴經》中，亦有記載佛陀以聖默然方式施做佛事、為眾講法的
〔註19〕。因此，「聖默然」所描述的即是對體解教行關係的最為殊勝的描述。
但是，因為此類眾生仍存在「二行俱起」的現象，也就是還存在對於教、行的
分別，因而仍不是最為究竟的。

　　綜合上述每類眾生的特質可以看到，自第四類開始的後六類眾生皆屬於
端正發心者，但因對教、行關係的理解體悟並未圓滿，從而需要不斷調整發
心的圓滿程度而達到第十類，即具備通過對教理及其背後深意的理解，並且
能結合修行，逐步地深化、強化正確發心，將教、行關係達到圓融無礙之境
地，最終達到究竟發心的生命狀態：

> 十者、自有眾生尋教得真，會理、教無礙常觀理而不礙持教，
> 恒誦習而不礙觀空。故《經》曰：「成就第一誠諦之語，如說能行，
> 如行能說」，乃至「學三世諸佛無二語，隨順如來一切智慧」等，此
> 則理教俱融，合成一觀，方為究竟也。〔註20〕

按照法藏所解，所謂究竟發心者，需要會通教、理，即在教、行兩方面達到無
礙的境地。至少在認識層面，能夠體認到「以理為所緣的觀行與以事為所緣
的學教是互相不為妨礙的」，從而使受持誦習經典與緣理觀空互不影響，最終
達到理事無礙，並能如說而行，因此，這樣的發心必然是成為無上正覺之正
因了。此處，法藏所引《經》即《華嚴經》，通過圓教經典來證明圓教行人的

〔註18〕《長阿含經》卷一，載《大正藏》第1冊，第1頁中。

〔註19〕《大方廣佛華嚴經》卷二十六，載《大正藏》第9冊，第569頁中；《大方廣
　　　佛華嚴經》卷三十，載《大正藏》第9冊，第592頁下；《大方廣佛華嚴經》
　　　卷三十一，載《大正藏》第9冊，第596頁中～下。

〔註20〕〔唐〕法藏：《華嚴發菩提心章》卷一，載《大正藏》第45冊，第651頁下
　　　～第652頁上。

特質〔註21〕。此處所引的原文，出自六十卷本《華嚴經》的〈功德華聚菩薩十行品〉，此品是正說三賢位之十行位中的一品。按照寄位三乘的思路，此十行位經法藏總結前人有十類說法，包括：「因度位」、「地前精進行所攝」、「地前成破虛空器三昧行」、「法界四德之樂德了因」、「地前方便之十行人」、「六慧中之思慧位」、「六忍中之法忍」、「六種姓中之性種性攝」、「三持中之行方便持攝」以及「地前除四障中之第三伏除聲聞畏苦使得銀輪王」共計十類。〔註22〕而就普賢圓教所解，此處也含攝有究竟的意義〔註23〕，不過從言詮施設的角度則是因分可說的部分〔註24〕。此處所引的正是「十行」中的第十，即「真實行」，分為言實、行實和益實三種真實。〔註25〕《發菩提心章》引用了「如說能行」和「如行能說」分別代表了「初誓而成」的言語發起之始的實在和「終成之行」的言語終了落實於行的實在，〔註26〕始終的實在性保證了其由言入行的全過程的真實，即「成就第一誠諦之語」〔註27〕。而所隨順的「如來一切智慧」，意指十種智〔註28〕，即：（1）佛圓明十力智；（2）入帝網法界智；（3）佛無礙解脫智；（4）人雄無畏智；（5）轉大法輪智；（6）佛無礙智；（7）佛無垢智；（8）廣益眾生智；（9）興護正法智；（10）無功攝化智。通過這些來說明此類眾生修行位階實際上已經屬佛果之因位，寄位十行而該攝普賢行，已入不退的境地，故法藏此處說此類眾生「理教俱融，合成一觀，方為究竟也」。

（二）修行起點的標準——從眾生根器到個人成長

法藏對修華嚴發菩提心的行者用以判斷根器的十個種類，是從發心程度和體會教行關係的兩個角度來闡發的：前者呈現為逐步轉偽為真、糾偏顯正、由淺入深，而教行關係則是通過一定的次第逐步契入到教行關係的圓融無礙境界。表4-1總結了此十類眾生的表現、特徵和心行，特別是教行關係和發心偏正及圓滿程度。

〔註21〕《大方廣佛華嚴經》卷十一，載《大正藏》第9冊，第471頁下。
〔註22〕〔唐〕法藏：《華嚴經探玄記》卷六，《大正藏》第35冊，第216頁中。
〔註23〕〔唐〕法藏：《華嚴經探玄記》卷六，載《大正藏》第35冊，第230頁上。
〔註24〕〔唐〕法藏：《華嚴經探玄記》卷六，載《大正藏》第35冊，第216頁下。
〔註25〕〔唐〕法藏：《華嚴經探玄記》卷六，載《大正藏》第35冊，第229頁下。
〔註26〕〔唐〕法藏：《華嚴經探玄記》卷六，載《大正藏》第35冊，第229頁下。
〔註27〕〔唐〕法藏：《華嚴經探玄記》卷六，載《大正藏》第35冊，第229頁下。
〔註28〕〔唐〕法藏：《華嚴經探玄記》卷六，載《大正藏》第35冊，第230頁中。

　　法藏劃分的十類眾生，一方面可以視為其對眾生根器判斷的一種態度和結論，從而對其開展佛教的弘化事業以及教導後學頗有幫助。而另一方面，還可以將這種根器判斷與劃分視作修行的自檢標準。在選擇一個法門進行修行實踐的前提之一，就是要對自身當下的生命現狀作一準確判斷，這實際上決定著後續運用此方法進行實踐的有效性和進展程度。此十類眾生根器的評價標準實際上隱含著一個「無級變速式」的逐步升級的次第，代表著生命品質和人格的逐步升級。也就是說，這十個標準不單單是眾生群類的劃分標準，更是個人修行程度的完整測評方案。具體來說，可以比對十類標準，通過發心和對教行關係兩個方面來評價實踐者自身的現狀，判斷所處位置，並以向上的一類標準來作為下一步的目標。由這樣的理路，逐步調整改變生命狀態，並使改變提升的狀態逐步穩定為的心態與行為，最終完成生命狀態的逐步提升，從而最終達到圓滿的生命狀態。

表 4-1　十類眾生的表現

類　型	描　述	表　現	發　心	教行關係
1	元不識教，懸捨聖言，師自妄心；或隨邪友違教修行，以為心要	外現威儀，內實朽懶，巧偽誑惑	不正（主動）	談不上
2	背聖教不讀經典，唯以質直心，隨逐前巧偽人，謂為出要	勤苦修行竟無所益	不正（隨順）	談不上
3	只讀聖言不解義意，莫知修行，唯以巧偽傍依聖教，求名求利	違自所誦，順妄背真	不正（不捨教）	讀而不解；不修
4	逐文句，不知義理，不解修行	以直心讀誦為業	正（直心讀誦）	讀而不解；不修
5	讀誦聖教，分知解行，隨力修行	多讀文句，少有修行	正（隨力學修）	讀多，修少
6	廣尋聖教，遍知解行，漸略聖言，順教修行	取意專修不復多讀	正（專修而少學）	一門專修，少學其他
7	受持聖教，深會其意，亡筌得實	唯在修行，不復尋言	正（專修而無言）	唯修不再學
8	尋教得旨，知一切法無不稱性，於文字教法亦不待捨離	不捨教而得真	正（不捨教而修）	修而不捨教

| 9 | 受持稱性之言教，遂得於教不捨不著，恒觀絕言之真理，於理亦不捨亦不滯 | 俱起二行 | 正（教行等持） | 教行等持 |
| 10 | 會理、教無礙常觀理而不礙持教，恒誦習而不礙觀空 | 理教俱融，合成一觀 | 殊勝、究竟 | 教行圓融 |

就未進入不退位的行人，這種基於十類標準的自我剖析，並不是一蹴而就的，而是需要不斷地反覆檢驗、切實篤行和不斷深化的。這是由於：一方面，我們對文字相背後所指的具有無限可能之真正意涵的把握是需要一個過程的，這就導致自我剖析的準確性也是需要不斷加以校對和調整的；另一方面，我們當下生命狀態也是波動的，常處於反覆的狀態，也就是說即便真切地運用好了十類標準來剖析自我，但自我的生命狀態也是如海面浮木起起落落，需要不斷剖析和修正心行，使生命中向上的力量和趨勢不斷強化，最終穩固下來。

（三）觀行的心理建設

在對自我進行判斷後，行人尚需要建設良好心理環境以利於進行後續的正修華嚴發菩提心的觀行。《華嚴發菩提心章》在簡教門的基礎上，進一步通過顯過門為正修初心觀之前做好有關的心理建設，從實際修行實踐角度提供了可操作的入手處。而這一方面是以色空關係的發問來引發的〔註29〕：

問：「色空、空色為相即耶？為不相即耶？」

「色法」意指六「外法」之第一項〔註30〕，此處實際上是以色法為例，討論其與空性的關係，而其他五種，即聲、香、味、觸、法，亦可依照此種討論而自行理解與體悟。此處隨舉之色法與空性的關係，無論是由色到空還是由空到色，都有相即和不相即兩類情況。所謂「相即」，就是兩個範疇之間的「無礙」關係。如《探玄記》在甫一開始解釋經題時就便有運用「相即」來闡釋指人的「佛」和指法的「方廣」之間的關係：

相即者，謂佛即方廣、方廣即佛，人法無礙全體相即。〔註31〕

〔註29〕〔唐〕法藏：《華嚴發菩提心章》卷一，載《大正藏》第45冊，第652頁上。
〔註30〕《大智度論》卷三十一：「外空者，外法，外法空。外法者，所謂外六入：色、聲、香、味、觸、法。色空者，無我、無我所，無色法；聲、香、味、觸、法亦如是」，載《大正藏》第25冊，第285頁中。
〔註31〕〔唐〕法藏：《華嚴經探玄記》卷一，載《大正藏》第35冊，第121頁下。

「相即」的關係從法藏解釋《華嚴經》經題的時候就開始出現，足見其在法藏華嚴教學中的重要地位。據法藏所解，「相即」一共有兩類：一是「異體相即」，另一種則是「同體相即」。

第一種「異體相即」描述的是不同諸緣之間的關係：

> 異體相即義，謂諸緣相望，全體形奪，有有體、無體義，緣起方成。以若闕一緣，餘不成起。起不成故，緣義即壞。得此一緣，令一切成起，所起成故，緣義方立。〔註32〕

此處所講的「相即」，首先指的是所討論之緣與其他緣以及果之間的觀待性。假設有緣名為 A，為此討論之中心範疇，由此緣 A 與其他諸緣 B，C 等共同作用，這些緣所感之果名為 Z。倘若 A 缺失，則有如下結果：其一，作為結果的 Z 因為缺少緣而不能產生，從而論證了 A 與 Z 有觀待性；其二，進一步由 Z 不生，而其他諸緣 B，C 等作為 Z 之生起的緣法也不存在，因為這些緣所觀待之果不存在，因而它們皆不被稱為 B，C 等，從而表明 A 與其他諸緣 B，C 等也是具有觀待性的。實際上這也是對「此有故彼有，此生故彼生」〔註33〕的一種發揮和闡述。同樣地，以 B，C 或者其他任一緣為主要討論對象，同樣可以經由如此的討論過程而得到一緣與其他眾緣及果之間的觀待性。所以，此處所主要討論的緣（如：緣 A）為能起，其餘的緣（如：緣 B，C……）以及眾緣和合所感得之果（如：果 Z）皆為所起。進一步地，如果緣 A 為「一」而緣 B，C 等及果 Z 為「多」，那麼「一」、「多」也是無礙的關係，此處僅以「多」觀待「一」來探討：就「多」者，自然是組合而成的從而本身即沒有實在性，而「一」的方面因為能造作「多」，從而相對意義上具有「體」的意味。但是，這種「一」如果失去作為能成就其具有組合成「多」這一性質，換言之，失去了「多」之後，那麼「一」的存在也沒有意義，由此，「一」也是當然離不開「多」的，從而「一」作為「體」的意味也是相對的，實際上「一」是受到「多」這樣的條件所約束才能成立其存在性的。就「一」具有組成「多」的性質而言，「一」應是能遍於一切種類之「多」的，否則「一」、「多」的普遍性意義就喪失了。而另一方面，既然「一」作為任一「多」的組成部分，那麼「一」的遍在性也賦予了被「一」所組成的「多」也具有遍在性。結合這兩個方面，「一」與「多」的關係就能呈現俱存、雙泯、總合、全離等等，因此兩

〔註32〕〔唐〕法藏：《華嚴經探玄記》卷一，載《大正藏》第 35 冊，第 124 頁中。
〔註33〕《雜阿含經》卷十，載《大正藏》第 2 冊，第 67 頁上。

者本質上是互不相妨礙的，由此成立了「一」、「多」相即的第二義——觀待基礎上的無礙〔註34〕。而關於「一」、「多」相即的文字相描述，需具足兩句，即「無有不多之一」〔註35〕和「無有不一之多」〔註36〕，從而避免偏執一端造成的常、斷見的傾向。以上說明的是以「一」望「多」的角度，即站在「一」的立場上看待「一」、「多」的關係。同樣的，以「多」望「一」的角度看待「多」、「一」的關係，也是如上的思路來體解。〔註37〕

所謂「同體相即」者，就是在「異體相即」的基礎上，更加實際地看待之前所討論之「一」。實際上，孤立地看待「異體相即」的討論，我們可以發現一個漏洞，也就是這個「一」似乎是實體，故前文筆者稱之為「相對意義上的實體」。實際上從原文並不直接有此意，但在闡述「異體相即」時的結尾處以「俱存雙泯」〔註38〕來提示「一」與「多」一樣屬於最終要「雙泯」的法，從而消除對其實體化的傾向。此外，在「同體相即」的討論中，還可以就這一點得到進一步的闡明和會通：

> 同體相即義，謂前一緣所具多一，亦有有體無體義故亦相即，以
> 多一無體由本一成多即一也。由本一有體能作多令一攝多。〔註39〕

此處，將「一」繼續開為「多」與「一」，其再開之「多」與「一」亦通過有無體來闡釋無礙且觀待之意，最終以「無體」之「多」為緣而形成「一」，從而直接說明「一」是緣起法而不是絕對性的實體。同時，從這種重重無盡式的展開、列舉，加以總收全體的闡述，正是基於華嚴法界緣起的特色詮釋方法。類似地，其他的情況也可依此而解〔註40〕。而更多關於「相即」的含義，智儼在《華嚴一乘十玄門》之第八諸法相即自在門〔註41〕中更加充分的詮釋，此處不再贅述。

在《發菩提心章》中，法藏對色空是否相即的關係，採取常用的四料簡方式提出色空關係的四種可能的情形，具有邏輯的完備性，其四種情形為

〔註34〕〔唐〕法藏：《華嚴經探玄記》卷一，載《大正藏》第35冊，第124頁中。
〔註35〕〔唐〕法藏：《華嚴經探玄記》卷一，載《大正藏》第35冊，第124頁中。
〔註36〕〔唐〕法藏：《華嚴經探玄記》卷一，載《大正藏》第35冊，第124頁中。
〔註37〕〔唐〕法藏：《華嚴經探玄記》卷一，載《大正藏》第35冊，第124頁中。
〔註38〕〔唐〕法藏：《華嚴經探玄記》卷一，載《大正藏》第35冊，第124頁中。
〔註39〕〔唐〕法藏：《華嚴經探玄記》卷一，載《大正藏》第35冊，第124頁下。
〔註40〕〔唐〕法藏：《華嚴經探玄記》卷一，載《大正藏》第35冊，第124頁下。
〔註41〕〔唐〕智儼：《華嚴一乘十玄門》卷一，載《大正藏》第45冊，第517頁中～第518頁中。

〔註42〕：（1）色空為相即的關係；（2）色空為非即的關係；（3）色空相即且不相即；（4）色空非相即且非不相即。在每種情形中，都分為就人和就法兩個角度來談，通過找出不合邏輯或者與現量事實相違的方式進行歸謬論證。

首先是論證色空相即關係的錯繆性。先就人有四句，分「色即空」和「空即色」兩種關係：

> 若色即空，有二過失：一、凡迷同聖過，以凡夫見色，即是空故。二、聖智同凡過，以所證真空，即是凡見色故。

> 若空即色，亦有二過失：一、聖應同凡，見妄色故。二、凡應同聖，見真空故。〔註43〕

關於「色即空」，是站在色法的角度來說，色法若為空性，則凡夫所見的色法就直接是空性，那麼凡夫就直接是聖人了，從而將迷惑凡夫等同為聖者，因而在世俗諦上是謬誤的；同樣地，色法如果直接是空性，同時也使聖者所證的空性等同於色法，從而導致聖者與凡夫相同，這也取消了聖者需要修行體證的必要。而關於「空即色」，仍是通過凡聖顯現上的差異與此處的結論相違來證明的，即若空性直接等於色法，則聖者與凡夫相同；而如果凡夫見到的色法直接就是空性，則凡夫等同於聖者。可見，此處的「即」，就是相等之意。此處需要指出的是，一般會認為 A＝B 就意味著 B＝A，而這並未考慮更多的可能性。實際上，欲論證 A 即 B，需要從 A 的角度和 B 的角度兩個方面來討論，才能使論證具有完備性。如上的論證，看似重複，但通過遍歷所有可能性從而保證了論證的完整。

同樣地，就法亦有四句，仍是分為「色即空」和「空即色」兩種關係：

> 若色即空，還有二過失：一、壞俗諦過，以青、黃等色即是真空，則無別俗故。二者、壞真諦過，既以青、黃等相為真空，則別無真空故。

> 若空即色，亦有二過失：一、壞真諦過，以空是青、黃等，則無真空故。二、壞俗諦過，以真空為色，則无妄色故。〔註44〕

與就人之四句的論證方式大致相同，其不同點在於此處將凡聖之「人」的差別替換成了勝義諦與世俗諦之「法」的差別。若「色即空」，就會導致色法就

〔註42〕〔唐〕法藏：《華嚴發菩提心章》卷一，載《大正藏》第45冊，第652頁上。

〔註43〕〔唐〕法藏：《華嚴發菩提心章》卷一，載《大正藏》第45冊，第652頁上。

〔註44〕〔唐〕法藏：《華嚴發菩提心章》卷一，載《大正藏》第45冊，第652頁上。

是空性，那麼世俗諦就不存在了，同樣地，如果二者的等同，從另一個角度來看，勝義諦也不存在了。若「空即色」，則空性就是色法，首先破壞了勝義諦，進而又破壞了世俗諦。

其次，論證色空「不相即」，依照前面的說法，也存在人法分別，每種各開「色不即空」和「空不即色」兩門：

> 據人四句者：若色不即空，有二失：一者、凡迷不成過，以所見色，非虛妄故。二、凡無悟聖過，以所見妄色，隔真空故。若空不即色，亦有二失：一、聖智不成過，以空取色外是，非真空故。二、聖不從凡過，以空異妄色，聖自聖故。

> 就法四句者：若色不即空，亦有二失：一、壞俗諦過，以色不無性，則待緣不得有故。二、壞真諦過，以不會色歸空，則無真空故。若空不即色，亦有二失：一、壞真諦過，以色外斷空，理非真故。二、壞俗諦過，以空非色妄，無依故。〔註45〕

此處之論證方式與前面色空相即的論證類似，都是假設其成立而尋找到與事實相違之過失，從而說明此種假設的錯謬性。據人，色空的關係表現為凡聖不同，混淆即為錯謬，從而逐次破斥「色不即空」和「空不即色」；就法，則色空關係表現為世俗諦和勝義諦不能混淆。需要注意的是，此處所說的「不即」，除了有上述之相等的含義外，還有指代「觀待性」的意味，如就法之四句所說即有此意。此外，就法之四句的空，也有真空和斷滅空二義。因此，法藏的論證並不是拘泥於文字相的固定定義，而是根據具體語境下進行了合理的多義化。其多重語義的來源都是較為公認的含義，從而在較大程度上避免了歧義誤解。而相比極端固定化的定義，此中的優勢在於能夠充分闡釋所論證的內容，避免由於拘泥文字而導致「必然性」結論，從而忽視對隱含可能性的論證，因而這種多義化保證論證的完整性。

第三為色空關係為相即與不相即，具體來說就是「色即空且不即空」與「空即色且空不即色」〔註46〕。很顯然，這兩種說法從邏輯上不通。不過，為深度簡除凡情，即使非邏輯的結論，亦有必要加以說明：

> 初、據人，有二失：一、凡聖雜亂過，二、迷悟不成過。次、

〔註45〕〔唐〕法藏：《華嚴發菩提心章》卷一，載《大正藏》第45冊，第652頁上。

〔註46〕〔唐〕法藏：《華嚴發菩提心章》卷一：「第三俱亦不可者，謂若色即空、不即空，空即色、不即色」（載《大正藏》第45冊，第652頁上～中。

就法，亦有二失：一、二諦雜亂過，二、二諦不成過。〔註47〕
與前面兩種情形討論 A＝B 同時討論 B＝A 的論證方式不同，此處只有據人、就法兩類，每類下則立即論證其謬誤。據人，則有凡聖的混淆和凡聖斷滅不相成兩種過失：色即空同時色不即空，意味著色空的關係混淆與色空斷滅性地無關兩種情況兼具，即所成兩種過失。空即色且空不即色，則是就空的立場看，亦有色空混淆即色空斷滅不觀待兩種。就法，則有二諦混淆和二諦不觀待成的兩種過失。其論證方式類似。

第四種情形描述的是與第三種相反的情況，亦即「色非空且非不空」與「空非色且非不色」，〔註48〕其過失如下：

就人，有二失：一、迷無悟聖期，悟不從凡過；二、聖凡雜亂，
二位俱壞過。二、據法者，亦有二失：一、二諦各別，俱不成過；
二、二諦混雜，失法體過。〔註49〕

就人說，如果色「非」空，也就是色與空的關係是斷滅無關的，從而取消了由凡轉聖的可能性；另一方面，如果色非空及同時非空、非不空，就造成了凡聖安立的混亂。就法說，色「非」空的斷滅關係敗壞掉了真俗二諦的觀待性，從而泯除了真俗二諦安立的意義，造成兩者俱不成；而色非「不空」等則導致真俗二諦的混淆，如就人中說。

上述論證的四種情形之不成立，由邏輯的完備性可知，色空的關係不能以確定性的相即或不相即來簡單描述。上述論證模式可略總結如下：

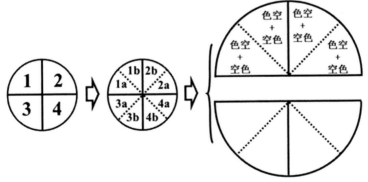

圖 4-1　《華嚴發菩提心章》中色空相即、不相即關係四料簡論證思路

〔註47〕〔唐〕法藏：《華嚴發菩提心章》卷一，載《大正藏》第 45 冊，第 652 頁中。

〔註48〕〔唐〕法藏：《華嚴發菩提心章》卷一：「第四俱非亦不可者，謂若色非空、非不空，空非色、非不色者」（載《大正藏》第 45 冊，第 652 頁中）。

〔註49〕〔唐〕法藏：《華嚴發菩提心章》卷一，載《大正藏》第 45 冊，第 652 頁中。

對圖 4-1 的若干說明如下：

（1）圖中的標號 1-4 分別代表色空相即、不相即的四種關係，即：1-色空相即、2-色空不相即、3-色空相即且不相即；4-色空非相即且非不相即。每種情況又開人、法二門來討論，從而衍生出：1a、1b、2a……4a、4b，a 皆代表據人的情形，b 則代表就法而言。注意到前二種關係涉及到以「色」還是「空」為主的兩個不同角度，即隱含著「A＝B」不等價於「B＝A」，從而使論證更為圓滿。由圖中第三列上半圓復又每門開「色空」、「空色」二種來分別表示「色」即（或不即）「空」和「空」即（或不即）「色」。

（2）第 1 種情形：證偽「色＝空」、「空＝色」

①據人四句：

若「色＝空」成立：

（ⅰ）凡等同於聖；（ⅱ）聖等同於凡；（小結）：壞凡聖分齊。

若「空＝色」成立：

（ⅰ）聖等同於凡；（ⅱ）凡等同於聖；（小結）：壞凡聖分齊。

②就法四句：

若「色＝空」成立：

（ⅰ）俗諦等同真諦，無俗諦、壞俗諦；（ⅱ）俗諦等同真諦，無真諦、壞真諦；（小結）：壞真俗分齊，故壞二諦。

若「空＝色」成立：

（ⅰ）俗諦等同真諦，無真諦、壞真諦；（ⅱ）俗諦等同真諦，無俗諦、壞俗諦；（小結）：壞真俗分齊，故壞二諦。

第 2 種情形〔註50〕：證偽「色≠空」、「空≠色」

①據人四句：

若「色≠空」成立：

（ⅰ）凡不成；（ⅱ）從凡不得聖；（小結）：壞由凡轉聖的實際情況。

若「空≠色」成立：

（ⅰ）聖不成；（ⅱ）聖不從凡得；（小結）：壞由凡轉聖的實際情況。

〔註50〕此處的「≠」實際上更多地表示「不觀待」或者決然無關之意，因為從世俗諦角度講，一個有邏輯的人，不會認為兩個不同的事物是相同的。而關於凡夫有無邏輯的情形，後續亦會加以討論。

②就法四句：

若「色≠空」成立：

（i）俗諦不達真諦，無俗諦、壞俗諦；（ii）俗諦不會歸真諦，無真諦、壞真諦；（小結）：壞真俗觀待，故壞二諦

若「空≠色」成立：

（i）真諦為斷滅，無真諦、壞真諦；（ii）俗諦隔絕真諦，無俗諦、壞俗諦；（小結）：壞真俗觀待，故壞二諦

第 3 種情形：證偽「色＝≠空」〔註51〕、「空＝≠色」

①據人兩句：

若「色＝≠空」成立：（i）凡聖雜亂；（ii）凡不成聖。

若「空＝≠色」成立：（i）凡聖雜亂；（ii）凡不成聖。

②就法兩句：

（i）真俗二諦雜亂；（ii）二諦皆不成。

第 4 種情形：證偽「色≠（空＋非空）」、「空≠（色＋非色）」

①據人兩句：

若「色≠（空＋非空）」成立：（i）聖不從凡轉；（ii）凡聖雜亂，俱壞。

若「空≠（色＋非色）」成立：（i）聖不從凡轉；（ii）凡聖雜亂，俱壞。

②就法兩句：

（i）二諦皆不成；（ii）真俗二諦雜亂。

（3）色空四料簡的論證特點：

①基於大多數人的理性思惟而施設。

②採取逐一遍歷的方式，而不是最優化的邏輯表達，實用性（價值性）標準大於真理性標準。

③採用縱破方式，歸謬論證，具說服力。

④考慮人、法二門及「『等於』不等同『等價』」的思路，避免了論證內容的缺漏。

上述具四料分齊的方法，即借用人們普遍具有的理性思維來推理論證四種情況的錯繆性，從而簡除凡情。實際上，行者因邏輯思惟強弱及根器利鈍

〔註51〕此處為：「色即空且色不即空」之意，下處則為：「空即色且不即色」之意。

似可以分為：（1）邏輯性強之利根；（2）邏輯性弱之利根；（3）邏輯性強之鈍根；（4）邏輯性弱之鈍根。就利根而言，次第性的施設似無必要，故簡凡情作為正行的前方便亦無必要，或者行者自可借助或者不借助此種方式而使彼之凡情得以簡除，即使修習也是可以視之為權脩、示現修等非決定性意義的修。而對於鈍根行者的絕大多數因其都有一定的邏輯理性，因此此邏輯推導就能夠將所學教義整理出一個關聯，同時亦能以此簡除不正見，確立觀念上的正見，故四料簡的方式更多是面對具有一定邏輯能力的非利根行者。對於鈍根且邏輯性幾無或者邏輯很弱之行者，一方面不能以利根人標準來要求，即跨越理性而直抵究竟，但另一方面此類行者於邏輯理性亦不具運用能力或不屑運用（亦不會具足此類能力），此時似應以理性之利益及無理性之過患使之認清自己當下生命狀態，從而最終接納運用理性邏輯方式簡除凡情，最終迎來於空性之決定體解的曙光。

不過，四料分齊的方式亦如行布門，是順凡情之分別心而施設，因此亦需要借助總收全體而保證論證的完整性。也就是說，四料分齊亦須圓融門來統攝：一方面，使四料簡的過程具有確定的目標和方向，不至於迷失最初所要簡擇目標而缺失完整性或者準確性；另一方面，四料簡的熟悉、安住及最終達到任運的過程，即是由分立的四門行布分別逐步契入權立四門，最終達到圓融無礙境地的全過程。是故，四料之圓融，既可以作為四料分齊之行布的方向性指導，同時又可以作為行布的最終的圓滿結果。不過，即便是四料簡之行布與圓融有如此之關聯，但四料圓融本身並不是邏輯理性所攝，而表現為超越理性的直覺與體悟。這是因為，無論是就任運這種四料簡而言，還是當下直覺而言，四料的圓融已經不是借助邏輯和理性思維進行推導出來的，而是直觀以心（或任運的潛意識）來直接緣對境，此種修習，亦為抵達決定空性見的彼岸提供了可堪操作的練習方法。

二、觀修原理

（一）空性見地的生起

在做好身心準備後，行者就要進入華嚴發菩提心觀修的正行部分。先是通過明瞭初發菩提心觀之原理，從意業上能夠接納、熟悉、運用、安住，最終任運；漸次導入實修的過程，以能觀之心及所觀之境的為兩種所緣起修，最終能所雙泯，達到圓融無礙。而這一套行布不礙圓融的次第修法，仍以觀念

的調整為切入點。承《華嚴法界觀門》的思想，法藏幾乎全文引用了相關內容，其核心意圖應是扭轉凡夫的偏、狹、不正等觀念，使之轉為隨順聖賢之圓滿、中道的觀念。在第一真空觀中，法藏開四句十門〔註52〕來說明這一問題：

> 第一真空觀法，於中略作四句十門：一、會色歸空觀，二、明
> 空即色觀，三、空色無礙觀，四、泯絕無寄觀。

這四句是基於色空關係而展開，首先是由色法契入空性，繼而從空出而復觀色法，如此任運達致空色的無礙，最終抵達連空色之權且分別亦不需要之絕言圓融觀。

第一門「會色歸空觀」分為四句，其中前三句皆是「色不即空，以即空故」：

> 一、色不即空，以即空故。何以故？以色不即斷空故，不是空
> 也。以色舉體是真空也，故云以即空故。良由即是真空故，非斷空
> 也。是故言由是空，故不是空也。
>
> 二、色不即空，以即空故。何以故？以青、黃之相，非是真空
> 之理，故云不即空。然青、黃無體，莫不皆空，故云即空。良以青、
> 黃無體之空，非即青、黃，故云不即空也。
>
> 三、色不即空，以即空故。何以故？以空中無色，故不即空；
> 會色無體，故是即空。良由會色歸空，空中必無有色。是故由色空，
> 故色非空也。〔註53〕

此三門先從二諦圓融說，次從世俗諦說，再從勝義諦說，從而構成了總分關係的論證系統。就思惟修說，這也是思惟逐步深化、精密化的一般過程。第一門之二諦圓融，是就世俗諦所顯現的「色法」為例，與勝義諦之「真空」進行討論，其結論是由「色法」可以趨近於理解「真空」，因此「色法」便不是「斷滅空」而且也不因此趨近於理解「斷滅空」。所謂趨近於理解「真空」，即是所言「舉體是真空」，亦說為「當體即空」〔註54〕。關於「空」、「有」的關係，法藏說：

〔註52〕〔唐〕法藏：《華嚴發菩提心章》卷一，載《大正藏》第45冊，第652頁中。
〔註53〕〔唐〕法藏：《華嚴發菩提心章》卷一，載《大正藏》第45冊，第652頁中。
〔註54〕〔唐〕澄觀：《大方廣佛華嚴經隨疏演義鈔》卷六十一，載《大正藏》第36
　　　　冊，第489頁中。

> 空有無礙，名大乘法。謂：空不異有，有是幻有；幻有宛然，
> 舉體是空。有不異空，空是真空；真空湛然，舉體是有。是故，空
> 有無毫分別。〔註55〕

是故，法藏對色空關係的解讀，首先是從二諦圓融的意義上理解的：因為有
是緣起而生，如幻如化，雖假象宛然但舉體皆是真空，無實在性；另一方面，
真空是透過幻有得以顯現，故言「舉體是有」，從究竟的意義上，空有是一體
兩面、圓融無礙的。對待凡情執著的態度，法藏亦是以「當體即空」的「無破
之破」來對待的：

> 以情執非理，當體即空。致使無破之破，破即無破。若執有破，
> 還同所破，是故非破。今既非所破，是故以無破為破，則能所俱絕，
> 心無所寄，為究竟破。〔註56〕

對於「破」法本身，亦不可執著，而一般人見地確易於落於此中而不自知，故
以「無破之破」來簡除使用「破法」破除情執之後的對於「破法」的一分執。

　　對於根器較利者，於第一門以色空為例宣說空有圓融義時，似應覺了真
空觀第一門「會色歸空」之大意，然而更多普通行者對此似乎更需要深度的
解讀才能體會。因此需要繼續詳細說此一門，首先是隨順世俗諦來說「色法」
不等於「空」，即假相之宛然，再說「色法」不存在本質性的自我軌則性、規
定性，從而是空的顯現，也就是「即空」。通過這兩個進一步的說法便得到「因
為色法本質是真空性，從而色法不是斷滅空」的結論。在此基礎上，通過從
勝義的角度來解讀，即第三門：先說空性中不是直接具有色法，從而色法「不
等於」空性；再說「會色」無體，從而得到色中體現空性，也就是「色即空」；
最終結合第二門得到隨順世俗諦的「會色無體」即是「空中無色」的說法，以
及「色無自性從而即空」的勝義解讀。無論是但就第一門還是結合一至三門，
皆是「以法揀情」〔註57〕，屬於權說之破的次第，而這個基礎上也可以進一
步施設「立」之法：

> 四、色即是空。何以故？凡是色法必不異真空，以諸色法，必
> 無性故，是故色即是空。如色空既爾，一切法亦然。思之。〔註58〕

〔註55〕〔唐〕法藏：《華嚴經探玄記》卷一，載《大正藏》第 35 冊，第 118 頁上。
〔註56〕〔唐〕法藏：《十二門論宗致義記》卷一，載《大正藏》第 42 冊，第 214 頁
　　　　下。
〔註57〕〔唐〕法藏：《華嚴發菩提心章》卷一，載《大正藏》第 45 冊，第 652 頁中。
〔註58〕〔唐〕法藏：《華嚴發菩提心章》卷一，載《大正藏》第 45 冊，第 652 頁中。

按照第四門所說，會色歸空所要立的，就是「色即是空」，此處的色法，就是五蘊、六塵之色法〔註59〕無疑，而此處之「空」，實乃是「真空」，即空性，而決然不是「斷滅空」。

從會色歸空觀中的四門可以看到，如只運用第一門，可以直接體悟空有關係的圓融義。而第一至第三門的次第宣說加上第四門的正說，能夠給出導向對空意體解之次第性的引導；同時，第四門本身也是通過正說色空關係來引導學人直接體察一切法與真空的關係。但就圓融立場來評價，似第一門較第四門更為翔實。

在「會色歸空」的基礎上，還需要對另一方面，也就是站在「空」的角度對「明空即色」進行簡別，於中亦開四門〔註60〕，其中前三門是「空不即色，以空即色故」：

> 一、空不即色，以空即色故。何以故？斷空不即是色，故云非色。真空必不異色，故云空即色。是故要由真空即色故，令斷空不即色也。

> 二、空不即色，以空即色故。何以故？以空理非青、黃，故云空不即色。然非青、黃之真空，必不異青、黃故，是故言空即色。要由不異青、黃故，不即青、黃，故言空即色、不即色也。

> 三、空不即色，以空即色故。何以故？空是所依，非能依故，不即色也。必與能依作所依，故即是色也。良由是所依故，不即色；是所依故，即是色。是故言由不即色故，即是色也。〔註61〕

與「會色歸空」的論證方式相似，「明空即色觀」的前三門也是總分論證：先總說，隨後說色空的不一不異，最後說色空呈現的能所關係。與色法相比，此處更強調對空可能存在的兩種理解，即「斷滅空」和「真空」。對於一般人而言，色等法往往能夠借助感受、直覺和理性思維得以體察，因此較容易能夠在世俗諦意義上區分真實與虛妄；而對空性的理解，如果沒有系統性和穩固性的訓練，似乎會有滑向斷滅見或者回到常見的傾向，無論是斷見還是常

〔註59〕關於《華嚴經》中的五蘊、六塵與空性的關係，見：《大方廣佛華嚴經》卷十四，載《大正藏》第9冊，第485頁下；《大方廣佛華嚴經》卷十九，載《大正藏》第10冊，第101頁下。

〔註60〕〔唐〕法藏：《華嚴發菩提心章》卷一，載《大正藏》第45冊，第652頁中。

〔註61〕〔唐〕法藏：《華嚴發菩提心章》卷一，載《大正藏》第45冊，第652頁中～下。

見，都表現為將真實的空性，即此處之「真空」誤解為「斷滅」或者「斷滅空」，從而影響進一步的空性禪觀。對於斷空，因為其本質上就是對「真空」的錯誤理解，因此無論是「等於」還是「趨近」色法，都是不可能正確的，故「空不即色」的第一門先說斷空不即色的情況，其目的也是簡擇虛妄的凡情。在此基礎上，正說「真空」與「色法」具有不異的關係，從而說明真空即色，此處「即」在世俗諦意義上表現為「趨近」之意，在聖義諦上表現為「等於」之意。最後總結，因為「真空」即色，所以斷空必然不即色。第二門中分別開出不即色和即色的關係，前者不即色是「不等於」色等法的意思，而後者更多的是「不趨於」、「不趣入」的意思，從而闡釋了色空不一不異的關係。第三門中，從能依所依關係的角度先說明了空是所依，而色等法是能依。由能所的觀待性，有兩個角度：（1）能所雙方的不紊亂性是「不即」，也就是「不等於」；（2）能所雙方的觀待性是「相即」，也就是「依存」、「趨近」、「趣入」。與「會色歸空觀」相似，如只運用第一門，可以直接從空的角度來體悟空有關係的圓融義。而第一至第三門的次第理解尚需加上第四門〔註62〕的正說，方能夠給出較完善的次第性的心行引導：

> 四、空即是色。何以故？凡是真空必不異色，以是法無我，理
> 非斷滅故。是故空即是色，如空色既爾，一切法皆然。思之。

按照第四門所說，明空即色所要立的，就是「空即是色」，此處的色法，與「會色歸空觀」之色法相同無疑，此處之「空」，亦是「真空」。由於真空不異色的緣故，能夠引發對「法無我」的進一步體會，亦即「空」並不是一個排除色等法而獨存之實體。

在前兩部分通過「會色歸空觀」和「明空即色觀」對安立的色空關係進行兩個角度的分析，在此基礎上，《發菩提心章》進一步通過「空色無礙觀」和「泯絕無寄觀」來達到色空關係的圓融與超越。首先是第三「空色無礙觀」〔註63〕，此中凡一門：

> 第三，色空無礙觀者，謂色舉體不異空，全是盡色之空故，即
> 色不盡而空現；空舉體不異色，全是盡空之色故，即空、即色而空
> 不隱也。是故，菩薩觀色無不見空，觀空莫非見色，無障無礙，為
> 一味法。

〔註62〕〔唐〕法藏：《華嚴發菩提心章》卷一，載《大正藏》第45冊，第652頁下。
〔註63〕〔唐〕法藏：《華嚴發菩提心章》卷一，載《大正藏》第45冊，第652頁下。

與前兩門分別站在色等法及真空這兩個的角度來分別討論所不同的是，「空色無礙觀」是將「色—空」、「空—色」關係相結合而說，因而具有整體性意味。首先，因真空之理是窮極色法而得以趣入的緣故，所以全部的色法與真空的關係都是不異的，從而說明真空並不是色法謝滅後出現的，而是色法存續的當下就能夠顯現為真空。其次，因為空理是窮盡色法而得到的本質性，所以它全部都是藉由色法而得以彰顯的，從這個角度說，為彰顯空理的緣故而需要有色法，無論是彰顯的空理還是色法，這並不影響空理的存在，空理並不因此而隱沒；相反，被色法所彰顯的空性與色法是同時存續的。從而得到第三結論部分，即：菩薩的境界中，色空呈現的是無障礙之境界，一方面觀色法即同時緣到真空，而觀空時亦緣到色等法，本身就是一味的並無實在的分立。

　　在前二句八門觀修的基礎上，穩固了色法與真空的關係是「不等於」且「相觀待」的認識，從而為此處色空關係的討論打下良好的認識基礎。另外，前面「會色歸空觀」可以認為是可以從分析空的角度來認識空性，從而是「會歸」真空，而此種方法甫一獲得的「空性」正見尚需回到色法去再認識，以避免混淆真俗二諦而趨向色法外有一獨存「空法」之常見及斷滅空的傾向。這種認識過程類似於從緣空性的「根本智」出而入「後得智」，但在華嚴宗角度，僅是「加行智」，因為這僅是用以抉擇邪正而入真理的手段[註64]。而從緣空性的「根本智」出而得以進入之「後得智」，是一種「善分別」[註65]世俗諦的觀修，兼具自利利他的作用[註66]，同時也具有現量證得所學教法的能力[註67]，也有說具有初始證得法身之意[註68]。關於「後得智」，〈功德華聚菩薩十行品〉第六「善現行」正說此智[註69]：

> 菩薩作如是念：「一切眾生，無性為性；一切諸法，無為為性；一切佛剎，無相為性；究竟三世皆悉無性；言語道斷，於一切法而無所依。」菩薩解如是等諸甚深法，解一切世間悉皆寂滅，解一切諸佛甚深妙法，解佛法、世間法等無差別，世間法入佛法、佛法入世間法；佛法、世間法而不雜亂，世間法不壞佛法。真實法界不可破壞……

〔註64〕〔唐〕法藏：《華嚴經義海百門》卷一，載《大正藏》第45冊，第630頁上。
〔註65〕〔唐〕法藏：《華嚴經探玄記》卷九，載《大正藏》第35冊，第281頁下。
〔註66〕〔唐〕法藏：《華嚴經探玄記》卷九，載《大正藏》第35冊，第287頁上。
〔註67〕〔唐〕法藏：《華嚴經探玄記》卷九，載《大正藏》第35冊，第290頁上。
〔註68〕《攝大乘論》卷三，載《大正藏》第31冊，第149頁中。
〔註69〕《大方廣佛華嚴經》卷十一，載《大正藏》第9冊，第469頁上。

此中是「依實起相實無礙觀」〔註70〕，從道理上理解的方面，表達了眾生無性、諸法無為、佛剎無相，究竟三世皆無性的意涵，是通過空理會通事相〔註71〕而達到無礙的。在對道理理解的基礎上，尚需復入緣起的實際來起修，通過體證「理事無礙」而獲得「如實正解」〔註72〕，其中包含了逐步圓滿的八個次第〔註73〕：（1）從世界寂滅解了虛妄現象當體即空；（2）解了甚深佛法而了知真空離相；（3）染法（即世間法，下同）、淨法（佛法，下同）等無差別，在空理的基礎上得以融通；（4）世間法入佛法，即染法而恒有淨法，世間法是能夠契入佛法之途徑；（5）佛法入世間法是不染之淨法能夠「不染而染」，也就是隨順世間法而不壞佛法；（6）染法、淨法在安立的意義上是不混淆的；（7）世間法本質虛妄，從而不具有壞拜佛法的可能，不會妨礙佛法的存在；（8）佛法為真實不虛者，與世間法的假象宛然不想妨礙，從而假象宛然得以存在。這種「後得智」的所緣境包含法體、法境界體、正得與眾生、正求與無量門四種〔註74〕，分別是法體及其差別、眾生及眾生所需，從而提示我們菩薩善說法的門類包含自說闡釋法及其差別以及經由請法而一般性說法和眾生個別需求而說。因此，後得智是行人內修到外弘及由契入空性而轉增大悲的轉變點，如法藏引《梁攝論釋》〔註75〕說勝流法界的次第為：

> 梁攝論釋云：從真如流出正體智，正體智流出後得智，後得智流出大悲，大悲流出十二部經，是故名為勝流法界。〔註76〕

其中，正是由於後得智方有佛菩薩宣說三藏十二部典籍，成為我們所獲得佛法之重要途徑。

關於第四「泯絕無寄觀」，更是要在前面「空色無礙觀」的基礎上，消除

〔註70〕〔唐〕法藏：《華嚴經探玄記》卷六，載《大正藏》第35冊，第223頁下。
〔註71〕〔唐〕法藏：《華嚴經探玄記》卷六，載《大正藏》第35冊，第224頁上。
〔註72〕〔唐〕法藏：《華嚴經探玄記》卷六，載《大正藏》第35冊，第224頁上。
〔註73〕〔唐〕法藏：《華嚴經探玄記》卷六，載《大正藏》第35冊，第224頁上～中。
〔註74〕〔唐〕法藏：《華嚴經探玄記》卷十四：「無礙解體是後得智。就所緣境分為四種。一法體者明法自體。二法境界體者於法體上有差別義。三正得與眾生者。依自所得說與眾生。四正求與無量門者。隨諸眾生正求差別與無量門」（載《大正藏》第35冊，第370頁中）。
〔註75〕《攝大乘論釋》卷十五，載《大正藏》第31冊，第268頁下～第269頁上。
〔註76〕〔唐〕法藏：《華嚴經探玄記》卷十二，載《大正藏》第35冊，第324頁上。

言詮自在性之最後的堡壘：

> 第四泯絕無寄觀者，謂此所觀真空，不可言即色、不即色，亦
> 不可言即空、不即空。一切法皆不可，不可亦不可，此語亦不受，
> 迴絕無寄，非言所及，非解所到，是謂行境。何以故？以生心動念，
> 即乖法體，失正念故。〔註77〕

所要觀的真空（或云真如、佛性……），是離於言詮者，故四句皆不可，而「不可」以及述「不可」之語都需要遠離，直至絕言無所寄託，其表現為「非言所及，非解所到」。若生心動念則違背了真如離於詮表、無有分別的性質，從而導向的是非真如者，即緣起，此處更以「失正念」而說明，可見在「泯絕無寄觀」中，離於言詮是簡別是否達到此觀的不共標準。

　　四句十門的施設，並不是無有緣由的，而是為我們開啟了一條由解入行的修行法門，初二句的八門借助次第性的思維推理來遣除凡情而得到對空理的正解，如果停留在此必然與解行並重相違，更需要第三句的「空色無礙觀」將前兩句關於空理與色法分立層面上的理解加以融通，以遣除對某一邊可能的執取而落入斷、常見，此是就解而言。事實上，「空色無礙」的真正體會，尚需落實在「行」上，而正是依根本智從對色法的觀照而契入空理的基礎上，依後得智從對空理會入事相而起大悲、圓滿理事關係，成為悟入理事無礙法界的解行基礎。不過，這些也都最終落在了基於文字的言詮描述，非究竟者；第四句的「泯絕無寄觀」因離於言詮而方顯真心，此句正說行體。不過，四句十門是必不可少的，此處法藏的解釋是：

> 若不洞明前解，無以躡成此行。若不解此行，法絕於前解，無
> 以成其正解。若守解不捨，無以入茲正行。是故行由解成，行起解
> 絕也。〔註78〕

洞明前解，便能夠以解成行，而解行後成正解，則是絕言之解成正解之意，最後行起解絕則是捨解成行，終將解落實到行上。

　　總之，第一門真空觀，在前文顯過的基礎上，進一步指出了色法、真空、斷滅空之間的關係：色法離不開真空，但也不等於真空，從而色法絕不是斷滅空；同樣地，真空離不開色法，但也不等於色法，從而斷滅空不是真空，也不是色法。最終經由色與真空之無礙匯歸到色空的關係可說、不可說，達到「迴

〔註77〕〔唐〕法藏：《華嚴發菩提心章》卷一，載《大正藏》第45冊，第652頁下。
〔註78〕〔唐〕法藏：《華嚴發菩提心章》卷一，載《大正藏》第45冊，第652頁下。

絕無寄，非言所及，非解所到」的「行境」。實際上，這正是由事入理，再由理復入事的過程，從而讓學人契入真空的正見，這正是發心後篤行的基石。〔註79〕

（二）從空性見入緣起

在真空觀的基礎上，行人繼續由理入事，最終達到理事「鎔融存亡逆順」〔註80〕，是為「理事無礙觀」。此中亦開十門而說明之。十門中，站在理的角度來看待事，則有「成」、「壞」、「即」、「離」四種，站在事相角度，則對理有「顯」、「隱」、「一」、「異」四種之別〔註81〕，這八種最終圓融於理事無礙之中。

前二門是「理遍於事門」和「事遍於理門」，所指的是空「理」與「事」法之間的相攝關係。首先是「理遍於事門」：

> 一、理遍於事門，謂能遍之理性無分限，所遍之事分位差別，
> 一一事中理皆全遍，非是分遍。何以故？以彼真理不可分故。是故
> 一一纖塵皆攝無邊真理，無不圓足。〔註82〕

此中說明三方面問題：其一，「理」不可分而「事」可分、有差別；其二，每件事中都有能遍之「理」，而且因為不可分的緣故，必然地是全部之「理」；其三，每一極微小之事皆有無限之能遍之「理」，都是圓滿具足其「理」。由這樣一步步的推論，似乎導致了與現量上的事實相違的情況，因此法藏又進一步自設問難：

> 理既全體遍一塵，何故非小，既不同塵而小，何得說為全體遍
> 於一塵？〔註83〕

這就是說，如果從總體而說，因為分別站在「理」、「事」角度來看待另一方，兩者皆不是「一」與「異」的關係，從而「全收而不壞本位」〔註84〕。具體而言，站在「理」之立場而望「事」的這一角度，「理」、「事」得以相攝而不

〔註79〕如按照普賢行的要求，要「念念相續、身語意業恒無疲厭」，因為「眾生界、眾生業、眾生煩惱不可盡」故。而這樣的境界，對於平凡的行人難以理解，不啻為一種心理上巨大的挑戰，若不依真空觀正見，確是難以維持修行初心的。

〔註80〕〔唐〕法藏：《華嚴發菩提心章》卷一，載《大正藏》第45冊，第652頁下。

〔註81〕〔唐〕法藏：《華嚴發菩提心章》卷一，載《大正藏》第45冊，第653頁下。

〔註82〕〔唐〕法藏：《華嚴發菩提心章》卷一，載《大正藏》第45冊，第652頁下～第653頁上。

〔註83〕〔唐〕法藏：《華嚴發菩提心章》卷一，載《大正藏》第45冊，第653頁上。

〔註84〕〔唐〕法藏：《華嚴發菩提心章》卷一，載《大正藏》第45冊，第653頁上。

壞，凡四句來說明：

> 理望事，有其四句：一、真理與事非異故，真理全體在一事
> 中。二、真理與事非一故，理性恒無邊際。三、以非一即是非異
> 故，無邊理性全在一塵。四、以非異即是非一故，一塵理性無有
> 分限。〔註85〕

這四句總不出「一」、「異」的關係：首先是「理」、「事」不存在決定意義的
「異」，從而能夠有某種程度的聯繫，也就是我們能夠體察到的空性實相之真
理，其全體都是能體現在一件「事」上的。其次是在安立的意義上，「理」、
「事」是有分齊差別的，並不能混為一談，從而實相真理並不是有所齊限的
「事」，而是具有無限性的。進而是對「非一」和「非異」的關係進行討論：
一方面，站在「非一」的立場，因為不是同「一」所以才可能是兩者，其之間
才能構成聯繫，而這意味著其本身也就是「非異」，因為兩者有聯繫而並不是
不決然無關的；因此，無邊的空「理」能遍在一個作為「事」法的「塵」中
的。同樣，站在「非異」的立場，其本身也意味著「非一」，雙方不會錯亂，
從而一塵之中能夠含容無邊的空「理」，但同時一塵本身也仍舊是有齊限的。

第二是「事遍於理門」。如果說「理遍於事」尚可在理解的範圍內，那麼
關於「事遍於理」這一點似乎令人更加難以理解：

> 二、事遍於理門，謂能遍之事是有分限，所遍之理要無分限；
> 此有分限之事，於無分限之理全同，非分同。何以故？〔註86〕

能遍之「事」法是有齊限的，而所遍之「理」則是無齊限的。不過，這一門所
描述的意味著有限能夠遍在無限之中，還能夠「全同、非分同」，也就是全然
能夠周遍，而不是少分之「遍」。這明顯與一般人的現量觀察相違背。法藏對
此做出的回答是：

> 以事無體，還如理故，是故一塵不壞而遍法界也。〔註87〕

這就是說，因為「事」法是緣起的，並沒有實體，究其本質仍舊是「理」，即
空性、實相，所以「事」法作為能遍者，是具有雖遍於理但不會破壞「事」本
身的有限性以及「理」的無限性。因此，一塵不壞本身的同時能遍及法界，此
處的「遍及」是隨順緣起法的，也是周遍法界、具緣則現的。此外，還可以將

〔註85〕〔唐〕法藏：《華嚴發菩提心章》卷一，載《大正藏》第45冊，第653頁上。
〔註86〕〔唐〕法藏：《華嚴發菩提心章》卷一，載《大正藏》第45冊，第653頁上。
〔註87〕〔唐〕法藏：《華嚴發菩提心章》卷一，載《大正藏》第45冊，第653頁上。

之推廣於一切「事」法。〔註88〕法藏自設問答中亦對此事進行討論，即關於一塵全匝於空理與事實相違之辨析：

> 一塵全匝於理性，何故非大？若不同理而廣大，何得全遍於理
> 性？既成矛盾，義極相違！〔註89〕

設問所指的矛盾，即：如果一方面說空理是廣大的，同時人的感知中一塵是有限的，而另一方面卻說這種有限的「一塵」能夠容納廣大之「空理」，從而造成與事實的相違。實際上，這種矛盾正是建立在對「理」、「事」的一成不變認識基礎上的，也是前面反覆多次加以破除的自性見。從回答的部分來看，法藏是以「事」法的角度，通過「一」、「異」關係的四種可能性來看「理」，從而對此矛盾進行解釋的：

> 以事望理，亦有四句者：一、事法與理非異故，一塵全匝於理
> 性。二、事法與理非一故，不壞於一塵。三、以非一即非異故，一
> 小塵匝無邊真理。四、以非異即非一故，匝無邊理而塵不大。〔註90〕

首先，「事」法與「理」不是決然無關，因此一塵能遍及空理，上文已經討論到；其次，「事」法與「理」在顯現的層面上不是一回事，從而即便是「事」遍於理也不會損壞「事」法在現象層面上的與「理」所具有的不同規定性，這保證了世俗諦層面不會與普通人的認知相違背；「非一即非異」和「非異即非一」兩種情況亦如第一門的有關回答，從而得到如下結論：（1）雖然塵是極微小、有界限的，但其亦能遍布真理；（2）能遍布無邊真理的塵，其仍保持現象層面的一小塵而不因此變大。

前二門合起來即「全遍」，法藏在分說這兩門之後，復以海與波的譬喻來進一步加以說明：

> 此全遍門超情離見，非世喻能況。如全大海，在一波中而海非
> 小；如一小波，匝於大海而波非大。同時全遍於諸波而海非異，俱
> 時各匝於大海而波非一。又大海全遍一波時，不妨舉體全遍於諸波；
> 一波全匝大海時，諸波亦各全匝互不相礙。〔註91〕

此中先指出世間的譬喻不能完全說明「全遍門」的內涵，但又不能斷滅的看

〔註88〕〔唐〕法藏：《華嚴發菩提心章》卷一：「如一塵，一切法亦然」（載《大正藏》第45冊，第653頁上）。
〔註89〕〔唐〕法藏：《華嚴發菩提心章》卷一，載《大正藏》第45冊，第653頁上。
〔註90〕〔唐〕法藏：《華嚴發菩提心章》卷一，載《大正藏》第45冊，第653頁上。
〔註91〕〔唐〕法藏：《華嚴發菩提心章》卷一，載《大正藏》第45冊，第653頁上。

待這一問題從而不用言語加以說明，因此可以認為是勉強為之而說明，即澄觀所理解的「無相全在相中，至理何曾懸遠；即相無相，五目難覷，其容全理之事，世法何能為喻」〔註92〕，從而說明對待這種「強為之說」的譬喻其態度應是借妄指真，而不能落於「妄」的細節之中。在海與波之譬喻中，共有三種無礙關係，即：大小的無礙、一異的無礙、侷限與遍在的無礙。這三種無礙的關係進一步可以導出這樣的疑問，既然一塵中周遍了空「理」，那麼這一塵之外的其他「事」法是否還有空理：

> 問：無邊理性全遍一塵時，外諸事處為有理性？為無理性？若塵外有理，則非全體遍一塵！若塵外無理，則非全體遍一切事。義甚相違！〔註93〕

這一問題實際上也是「理」、「事」關係具有無礙性的探討，同時為理解事事無礙提供基礎。在回答中，總說以「一理性融、多事無礙」為原因，從而得到「全在內」和「全在外」之間「無障無礙」的結論，具體的分述仍就「理」、就「事」各四句來解釋：

> 答：以一理性融故，多事無礙故，故得全在內而全在外，無障無礙，是故各有四句。
>
> 先、就理四句者：一、以理性全體在一切事中時，不礙全體在一塵處，是故在外即在內。二、以全體在一塵中時，不礙全體在餘事處，是故在內即在外。三、以無二之性，各全在一切中故，是故亦在內亦在外。四、以無二之性，非一切故，是故非內非外。前三句明與一切法非異，此之一句明與一切法非一，良為非一非異，故內外無礙。
>
> 次、就事四句者：一、一事全匝於理時，不礙一切事法亦全匝，是故在內即在外。二、一切事法各匝於理時，不礙一塵亦全匝，是故在外即在內。三、以諸事法同時各匝故，是故全在內亦全在外，無有障礙。四、以諸事法各不壞故，彼此相望，非內亦非外。〔註94〕

此處簡單就「理」四句作一說明：作為不可分割之整體的空「理」，就一塵的

〔註92〕〔唐〕澄觀：《華嚴法界玄鏡》卷一，載《大正藏》第45冊，第676頁下。

〔註93〕〔唐〕法藏：《華嚴發菩提心章》卷一，載《大正藏》第45冊，第653頁上。

〔註94〕〔唐〕法藏：《華嚴發菩提心章》卷一，載《大正藏》第45冊，第653頁上～中。

角度看，這個空「理」「在其外」與「在其內」是無礙的。這是因為「空理在遍於一切事法」這件事，是與「空理在一塵中」這種情況同時出現的。另外，又由於這個同時性，所以不但有「在外」與「在內」等價的結論，而且還有「在內、在外同時具足」的結論。上三句說明的是「理」與一切「事」法都是非異的，即「理」、「事」之間具有觀待性。此外，「理」與一切「事」法還有現象層面上的各自單獨的規定性，即第四句所說的「非一」，從而從現象上的意義上並不是真有一個「理」遍於「事」法，因而被稱為「非內非外」。依照這樣的思路，「事匝於理」亦然。關於反覆使用四句的方式，乃是契合了人類藉由邏輯理性思考的特質，以運用基於凡情的理性工具來遣除的凡情，這一方面隨順凡夫位眾生的習慣，但運用類似的思維工具反而轉變了認識的角度，最終能夠隨順圓融觀而契入道理上的正見。

與前文「真空觀」不同，「理事圓融觀」甫一開始就提供了「理」、「事」之間的圓融義、全遍性，通過樹立起兩者無礙義的見地，再逐步深入討論。這樣的一種安排，一方面能給較利根機者以「一步到位」的究竟見解，另一方面也為普通行人樹立起關於此門觀法的導向性目標，從而避免了後續討論中，因詮表某一個側面而落於一邊，進而迷失掉最初的導向性目標的可能。不過，為了進一步深入分析「理」和「事」之間靜態的相互關係和動態的相互作用，仍需不斷的從分述「理」和「事」來說明，從而更為細緻的闡明兩者之間的「成壞關係」、「一異關係」。

所謂「成壞關係」，即是有關兩者互相轉化的關係，屬「動」的層面。先就理、事二者相成的關係，凡二門：

> 三、依理成事門，謂事無別體，要因真理而得成立。以諸緣起皆無自性故，由無性理，事方成故。如波攬水以成動，水望於波，能成立故。依如來藏，得有諸法，當知亦爾。思之。
>
> 四、事能顯理門，謂由事攬理故，則事虛而理實，以事虛故，全事中之理挺然露現。猶如波相虛，令水體露現。當知此中道理亦爾。思之。〔註95〕

「理」、「事」兩者相成立的關係，站在「理」的角度為「依理成事」，站在「事」法的角度則為「事能顯理」。前者說明了「理」作為「事」法之本質而存在，成為「事」法之「體」、之成立的憑藉。此中再次確認了「理」即

〔註95〕〔唐〕法藏：《華嚴發菩提心章》卷一，載《大正藏》第45冊，第653頁中。

空性、實相，而事法則是因緣所生法，當體即是空。就如何由「理」成「事」有二個原因：無性及真如隨緣。前者是隨順般若中觀思想而言，強調了理體之無自性的性質；後者是隨順真如緣起思想而言，強調了無自性之如來藏能隨緣成立萬法這樣一種功用。此外，還採用水波的譬喻來進一步解釋這兩種緣由：因為水是無自性的，所以能夠有波動，即無性而成事法；另一方面，波動中的波始終沒有離開作為水的本質，即真如隨緣成就事法。真如隨緣一說，亦是對〈菩薩明難品〉相關內涵的運用和闡發〔註96〕。對於「事能顯理」門，則說明由認識「事」法契入對空性之「理」的理解和體悟，這一點似與我們常規的認識規律頗為一致。此一門特別強調了「事虛而理實」的關係，由此才有因「事」法而顯「理」的可能。此處的譬喻仍以水波關係來表達：波為瞬態的、虛幻的，水為相對真實性的，波喻「事」法、水喻空「理」，以此類推可知。

在相成關係之後，就理、事二者相損壞的關係，凡二門：

> 五、以理奪事門，謂事既攬理成，遂令事相皆盡，唯一真理平等顯現，以離真理外無片事可得故。如水奪波，波無不盡，此則水存已，壞波令盡。

> 六、事能隱理門，謂真理隨緣，成諸事法；然此事法既違於理，遂令事顯，理不現也。如水成波，動顯靜隱。《經》云：「法身流轉五道名曰眾生。」故眾生現時法身不現也。〔註97〕

關於理、事兩者相破壞的關係，站在「理」的角度為「以理奪事」，站在「事」法的角度則為「事能隱理」。前者說明了「理」作為「事」法之本質，當從「事」法趨於「理」時，「理」得以顯現，而「事」法則消失。後者則說明由真如（即「理」）隨緣所成之「事」法得以成立，則「理」便不顯現。此處的「經」即是《佛說不增不減經》，其原文為：

> 即此法身，過於恒沙無邊煩惱所纏，從無始世來隨順世間，波浪漂流，往來生死，名為眾生。〔註98〕

〔註96〕文殊菩薩問曰：「心性是一，云何能生種種果報？」(《大方廣佛華嚴經》卷五，載《大正藏》第 9 冊，第 427 頁上)，覺首菩薩答曰：「法性無所轉，示現故有轉，於彼無示現，示現無所有」(《大方廣佛華嚴經》卷五，載《大正藏》第 9 冊，第 427 頁上)。

〔註97〕〔唐〕法藏：《華嚴發菩提心章》卷一，載《大正藏》第 45 冊，第 653 頁中。

〔註98〕《佛說不增不減經》，載《大正藏》第 16 冊，第 467 頁中。

此中說明：法身被煩惱所纏縛，從而導致有情流轉生死，因而另立有情名為「眾生」，由此「眾生」得以顯現而同時「法身」便隱沒了。這也與「理」、「事」相成又相害的關係相一致，從觀待性上說，法身（「理」）和眾生界（為「事」法之支分）在現象層面上有各自的相對規定性，因而從相對意義上的定義具有排他性，這就是「相害」；但另一方面就觀待性而言，兩者關係則是「相成」，因此沒有「相害」的相對意義上的兩者，就不能成其為「相成」關係。就因緣和合角度說，法身（「理」）和眾生界（為「事」法之支分）是互望而成的，即為「相成」，但正是能夠「相互」成就，因而也是分齊的雙方在現象層面並不是一回事、不能混為一談，這也就是「相害」的關係，從這個意義上說沒有「相成」也不能成立「相害」。所以，「相成」和「相害」之間也具有「成害」無礙的關係，如是重重無盡便可以構成法界的一大緣起。

就「理」、「事」之間的靜態關係方面，此處討論的「一」、「異」問題，即兩者是兼容抑或排斥的問題。先就「理」、「事」二者的「相即」關係，凡二門：

> 七、真理即事門，謂凡是真理必非事外，以是法無我理故。事必依理，理虛無體，是故此理舉體皆事，方為真理。如水即波無動，而非濕故，即水是波。思之。

> 八、事法即理門，謂緣起事法必無自性，無自性故，舉體即真。故說眾生即如，不待滅也。以波動相舉，體即水故，無異相也。〔註99〕

站在「理」的角度，真「理」是從「事」法中得以體認的，並不是離開「事」法獨存一個「理」的東西，這就是「法無我」的一種表現形式。同時，這種無體之理、舉體皆事之理，才是真理。另一方面，站在「事」法的角度，事法因緣所生、本身無自性，因此其當體即為空性之「真理」。以水、波為譬喻則水隨風等緣而起即成波，也就是「水即波」；而波本質上為水，亦即「波即水」。此外，上文所提到的《佛說不增不減經》對於如來藏給予了較豐富的闡釋，如說：

> 不離眾生界有法身，不離法身有眾生界；眾生界即法身，法身即眾生界。舍利弗！此二法者，義一名異。〔註100〕

〔註99〕〔唐〕法藏：《華嚴發菩提心章》卷一，載《大正藏》第 45 冊，第 653 頁中～下。

〔註100〕《佛說不增不減經》，載《大正藏》第 16 冊，第 467 頁中。

此中說明：眾生界和法身二者本質意義上是「一」，但由是否被煩惱所纏而呈現差異，此差異在「名」而不在「義」，也就是眾生界和法身並無本質性的差異。事實上，這部經提到眾生界有三種法，即真如本際相應體及清淨法、真如本際不相應體及之煩惱纏不淨法、真如未來際平等恒及有法，分別對應清淨真如法界、煩惱所纏不相應不思議法界和眾生界；這三種法都是「真實如，不異不差」，從而破除關於眾生界有增、減的二種邪見。〔註101〕

再就「理」、「事」二者相非的關係，凡二門：

> 九、真理非事門，謂即事之理而非是事，以真、妄異故，實非虛故，所依非能依故。如即波之水，非波，以動、濕異故。
>
> 十、事法非理門，謂全理之事，事恒非理，性、相異故，能依非所依故，是故舉體全理而事相宛然。如全水之波，波恒非水，以動義，非濕故。〔註102〕

站在「理」的角度來看，真理是從「事」法中得以體認的，從而表明「理」和「事」從真妄角度的區分，兩者具有相對的實在性和各自規定性，是不可混淆的。從能所角度說，則是能依和所依不能混為一談。另一方面，站在「事」法的角度來看，「事」法本身並不直接就是「理」，否則便毋須「理遍於事」了。從本質和現象的角度講，「理」和「事」的性質、表相是分明的、有區分的，不能混淆。此中復以水、波為譬喻，因為非本質性的特徵有差異，所以「水非波」、「波非水」。

《發菩提心章》在此一門的最後，對十門的關係進行了簡要說明：

> 此上十義同一緣起，約理望事，則有成、有壞，有即、有離；事望於理，有顯、有隱，有一、有異；逆順自在，無障無礙，同時頓起。深思，令觀明現。是謂理、事圓融無礙觀也。〔註103〕

這個小結從六個方面說明了理事之間圓融無礙的關係，在十門開啟的基礎上提煉了其內在的聯係，將行布之十門圓融統攝於對觀行的準備上：

第一，「十門同一緣起」，從總的角度說明行布次第具有圓融義。理、事兩者的無礙關係，就像行布門中的寄位修行或者行布不礙圓融的詮釋結構一樣，這種理、事的設置，就是為了給普通修行者以能夠進入圓融無礙見地的

〔註101〕《佛說不增不減經》，載《大正藏》第 16 冊，第 467 頁中～下。
〔註102〕〔唐〕法藏：《華嚴發菩提心章》卷一，載《大正藏》第 45 冊，第 653 頁下。
〔註103〕〔唐〕法藏：《華嚴發菩提心章》卷一，載《大正藏》第 45 冊，第 653 頁下。

門徑，後者正是以分別和有限為其生命的現狀和認知特點的。同時，理、事的分析與綜合，這一詮釋結構本身也是寄位〔註104〕或行布不礙圓融〔註105〕詮釋方法的具體運用。

第二，站在「理」的角度來看待理與事法的關係，有成、壞和即、離兩類關係。成、壞的關係反映的是理、事之間轉化的、屬於動態的關係；即、離則是反映兩者是包含、無關等、屬於靜態的關係。

第三，站在「事」法的角度來看待事、理的關係，有顯、隱和一、異兩類關係。與「以理望事」相類似，顯、隱的關係反映的是理、事之間轉化的、屬於動態的關係；一、異則是反映兩者是包含、無關等、屬於靜態的關係。

第四，無論是「以理望事」還是「以事望理」，抑或成壞、即離、顯隱、一異四對關係，皆屬於「逆」和「順」的範疇，但從如上文的討論都可以看到兩個相反角度具有的自在不妨礙特性，即「逆順自在、無障無礙」。

第五，順、逆雙方是同時、頓起的。一方面說明了具安立性質的雙方，皆具有觀待性，故同時起、同時謝滅、互為成立之因及果。另一方面，也是進一步遣除對於安立雙方的自性見，不斷破除有齊限、遠離圓融的凡情見。

第六，「深思，令觀明現」反映的是由教入觀的提示。無論是任何道理和知見，皆需要匯入到行門實踐，即需要通過結合身心之實踐予以體會、落實、檢驗、熟稔、穩固，乃至任運。而導入觀行最適宜的情形便是於正見之「深思已」。這是因為由正見聞法便由對法的好樂、喜悅作為驅動，進而行持得以篤定，由行之因則最終導致相應的果。另一方面，如果單純停留在「深思」，並不意味著能夠對此正見有穩固、篤定的認知，相反，沒有不落實於身口二業之「善用其心」，似不圓滿，甚至也並不是「善」用其心。〔註106〕

〔註104〕〔唐〕法藏：《華嚴一乘教義分齊章》卷二，載《大正藏》第45冊，第489頁中、490頁上。

〔註105〕〔唐〕法藏：《華嚴經探玄記》卷一，載《大正藏》第35冊，第108頁下；〔唐〕澄觀：《大方廣佛華嚴經疏》卷一，《載大正藏》第35冊，第504頁中）。

〔註106〕如晉譯《華嚴經·淨行品》中：「菩薩成就身、口、意業，能得一切勝妙功德」（《大方廣佛華嚴經》卷六，載《大正藏》第9冊，第430頁中）及唐譯《華嚴經·淨行品》中：「若諸菩薩善用其心，則獲一切勝妙功德」（《大方廣佛華嚴經》卷十四，載《大正藏》第10冊，第69頁下）。可見善用其心背後尚需成就殊勝之三業大用。

（三）法界的周遍含融

在理事無礙觀中，對理、事之間的存亡、逆順等方面進行融攝，在此基礎上，周遍含容觀則進一步達到「理」、「事」之間的「遍攝無礙，交參自在」〔註107〕，從而提供了由「理事無礙」契入「事事無礙」〔註108〕的途徑。此處也是略開十門而加說明。十門中，分別站在「理」和「事」法的角度來看待對方，則有一而多、多而一的關係，最終匯歸無礙；就理、事之間的遍、容、攝的關係出發，最終亦是匯歸普融一致、無障無礙，令圓明顯現。

在樹立理事無礙觀的基礎上，對理、事之間的關係重新審視，就有了此處「理如事門」、「事如理門」和「事含理事無礙門」這三門。關於前二門的文本，清涼澄觀在其注疏《華嚴法界玄鏡》中談到了關於其名稱上的差異性，也就是在「理如事」和「事如理」後邊是否還有「現」和「遍」二字的問題：

> 乍觀釋文，多「遍」、「現」義。細尋成局，但有「遍」、「現」，闕餘義故。「遍」、「現」二字，諸本多無；無則義寬，今依無本。〔註109〕

此處澄觀就版本和義理兩方面對這部分文本進行考察。可見，早在澄觀所處的時代，杜順之《華嚴法界觀門》就有了版本的差異，似乎流傳有多個版本。我們知道，無論是抄寫本還是印刷本，如果不是專業人員，必然在謄抄或者刻印的時候有產生錯誤的可能性。而包括缺字、衍文、訛誤在內的版本錯謬，其結果往往造成對文字理解上的歧義。而專門研究者，則需通過文字相背後的義理來辨析文字是否缺漏、增添或者訛誤。澄觀對此理解的出發點是祖師著作中的文字少有侷限性的信賴感，也就是對祖師的言教是報以信心的。以此為出發點，就能瞭解到澄觀認為的注疏中的「理如事現」和「事如理遍」說法的侷限性，因為這樣的說法對「理」和「事」法都有了額外的規定性，從而缺少了其他的意義，結合對杜順和尚的信心，那麼這種明顯的侷限性就不應被認定為《法界觀門》原文所應具有的文字。不過，這僅僅是文字相背後「應該」之義理，實際的情況還需證據確認，故澄觀繼續以所見許多版本無「遍」、「現」二字為理由來強化這一推斷。事實上，我們今人所見的《華嚴發菩提心章》所引《法界觀門》以及《法界觀門》相關注疏中皆無「遍」、「現」二

〔註107〕〔唐〕法藏：《華嚴發菩提心章》卷一，載《大正藏》第45冊，第653頁下。

〔註108〕〔唐〕澄觀：《華嚴法界玄鏡》卷二，載《大正藏》第45冊，第680頁上。

〔註109〕〔唐〕澄觀：《華嚴法界玄鏡》卷二，載《大正藏》第45冊，第680頁中。

字，也說明了澄觀的這一立場廣為後人所接受。〔註110〕

第一「理如事門」是站在「事」的角度來看待「理」法：

> 一、理如事門，謂事法既虛，相無不盡；理性真實，體無不現。
> 此則事無別事，即全理為事，是故菩薩雖復看事，即是觀理，然說
> 此事為不即理。〔註111〕

因為「事」法本質上是虛的而不是實的，從而保證了其在相狀的呈現上具有多樣性，最終能使相狀無盡；而「理」的體性是真實的，因此隨舉一件事，那麼理體就可以顯現出來，所以全部之「理」就是在一件件「事法」之中。而此中「事」法中的「理」，並不是額外的什麼，就是空性。按照澄觀的補充，「理」是「以虛名為實體」，除此之外「無別事」〔註112〕。這實際上就意味著當體即空，也就是在觀空性時就是以「事」法為所緣，緣起當下就是空性。另一方面，雖然觀「事」法就是觀空「理」，當體即空，但「事」法和真「理」在現象層面上的差異宛然存在，「事」、「理」是有區分的，從而也不會損壞其各自的相對規定性。與理事無礙觀中的周遍關係不同，此處的「理」是通過「事」法的形式表現出來，從而有了「事事無礙」的意趣。

第二「理如事門」則是換了一個角度，從「事」法的角度來看待「理」：

> 二、事如理門，謂諸事法與理非異，故事隨理而圓遍。遂令一
> 塵普遍法界，法界全體遍諸法時，此一微塵亦如理性，全在一切法
> 中。如一微塵，一切事法亦爾。〔註113〕

「事」法與「理」是非異的，因此能攝「理」於「事」法，即其中的「事隨理」；而「理」具有的「圓遍」特性，即無分別、普周遍的性質，所以在「事」法攝入「理」之後再來看，則「事」法也是普周沙界、量等虛空的。第二句則

〔註110〕作者曾以「理如事現」為關鍵詞在大正藏的官網進行檢索，發現只有兩條信息，且皆為於此處有關的辨析文字（http://21dzk.l.u-tokyo.ac.jp/SAT/ddb-sat2.php?key=%E7%90%86%E5%A6%82%E4%BA%8B%E7%8F%BE&mode=search&uop=1，檢索時間：2019 年 1 月 5 日）；而以「理如事」為關鍵詞檢索，則有 28 條信息，包含《撫州曹山元證禪師語錄》、《圓悟佛果禪師語錄》、《宏智禪師廣錄》、《佛果圓悟禪師碧巖錄》、《宗鏡錄》、《景德傳燈錄》、《續傳燈錄》、《金光明最勝王經玄樞》、《華嚴五教章匡真鈔》等中日兩國從唐代至明代的後續著作。

〔註111〕〔唐〕法藏：《華嚴發菩提心章》卷一，載《大正藏》第 45 冊，第 653 頁下。

〔註112〕〔唐〕澄觀：《華嚴法界玄鏡》卷二，載《大正藏》第 45 冊，第 680 頁中。

〔註113〕〔唐〕法藏：《華嚴發菩提心章》卷一，載《大正藏》第 45 冊，第 653 頁下。

進一步對理法界和理事無礙法界進行次第性的說明：隨舉極微小之一塵為「事」法之例，因為一塵攝「理」，因此其便具有普遍法界能力，也就是說這一塵之「事」法是遍於「理」的；進一步，因為法界全體遍諸法，所以一塵之「事」法通過攝「理」從而亦如法界一樣，具有遍於一切法的可能，這就是理事無礙，同時也是一「事」角度的「事」、「事」無礙；最後，因為是隨舉一微塵來說明，這一塵能達到的單方面的「事事無礙」，所以，遵循同樣的理路遍及任一微塵，從而最終達到圓滿的「事事無礙」。實際上，「事事無礙」即「重重無盡」，因為其中的每一件事法都是攝「理」之「事」法。

　　在分別從「理」和「事」法角度來看待「周」和「遍」，達到「理事無礙」乃至「事事無礙」之後，仍需要第三「事含理事無礙門」來將「理」和「事」法加以「含容」而納為一爐：

　　　　三、事含理事無礙門，謂諸事法與理非一故，存本一事而能廣容。如一微塵其相不大，而能容攝無邊法界，由剎等諸法既不離法界，是故俱在一塵中現。如一塵，一切法亦爾。此事理融通非一非異故。總有四句：一、一中一；二、一切中一；三、一中一切；四、一切中一切。各有所由，思之。〔註114〕

實際上，前二門因為是站在「理」或「事」法角度來講兩者關係，雖然能夠最後導入或者接近「事事無礙」，但表述和闡發的並不充分。此處第三門則將每件攝「理」之事法「事事無礙」的「含容」關係酣暢淋漓地表述出來。作為其邏輯起點的「諸事法與理非一」，其中「諸事」與其說是「許多事」毋寧理解為「事事」，也就是每件事，因為但凡有一「事」不符合此種描述，則「諸事」之說便不得成立；而實際的情況也是如此，每件「事」法都是與「理」具有「非一」的關係的。又，上二門之「如」，有「非異」的意味，因此此處從「非一」出發來進行的討論，就與前二門合起來作為關於「周遍」和「含容」的完整論述了。這一門中所謂的「存本一事」即所說的「非一」，也就是從現象上不破壞此一「事」法的相對規定性，不壞其「相」〔註115〕；由不壞相才能成立「能含」，進而就具有「廣容」性質。因此，在後文以「一微塵」為例時，便有「一微塵其相不大」，同時「能容攝無邊法界」的說法。而基於「理」、

〔註114〕〔唐〕法藏：《華嚴發菩提心章》卷一，載《大正藏》第 45 冊，第 653 頁下～第 654 頁上。

〔註115〕〔唐〕澄觀：《華嚴法界玄鏡》卷二，載《大正藏》第 45 冊，第 680 頁下。

「事」能夠「融通」、「非一非異」，從而就具有「含容」義。法藏此處仍依四句來說明「一」與「一切」的關係：就「事」與「理」「非一」則能不壞「事」法之相而成立「能含」；就「理」與「事」「非異」則能成立「攝理之事」具有能攝「事」的能力。由此，無論是「一」事還是「一切」事，皆都可以與「一」事、「一切」事相攝，最終如帝網般成為「含容」關係。

在一至三門將「周遍」、「含容」進行分別闡釋後，第四門便開始進一步對三種關係進行多角度的闡釋，為最終圓滿事事無礙觀打下基礎。

第四門是「事」法與理「周遍」的再深化：

> 四、通局無礙門，謂諸事法與理非一即非異故，令此事法不離一處，即全遍十方一切塵內。由非異即非一故，全遍十方而不動一位，即遠、即近、即遍、即住，無障、無礙。〔註116〕

通局無礙門處理的是「事」法與「理」之間的「通」、「局」關係。所謂「通」，就是遍在一切處之意，而與之對應的「局」便是「不遍」和侷限的意思，此處即是對上面「俱遍」義的補充說明，防止行者滯「俱遍」而壞事相的相對規定性。〔註117〕關於兩者的「通」、「局」關係，此處又通過「非一即非異」和「非異即非一」兩方面加以說明。所謂「事」法與「理」非一，也就是兩者各自具有的相對規定性，由這個基礎便能引發兩者非決定性的「異」，即成立兩者的觀待性。由「事」法與「理」的觀待性，便有了雖「事」法宛然存在，但同時亦能使其遍布於十方一切事物之中。另一方面，由於「事」法與「理」的觀待性，從而自然地得出兩者並不是「同一物」的結論，從而保障了在這種「全遍」的同時，「事」法和「理」保有各自規定性。上述兩方面使「事」法和「理」在遠近、遍住這兩對看似矛盾的問題上得到統一，從而呈現「無障礙」的關係。所謂的「通」，便是這種「全遍性」，而「局」便指的是各自的規定性，而最終因「事」法與理的觀待性而呈現「通」、「局」的無礙關係。

第五門是「事」法與「理」「含容」的再深化：

> 五、廣陜無礙門，謂諸事法與理，非一即非異故，不壞一塵而能廣容十方剎海；由非異即非一故，廣容十方法界而微塵不大。是

〔註116〕〔唐〕法藏：《華嚴發菩提心章》卷一卷一，載《大正藏》第45冊，第54頁上。

〔註117〕〔唐〕澄觀：《華嚴法界玄鏡》卷二：「第二俱遍今不壞相有不遍義遍即是通，不遍是局」（載《大正藏》第45冊，第681頁上）

則一塵之事，即廣、即陝、即大、即小，無障、無礙。〔註118〕

廣陝無礙門中「陝」是「狹」之異體字，此門處理的是「事」法與「理」關係之「廣」、「陝」這一對關係。所謂「廣」，就是廣含容納一切之意，而與之對應的「陝」便是「不廣」和不具備含容性質的意思，此處是對第三門「含容」義的補充說明，防止行人有滯「含容」而壞「一塵」事相的傾向〔註119〕。關於兩者的「廣」、「陝」關係，此處如第四門亦是復開「非一即非異」和「非異即非一」兩方面加以說明。所謂「非一」，即「一塵」與「十方剎海」兩者各自具有相對規定性，由這個基礎便能引發兩者非決定性的「異」，即成立兩者的觀待性。由此觀待性則能使「一塵」宛然存在，但同時亦能使其廣容「十方剎海」。同時，由於「一塵」與「十方剎海」觀待性，從而自然地得出兩者並不是「同一物」的結論，從而保障了在這種「含容」的同時，「一塵」不因「含容」而被破壞。另一方面，「一塵」與「十方剎海」的觀待性也意味著兩者是非同一性的，從而保證「含容」的同時「一塵」不會變大。上述兩方面使「一塵」之「事」法在廣陝、大小這兩對看似矛盾的問題上得到統一，最終呈現「無障礙」之關係。此處的統一，是就「含容」的角度，而與前一門之「周遍」角度共同構成了圓滿的「理」、「事」和部分「事」、「事」的相攝關係。

在深度理解「周遍」、「含容」這對範疇的基礎上，進一步對此兩者應加以融通，即成第六門：

六、遍容無礙門，謂此一塵望於一切，由普遍即是廣容故，遍在一切中時即復還攝彼一切法，全住自一中；又由廣容即是普遍故，令此一塵還即遍在自內一切差別法中。是故此一塵自遍他時，即他遍自，能容、能入同時，遍、攝無礙。思之。〔註120〕

與上述討論「事」法和「理」，或者一「事」與另一「事」這樣「一對一」模式不同，從第六門便開始關於「一」、「多」關係的討論。此門為由具體的「一」、「一」關係過渡到普遍的「一」、「一」關係，即「遍」與「容」的無礙性。所謂「普遍即是廣容」，是「一塵」和「一切」的關係，「一塵」能夠遍在「一切」中，會以此認為是「普遍」，而此處法藏鮮明指出這種「遍在」也是「含容」

〔註118〕〔唐〕法藏：《華嚴發菩提心章》卷一，載《大正藏》第45冊，第654頁上。

〔註119〕〔唐〕澄觀：《華嚴法界玄鏡》卷二：「三明如理包含。今由與理有非一義。不壞陝相而能廣容」，載《大正藏》第45冊，第681頁上～中。

〔註120〕〔唐〕法藏：《華嚴發菩提心章》卷一，載《大正藏》第45冊，第654頁上。

的表現。這是基於「一塵」本質是空來考慮的：一方面，就現象上「一塵」是「遍」於「一切」，這是隨順世俗諦的，即普通人認知層面的觀察與理解；另一方面，所謂的「普遍」和「含容」，不是決然而然的對應於一般理解的「大」和「小」，上一門是通過「大小無礙」來融通此事，而此處則直接通過「普遍即含容」來消弭即便言詮層面還存在的「大小」之別，最終實現對執取大小之分別的超越。需要指出的是，此處所能承載「遍容」關係的只是「一」，而「一切」之「多」的能力，則需要第七門加以呈現。

在說明「一」個具體的「塵」法為主體的「遍」、「容」關係基礎上，下一步就需要以「一切」為主體，對其中的「攝」、「入」關係進行深觀，便復有開第七門：

> 七、攝入無礙門，謂彼一切望於一法，以入他即是攝他故，一切全入一中之時，即令彼一還復在自一切之內，同時無礙。又由攝他即是入他故，一法全在一切中時，還令一切恒在一內，同時無礙。思之。〔註121〕

所謂「入他即是攝他」，是「一塵」和「一切」的關係。由第六門可知，「一塵」能夠「入」於「一切」中，便是「普遍」於「一切」。此處，法藏更進一步指出，這種攝入的關係是「一切」入「一」之後，依照相同的模式最終使自身「還復在自一切之內」，即可通過「如一切入一，一切入一一亦爾，一切入一切亦爾」的次序最終達到「全入」而「無礙」的通暢關係。另一方面，任一「法」具有的「攝」之功能，從而「一切」亦具有此能力；不但如此，而且依照上邊「入」的模式，「全攝」也是「無礙」的。上一門是通過「遍容」關係來說明「一」之能力，而此處則討論了「一切」之「多」法的「攝入」能力。不過，儘管此處對「事」法是「一塵」與「一切」的關係，即「一多」關係之探討，但就「主體」來說，卻只是「一」個「一塵」和「一」個「一切」，本質上主體的關係仍是「一對一」〔註122〕。這樣安排的理由是：此處只是最終融通前的次第性階段之一，而並是不最終的周遍含容義，因此可以認為這一門仍是屬於行布次第中的一部分內容。

〔註121〕〔唐〕法藏：《華嚴發菩提心章》卷一，載《大正藏》第45冊，第654頁上。
〔註122〕〔唐〕澄觀：《華嚴法界玄鏡》卷二：「次由普遍下，釋有二對。初遍即是容，唯一遍一容；後又由下，容即是遍，亦是一容一遍」，載《大正藏》第45冊，第681頁中。

以第七門「攝入」關係為基礎，則進一步能夠成立第八、九門的「交涉」、「相在」關係。前者是站在「一」法的角度看「一切」法，後者則是進一步呈現多重的「攝入」關係：

　　八、交涉無礙門，謂一法望一切有攝、有入，通有四句：謂一攝一切、一入一切；一切攝一、一切入一；一攝一法、一入一法；一切攝一切、一切入一切。同時交、參無礙。

　　九、相在無礙門，謂一切望一，亦有入、有攝，亦有四句：謂攝一入一；攝一切入一；攝一入一切；攝一切入一切。同時交、參，無障、無礙。〔註123〕

第八門與第六門的區別在於，第六門的「一塵」是偏限性的法，不具有「攝入」能力，而第八門則是超越了限定性而具有「攝入」能力的「一」法。此門開四句加以說明其「交涉」、「參照」、「無障礙」的關係：「一攝一切」是「一」為能攝、「一切」為所攝，「一入一切」是「一」為所攝、「一切」為能攝；第二句「一切攝一、一切入一」，是將第一句的能所交涉關係從相反的角度進行說明，從而保證了論證的完整性；第三句和第四句皆是兩個類似的法之間的能所交涉關係，即第三句的此「一」與彼「一」關係，第四句的此「一切」與彼「一切」關係。由上述四句就遍及了「一」法與「一切」法之間能夠存在的各種關係的可能性。在澄觀的解讀中，更以鏡子之間的互相顯影作為譬喻來加以說明。〔註124〕

第九門所謂「相在」中的「在」指的是「攝法而入」，「自法攝法入他法」加上「他法攝法入自法」即是「相」。這裡「相在」的能力，正是建立在第八門的「攝入交涉」基礎上的。此門亦開四句說明其各種可能性。第一、二句的主體是「一切」法，因為確立了它對「一」法和「一切」法都能成立「能攝」的角色，從而無論是「攝一」還是「攝一切」，都可以依照第八門的規則將之「攝入」隨舉之「一」法之中。另一方面，如第三、四句所說，這個具有該攝「一」法和「一切」法能力的「一切」法，進而亦能「攝入」隨舉之「一切」法之中。

由上可見，第七門的主體是包含作為主體和集合雙重意義的「一切」，討論其與作為普遍意義的「一」法（而非「一塵」）之間的「攝入」關係，從而

〔註123〕〔唐〕法藏：《華嚴發菩提心章》卷一，載《大正藏》第45冊，第654頁上。
〔註124〕〔唐〕澄觀：《華嚴法界玄鏡》卷二，載《大正藏》第45冊，第682頁上。

由「一多」分立基礎上的「遍容」關係引導到了對「攝入」關係的理解。在對「遍容」的理解這個基礎上，超越性地轉化為「攝入」關係，由第八門和第九門就直接地通過「交涉」、「相在」這兩對關係將「一」和「一切」的不平等性消除殆盡了。值得指出的是，第六門通過「事」法的一多之辨也隱約地包含了對「一多」之別的融通，第七至九門接續這個思路漸次地為最終破除「一多」自性分別提供了前導基礎。

第八、九門中將對「一」、「多」關係的自性見通過先安立後破除的方式加以消除，第十門則是直接通過「普融無礙」的直接安立的方式消除一切言詮和意涵的不平等性，同時不妨礙逐一行布及其無盡的呈現形態：

> 十、普融無礙門，謂一切及一，普皆同時，更互相望，一一具前兩重四句。普融無礙，準前思之。令圓明顯現，稱行境界，無障、無礙。深思之，令現在前也。〔註125〕

在第十門這裡，所有的「一切」法和所有的「一」法得以「普融」和「無礙」。實際上，在前九門的基礎上或者在第七至九門的基礎上，第十門的普遍性才得以水到渠成。澄觀在對這一門做解釋時，特別將之與「十玄門」進行了對照，進而得到「是故十玄亦自此出」〔註126〕的結論。在《華嚴經探玄記》中，法藏列舉的「十玄門」為：

> 第九顯義理分齊者。然義海宏深微言浩瀚，略舉十門撮其綱要。一同時具足相應門。二廣狹自在無礙門。三一多相容不同門。四諸法相即自在門。五隱密顯了俱成門。六微細相容安立門。七因陀羅網法界門。八託事顯法生解門。九十世隔法異成門。十主伴圓明具德門。〔註127〕

這與乃師智儼的「古十玄」〔註128〕有所區別。首先，在順序上，「因陀羅網境界

〔註125〕〔唐〕法藏：《華嚴發菩提心章》卷一，載《大正藏》第45冊，第654頁上。

〔註126〕〔唐〕澄觀：《華嚴法界玄鏡》卷二，載《大正藏》第45冊，第683頁上。

〔註127〕〔唐〕法藏：《華嚴經探玄記》卷一，載《大正藏》第35冊，第123頁上～中。

〔註128〕〔唐〕智儼：《華嚴一乘十玄門》卷一：「一者同時具足相應門（此約相應無先後說）　二者因陀羅網境界門（此約譬說）　三者秘密隱顯俱成門（此約緣說）　四者微細相容安立門（此約相說）　五者十世隔法異成門（此約世說）　六者諸藏純雜具德門（此約行行）　七者一多相容不同門（此約理說）　八者諸法相即自在門（此約用說）　九者唯心回轉善成門（此約心說）　十者託事顯法生解門（此約智說）」（載《大正藏》第45冊，第515頁中）

〔註129〕門」、「秘密隱顯〔註130〕俱成門」、「微細相容安立門」、「十世隔法異成門」、「一多相容不同門」、「諸法相即自在門」、「託事顯法生解門」分別由第二、三、四、五、七、八、十位被調整為第七、五、六、九、三、四、八位。其次，在具體的門目上，第六「諸藏純雜具德門」和第九「唯心迴轉善成門」消失，取而代之的是第二「廣狹自在無礙門」和第十「主伴圓明具德門」。據魏道儒教授〔註131〕的評述，法藏的「十玄門」並未有太多創新，只是在十門的順序和個別處做了調整，經過對慧苑的辨正，最終在澄觀的《華嚴經疏》中定型為「十玄門」，而智儼的十玄則被稱為了「古十玄」。實際上，從智儼「古十玄」到法藏的三種「十玄門」，在到澄觀最終的確定，乃至於作為旁支的德相、業用二門來解讀「十玄」〔註132〕，莫不都是發端於智儼的十玄說而由法藏的「三種十玄」集為大成而來的。法藏所使用的三種十玄，與其說是對乃師的理論「創新」，更不如說是一種基於實用角度的開創性運用〔註133〕。在《華嚴經探玄記》中，法藏除了將十玄門視為華嚴教義的重要方面，在玄義「第九義理分齊」〔註134〕中系統闡述「新十玄」，而且還尤為重視發揮十玄門在詮釋經典方面的方法論作用。例如，劃分十宗時提出的第十宗「圓明具德宗」〔註135〕，在解讀〈盧舍那品〉開頭長行的集眾〔註136〕時，還有在判攝〈入法界品〉〔註137〕屬於圓教的問題

〔註129〕按：《探玄記》中作「法界」。

〔註130〕按：《探玄記》中作「隱密顯了」。

〔註131〕魏道儒：《中國華嚴宗通史》，南京：江蘇古籍出版社，2001年，第152～155頁。

〔註132〕〔唐〕慧苑：《續華嚴經略疏刊定記》卷一，載《卍續藏》第3冊，第591頁中～第593頁下。

〔註133〕在本文的意義上，這個實踐更多的是法藏運用「十玄」思想和具體內涵解讀和發揮《華嚴經》及其在創宗立說過程中的運用。

〔註134〕〔唐〕法藏：《華嚴經探玄記》卷一，載《大正藏》第35冊，第123頁上～第124頁上。

〔註135〕〔唐〕法藏：《華嚴經探玄記》卷一：「十圓明具德宗。謂如別教一乘，主伴具足無盡自在所顯法門」（載《大正藏》第35冊，第116頁中）

〔註136〕〔唐〕法藏：《華嚴經探玄記》卷三：「二釋文中有二。長行偈頌。初中亦二，先眾集，二顯德。初中亦二，先集後結。初中十方即為十段，一一方皆有七……五主伴俱來，明具德圓滿……」（載《大正藏》第35冊，第151頁下～第152頁上）。按：實際上在每一會的集眾中，幾乎都運用的「主伴」這一對關係來探討會中說聽法者，茲不贅述。

〔註137〕〔唐〕法藏：《華嚴經探玄記》卷十八：「三所說經從所詮立名，謂智用宏舒名為普照，所照深廣稱為法界，即是入法界經也。具足主伴是圓教法門」（載《大正藏》第35冊，第453頁上）。

上，都是運用了「主伴圓明具德門」的標準。可見，法藏對十玄門的使用不拘泥於固定的順序，而是根據實際情況來使用，從此側面也能窺見其治學、修證以及繼承發展華嚴宗方法論的態度。

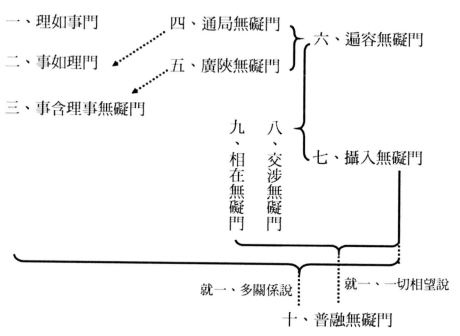

圖 4-2　周遍含容觀十門的關係

實際上，周遍含容觀的十門本身，就是「十玄門」的雛形。從「第一理如事門」到「第三事含理事無礙門」，不但是對「理事無礙觀」的深刻總結與昇華，更是對「理」、「事」這對範疇具有的「圓融無礙」關係的確定。由這個「理事無礙」的本體認識，進而導入對一切緣起法界的認識，即方法論，從而由「理事無礙」之「理」攝入以「理事無礙」觀「無盡緣起」這樣一個「事」法，在認識領域抬升一個層級的「理事關係」，由此螺旋上升、重重無盡。需要指出的是，開啟這一攝「理」入「事」的鑰匙，就是「理」法、「事」法的本質是「真空」；換言之，真空觀保證了「理事無礙」的可能性、可行性，「理事無礙」的進一步發揮和圓滿，即「周遍含容」。而作為方法論呈現的「理事無礙」，則在「古十玄」中成為「託事顯法生解門」，即透過現象界來體察本質〔註138〕。另一方面，「第三事含理事無礙門」因為具有了「含容」關係，從而

―――――――――――――――――――――――――――――――――――――

〔註138〕按：並不能運用「本體界」來說明現象界背後的意涵，實際上，現象本身就是本質，即「當體即空」。

也蘊含了「微細兼容安立門」的意味。「第四通局無礙門」因「不離一處」而成「諸法相即自在門」。「第五廣狹無礙門」至「第七攝入無礙門」對應於「諸法相即自在」和「廣狹自在無礙」諸門；「第八交涉無礙門」蘊含「隱密顯了俱成門」；「第九相在無礙門」就是「因陀羅網法界門」，「第十普融無礙門」就是「同時具足相應門」。由上可知，周遍含容觀中通過「第一理如事門」到「第九相在無礙門」而漸次圓滿「普融無礙門」，隱含了「十玄」思想，為智儼明確提出「古十玄」繼而由法藏、澄觀發揮整理並將之確定為「新十玄」提供了參照。從這個意義上看，《法界觀門》的禪法和思想源頭應早於智儼總結「古十玄」，而其相傳為杜順所作似為合理的。

三、法藏初發心觀修的特點

　　法界觀門就是周遍含容觀為「主」與真空、理事無礙二觀為助「伴」的關係，可以從「主伴圓明具德門」的角度來理解三觀：無論是依照次第，還是直接運用周遍含容觀，作為主要觀修法門的「周遍含容觀」對初發心修行具有重要意義。

（一）周遍含容觀開啟發菩提心觀修的大門

　　周遍含容觀提供發菩提心由願導行的指導，從而以知行結合的方式將願菩提心和行菩提心統攝在一起而起修。如果初發心的觀修止步於意業層面，那只是一種願望，仍停留在能所對立的層面。周遍含容觀所解決的，正是通過願行的雙運，抵達能所雙泯、最終圓滿的彼岸。周遍含容觀首先表現為一種見解的體悟，這種體悟的所緣直接就是初發菩提心、法界，初發心側重法界之因位說，而法界則是初心圓滿之果。行人以果為所緣，通過憶持菩提初心，經由事相上的起修而圓滿對法界的體察。當然，知見的轉變只是作為導入行持的信心、驅動力和檢驗標準，因而也是修行之前方便。實際上，如果對周遍含容觀的體會越深，就會越有運用這一觀修方法來觀察萬法，不但以此能觀色、心二法之有為世界，還可漸次以法界為所緣進行觀修。通過觀修，將注意力從知見轉移到周邊宛然的現象界，即以事法界為所緣，進而通過不斷的起觀，漸次任運而體察當體即空，即理法界。此時，便可以憑藉真空觀來檢驗之。此一次第檢驗通過後，便可進入理事無礙法界的觀修，仍以周遍含容觀的方法來緣「事」法，而此時的事法也是已經「攝空理之事法」，從而為以理事無礙為目標而起修提供良好開端。由事法界、理法界再

到理事無礙法界的觀修中，行人的所緣已經將人、法盡攝，這也是將道理上的體會逐步通過所緣的轉化而不斷運用，也就是逐步體證和圓滿周遍含容觀的過程。此時行人將周遍含容「觀」轉為身口意三業之「行」，就更加順暢、減少造作的成分了。理事無礙之任運，即達到事事無礙法界，此部分將在實踐章詳述之。

周遍含容觀是融通「般若」與「方便」、「慈悲」與「智慧」的樞紐。如前所述，初發心是成佛與利他之無盡願行，即成就佛果要以「慈悲」和「智慧」為兩大目標。在紛繁複雜的緣起世界，不是把「空性」當做口號就可以的。將佛法正見和佛陀的生命狀態通過修行逐步體現在行者的身口意三業，除了需要般若慧的指引，無量方便也是需要的。無論是菩薩的六度四攝，還是《華嚴經》中所說的「十波羅密」，般若只是其中的一個方面，而種類更多的內容都含攝到了「方便」法門之中。由此可以認為，「方便」是一種連接佛法核心要義與當下芸芸眾生生命現狀的最佳橋樑，同時也是菩薩度眾的關鑰。不過，「方便」與「般若」從來不是割裂的、分離的，而是統一的。在華嚴的觀修體系中，「周遍含容觀」就通過以「無盡緣起」為所緣而觀法界緣起與空性實相的不二：觀緣起，則運用和增加「方便」的種類和數量；觀實相，則保障了「方便」作為「般若」的助伴，而不失去其「無常、無我、無自性、空」的本質性。因此，以周遍含容觀統攝初發菩提心的觀修，一方面解決了行人在觀緣起與空性時，十分容易落於一邊的弊端，另一方面還直接地將世俗菩提心和勝義菩提心的修行融通起來。

周遍含容觀是解修《華嚴經》的不共視角。雖然我們能夠通過其他經論和佛法基本名相來輔助修持周遍含容觀，並能達到圓滿之境，但直接以《華嚴經》為所緣起修，似更是符合此宗教學之要旨。《華嚴經》中大量的不可思議之境，如果以二元對立、侷限性、固定性、主宰性等遠離佛教緣起法的觀點來看，必然是不可理解、神乎其神，乃至使「心狂亂」〔註139〕的。其原因就在於，如果是以非緣起法的立場來體會《華嚴經》中的事物、境界，因為事法界是固定的、凝然不變的，而同時理法界也是外於事法界的，因此理事無礙是不可能的、或者只是有一定條件才能實現的，而事事無礙則更是神乎其神的，總之一切都是凝然不動、滯礙無窮的。持誦修行《華嚴經》，其最終的目的就是打破這種齊限性，所謂菩薩「不以齊限測如來智」〔註140〕說的就是這樣的一種目標，這便是

〔註139〕《大方廣佛華嚴經》卷五十，載《大正藏》第 10 冊，第 263 頁下。
〔註140〕《大方廣佛華嚴經》卷五十四：「菩薩摩訶薩知如來智無有邊際，不以齊限

以盡虛空、遍法界的無限性作為菩薩應學佛之十種堅固決定解〔註141〕。周遍含容觀的十門，以及後來發展的華嚴十玄門，正是古德祖師為我們開顯的從賢聖行者的視角來解讀《華嚴經》的臨摹方法。《華嚴經》中諸品會的問答，菩薩名號的表法，說法中所依的三昧、所放的光明、放光的部位以及問答中的文義，聽法大眾等「事」都是來烘托作為「理」所攝的當會之機、未來之機，以及所詮的教理、所證之行、所具之德。如果不是用「託事顯法生解門」或者周遍含容觀的前三門作為基礎，理解這些經文只會指向到「神話」，而透過事、理的交融無礙，其背後無論是象徵性、義理性還是操作性，皆有所指，行人即可隨類得解。又比如，「初心成佛」與四（五）十二位行法〔註142〕的關係是「一」是「異」的問題。若沒有「主伴圓明具德門」或者周遍含容觀中通局、廣狹、遍容、攝入、交涉、相在諸角度的無礙，最終達到普融無礙作為基礎的話，那麼「圓融不礙行布」也是難以接受的。再如經中說「一塵」〔註143〕、「一毛孔」〔註144〕中宣說無量法門，而這種不可思議如果沒有「微細兼容安立門」或周遍含容觀的廣狹、遍容等無礙關係的話，則對無盡修多羅的信只能停留在感性的信賴上，並不能從某些側面〔註145〕來進入對這個境界的體會。

測如來智；菩薩曾於無量佛所聞如來智無有邊際故，能不以齊限測度；一切世間文字所說皆有齊限，悉不能知如來智慧」，載《大正藏》第 10 冊，第 288 頁上。

〔註141〕〔唐〕法藏：《華嚴經探玄記》卷十七：「四有十種智印者，以離垢障令德堅固揩定不動故次明也。」（載《大正藏》第 35 冊，第 428 頁下）；按照清涼澄觀之意，「印」更加作為了修證標準而出現，如：《大方廣佛華嚴經疏》卷五十二：「第四十種印者，即審決智，以清淨智決定印可一切法故，故晉本中名為智印。後所結益亦是智印，亦猶三法印等」，載《大正藏》第 35 冊，第 896 頁上。

〔註142〕即：十信、十住、十行、十迴向、十地、等覺、妙覺。

〔註143〕《大方廣佛華嚴經》卷二十六：「於一塵中有不可說不可說世界塵數大會，佛在此中，隨眾生心而為說法，令一一眾生心得若干無量諸法，如一佛，一切諸佛亦如是；如一微塵，一切十方世界，亦復如是」（載《大正藏》第 9 冊，第 569 頁中～下）。

〔註144〕《大方廣佛華嚴經》卷五十六：「我於菩薩一一毛孔中，念念悉見無量無邊莊嚴世界，佛坐道場，成等正覺，於大眾中以微妙音轉正法輪，說種種修多羅，種種諸乘，種種清淨」（載《大正藏》第 9 冊，第 760 頁下）。

〔註145〕例如全息理論、克隆等現代科學，就為我們提供了即便是凡夫最普通的有為法中，也包含了華嚴玄理，更何況是再深度體解現象界了。不過，需要指出的是，正如前一句話在注釋的位置而不是正文，當代科學的實例並不直接等於華嚴教海，而只是法界緣起最淺顯易懂而有限制性的部分呈現而已。

（二）法界觀門是發菩提心修行的無量次第

如果說周遍含容觀直接是修華嚴發菩提心的關鑰，那麼頓修之外尚需漸次之法，以滿足更多人的需要，這樣才能稱得上是「圓」滿之教。實際上，華嚴法界觀門的三觀就提供了無量次第，而對於從「三」到「無限」的體會，仍舊是要依照華嚴教學的觀修模式來進行。

由事入理、攝理入事的次第可以達到對華嚴發菩提心的周遍含容觀。以真空觀為基礎，再進一步修習理事無礙觀和周遍含容觀，就有了知見上的基礎。這一次第也是本章前文所述的內容。實際上，一般學人也是更傾向於從空觀或者般若起修〔註146〕。不過，就每位行者所適合的具體修法路徑仍可能有所差異，這一方面是由於每個人的發心角度、側重、程度等方面都有差異性，而另一方面也與不同學人其自身的學修乃至往昔生命積累有關。因此，即便是總體上的觀修次第是從真空觀體察空性，再由理事無礙觀將攝理之事法為所緣起修，最終契入周遍含容觀任運理事無礙直至事事無礙法界，但就每個人的契入角度和觀修提升的次序也是不盡相同的。比如在體察空性的觀修中，可以有從五蘊和合、生滅無常、十二有支等角度而來起修的，這可以從培養訓練出離心進而擴大為菩提心；也有依空性實相而契入中道義的，這就是從菩提初心而起觀的方式；還有覺照而遠離現象、感覺而契入的方式，這就是臨摹勝義菩提心的方法……等等。而由真空之理進入理事無礙時，可以從遍在、成壞、一異等角度而契入，又可以站在事法角度起修再轉入理體，還可以相反的次第來起修。此時所要解決的，除了有從世俗菩提心轉向勝義菩提心的過程中逐步任運空性正見這一階段性目標外，還可以將「菩提心—空性實相」這一對繼續加以深觀，從而消除其現象施設層面所隱含的自性痕跡，從而達到「不顛倒」的狀態〔註147〕。在運用周遍含容觀起修時，實際上是將世俗菩提心與勝義菩提心相融通而起修，或者直接以圓滿勝義菩提心為目標而起修的過程。例如，從「依正不二」的角度來修周遍含容觀，則有從觀依報開始的方式，也有從正報開始的方式，又可以從依報入正報開始，還可以從正報入依報開始，因循這樣的推導，實際上就有了無數量的起點，而這些起點的選擇皆與行人對觀修體驗的相應度和熟悉程度有關，也就是說起點本身就具有無限的個體、時空等多方面的差異性和可能性。除了上述次第外，

〔註146〕方東美：《華嚴宗哲學》下，北京：中華書局，2012 年：第 624～625 頁。
〔註147〕即深心、大悲心中的第十門。詳見第二章。

周遍含容觀還可以與真空觀、理事無礙觀通過主伴關係的方式來構建次第性觀修方法。其中的助伴仍開「二門方便」，即：真空就「理」及理事無礙就「攝理之事」而起修；而「直接運用」與「二門方便」也是相攝圓融與同時具足的。關於這一點，方東美先生在《華嚴宗哲學》講義中也提出了以「周遍含容觀」統攝華嚴法界三觀的觀點〔註148〕，這不啻為一種從一開始種下華嚴別教一乘教法的「金剛種子」〔註149〕的好方法。此外，需要指出的是，以理事無礙觀作為操作樞紐，統攝餘兩者，行人亦可在日用中將初發心的觀修化為道用。關於這一點將在下一章的實踐中予以詳述，此處從略。

　　華嚴法界三觀各開十門，是細化初心觀行實踐的原理性指南。從總體看，法界三觀與華嚴發菩提心中的三心大體上具有的對應關係：真空觀的十門，從色入空，從空回色，最終無礙直至泯絕無寄，抵達解空的修行效果，這側重對應於以覺了真如為主要內容的「直心」修行；理事無礙觀的十門，從理、事之間的全遍性以及理、事之間的成壞、一異等關係的角度，說明了理事之間的圓融無礙，其觀修的過程更多是對應於修諸善行為目標的十門「深心」修行；周遍含容觀的十門則是從理事無礙到一多無礙、交參涉入，說明了事事無礙的境界，這為以度生為目的的「大悲心」的修行來保駕護航，因為眾生之根器、欲樂、心、業、解等之差別不同而種類無量無邊，需要通過無量的方便來度眾生，而就總體而言，能超越這樣的複雜性非周遍含容觀不能圓成〔註150〕。從具體每一種發心來看，皆需要圓滿具足華嚴法界三觀而得以圓滿。對於「直心」十門，第一「廣大心」和第二「甚深心」是需要借「真空觀」而修，第三「方便心」

〔註148〕方東美：《華嚴宗哲學・下》，北京：中華書局，2012 年：第 570～571 頁、第 641 頁。

〔註149〕〔唐〕澄觀：《大方廣佛華嚴經疏》卷一：「見聞為種，八難超十地之階」（載《大正藏》第 35 冊，第 503 頁中）。

〔註150〕例如在《大方廣佛華嚴經》卷六，提出了菩薩為圓滿佛道而需要修行的眾多法門：「欲安一切眾生類，出生自在勝三昧，一切所行諸功德，無量方便度眾生。或現供養如來門，或現一切布施門，或現具足持戒門，或現無盡忍辱門，無量苦行精進門，禪定寂靜三昧門，無量大辯智慧門，一切所行方便門，現四無量神通門，大慈大悲四攝門，無量功德智慧門，一切緣起解脫門，清淨根力道法門，或現聲聞小乘門，或現緣覺中乘門，或現無上大乘門，或現無常眾苦門，或現無我眾生門，或現不淨離欲門，寂靜滅定三昧門，隨諸眾生起病門，一切對治諸法門，隨彼眾生煩惱性，如應說法廣開化。如是一切諸法門，隨其本性而濟度，一切天人莫能知，是自在勝三昧力」（載《大正藏》第 9 冊，第 435 頁上～中）。

直至第九「無礙心」則應依照「理事無礙觀」而修，而第十「圓明心」則要以「周遍含容觀」來起修方能達到圓滿。對於「深心」的十門，第一「廣大心」需要「真空觀」中的「會色歸空」來契入，否則其中所要求的「一切」行門則成虛言；第二「修行心」至第七「常心」則可以從「明空即色」的角度來起修，這樣可以避免在對無量行門的實踐中落入「空—有」對立，還可以避免因大量的重複性造成的厭煩或是在修行實踐中的艱難險阻所產生的退怯心，同時還可以運用理事的全遍性等來融通行門與悟理的關係；第八「不求果報心」和第九「歡喜心」可以運用「理事無礙觀」起修，避免落入對階段性成果的耽著；第十「不顛倒心」由運用「周遍含容觀」可以遠離耽有和滯空的兩邊。對於「大悲心」的修行，第四「忍苦心」至第八「不求恩報心」都需要「真空觀」來消泯對修行伴隨的苦難以及對結果的有所得之心，從而保證這些過程以理事無礙來攝持；第一「廣大心」至第三「巧方便心」，需要通過理事無礙觀來起修，因為要體會度生之慈悲當下即具足了空性，同時還應運用「周遍含容觀」來泯除對無量事業、無量困難、無邊眾生、無盡的前中後際等這些所緣境、時空、條件等各方面的無限性所產生的怖畏心理〔註151〕；而第九「歡喜心」和第十「不顛倒心」則需要在理事無礙的基礎上，以「周遍含容觀」來對佛果之究竟樂及泯除一切對立而起修。

四、實踐方法

在通過華嚴三觀以行布不礙圓融的方式進行體解之基礎上，尚需要導入修行實踐的具體操作。法藏通過色空章十門止觀，以最為常見的色法為所緣

〔註151〕例如《大方廣佛華嚴經》卷三十九中所說菩薩應該在克服眾多困難，生起無畏時應該具有的品質：「菩薩摩訶薩具足成就巧方便智慧，究竟菩薩諸力彼岸，清淨直心，教化眾生，發大菩提願；於眾生所起大悲故，於煩惱濁世而現受生、現受五欲，畜養妻子及諸眷屬，為化眾生故，菩薩復作是念：『我雖在此，不生惑亂障於菩提解脫三昧法門辯才；若能障礙，無有是處。何以故？菩薩於一切法而得自在，究竟彼岸；修菩薩行，安住菩提。一切世間受生惑亂所不能亂。若能惑亂，無有是處，乃至不見微畏之相。』不見微畏相故，於一切世界示現受生，是為第八無畏……菩薩摩訶薩成就一切諸白淨法，積集善根，成滿一切，諸願通明，堅住菩提，具足成滿菩薩諸行；於一切佛所頂受如來一切智記，教化眾生不捨菩薩行，作如是念：『其有眾生應受化者，若不能應時示現如來境界，無有是處，乃至不見微畏之相。』不見微畏相故，安住無畏，隨受化者，普為應現如來境界，而亦不斷菩薩願行，是為第十無畏」（載《大正藏》第9冊，第650頁上～中）。

來作為示例，通過色空關係開十門的修習，以權且安立能所進而契入能所雙泯的這樣一個次第來實踐從世俗菩提心提升至勝義菩提心的觀修；通過理事圓融義的觀修和純熟，為水到渠成地導入事事無礙法界提供實踐基礎。前者通過色空章十門止觀，是契入空性的觀修，後者則是由理入事、理事無礙契入事事無礙的華嚴無盡法界的觀修，這兩個方面的觀修為行者呈現的是基於哲學省思的思惟修基礎上的禪觀修行，是包括法藏在內的華嚴宗的觀修方法特點之一，體現著由染轉淨、開發佛性的意味。

（一）成就華嚴勝義

色空十門止觀仍是以色法和空性為例說明其觀修的實踐方法，其中包含心境上施設的理事關係、心境泯除基礎上的交參無礙關係以及帝網圓明基礎上的性起大用。如上述關於原理的解讀一樣，此處依循《華嚴發菩提心章》原文的次序來敘述說明這些觀修次第，實際上結合上述的討論我們還可以瞭解到，在這個法藏所提供的次第基礎上，還可以通過主伴關係、相攝關係等給出其他形式的修行次第，這些新的排列組合都可以視為在原論次第基礎上的重組、調整與再解讀。

在起修的開始，對於心和境，在安立層面進行分述也是必要的，這是由於普通行人所直接體察到的（即所謂「現量」）乃是能觀之心與所觀之境並不融合、不唯一的「現實」；同時，在通常情況下「心」與「境」處於混沌的合一狀態，即失念或無覺知。因此，通過觀「心」或「境」將「心」、「境」分離，將有助於發揮「心」所本自具足的了別能力，首先避免將混沌合一誤解為能所雙亡、心境雙泯的境界。在包括心境分立在內的二元對立中，理事關係也是對立二分的，而理與事的關係恰如心與境的關係，由此先展開理事關係的觀修。在《華嚴發菩提心章》的第四色空章十門止觀中，前四門即由分立的心境、理事關係入手，達到無礙的境地。其中，第一門會相歸性門提示了心境的安立方式：

> 第一會相歸性門，於中，有二種：一、於所緣境會事歸理。二、於能緣心攝將入正也。〔註152〕

此門開境、心的觀修方法：對於所緣境，行人起觀的竅訣在「會事歸理」。所謂會「事」法，正是用能觀之心將所觀之境中的現象映像使之成為法塵，其

〔註152〕〔唐〕法藏：《華嚴發菩提心章》卷一，載《大正藏》第 45 冊，第 654 頁上～中。

經由與意根、意識的和合，成為心了別外境之一結果，此一結果即可認為是「一」個「事」法。而由意識造作，並順真空和理事無礙之正見，則能通過如理思維將此「一」「事」法融到正見之「理」上，並將心安住於這種見解中。依此例將其他「事」法會入「理」中，由「一事」之「多次」的如理思維增廣為「多事」之「多次」如理思維，數數憶念、回顧、安住，直至任運。這樣反覆的思維，雖然是從造作起始，但其所緣「事」及正見之「理」被反覆多次的確證，而與之相反的不如「理」同時被屢次證偽，最終能夠於心中接納正見之「理」並安住其中。這種方法是通過觀境契入，故從心緣境之「事」相導引至知見層面之「理」，所呈現的修行過程一般是次第性的。第二種直接從能緣之心契入，因為心的所緣為概念性、抽象性的「理」，故此種方法即能夠提供頓悟的可能。不過，亦可以開出其次第性。事實上，並不是很多體悟都是直接從感官層面而得來的，不少體悟乃是往昔經歷的在意識中的重現，或者從往昔經歷得出的結論性、總結性概念，由此為觀修起點而體察到真空之「理」。不過，無論是從境還是從心契入，皆是通過對「相」的了別進入真空之「性」，由此觀修開啟了直接緣理法界的禪觀。

在此基礎上，進一步通過第二依理起事門直至第四理事雙絕門逐步會通「理」和「事」，達到直接緣理事無礙的禪觀：

> 第二依理起事門者，亦有二種：一者、所歸理非斷空故，不礙事相宛然。二者、所入止不滯寂故，復有隨事起修妙覺觀。
>
> 第三理事無礙門者，亦有二種：一、由習前理事能通交徹，故今無礙也。二、雙現前故，遂使止觀同於一念頓照故。
>
> 第四理事雙絕門者，由事、理雙觀互相形奪故，遂使而雙俱盡，非理非事，寂然雙絕，是故令止觀雙泯，迥然無寄也。〔註153〕

第二門在第一門境、心的基礎上，深入到理、止的觀修：對於緣「境」歸到的「理」，行人要簡除斷滅見，遮止境外別有之空或者斷滅空，其效果是觀空不妨礙事相宛然，不壞世俗諦意義上現象的暫存性。相應地，如果第一門從「心」契入，那麼此時亦不能安住於所謂寂靜的覺受，後者實際上是一種「滯」於空的狀態，這種空無一物的定並不能發揮心的了別功能，以此為究竟便有削弱心發揮抉擇、識別等功能的傾向。因此，這種達到止的過程，並不是禪觀的終結，而是發起「觀」修的前提，而起觀的過程必然要以事法為所緣，但由

〔註153〕〔唐〕法藏：《華嚴發菩提心章》卷一，載《大正藏》第 45 冊，第 654 頁中。

於第一門已經得到正觀之能力，此時的「觀」已經是具有「妙」和「覺」的特徵了。在完成了由境入理、理不礙境或者由心入止、止不妨觀的觀修後，尚需將此中之「不妨礙」的訓練使之純熟直至任運，達到第三門「理事無礙」。這一門就所緣境的方面來描述是理事的交徹，就心的方面來描述就是止觀雙運；這樣的描述不但是一種狀態的敘述，也是作為一種標準來檢驗是否實現了觀修的無礙。進一步地，無礙的狀態尚需昇華，即第四門之「雙絕」者。所謂「雙絕」，就是能所及能所的描述或者標記也都被遮止、遣除，亦即簡除一切的二元對立，而「寂然」就是將「遮止、遣除」這件事再予以遮止、遣除。需要指出的是，華嚴宗的這種詮釋方式，並不是無意義的重複性敘述，而是按照「十門以顯重重無盡」原理對離於言詮之實相的一種詮釋方法。該方法也反映了華嚴宗以無盡緣起或法界緣起為宗旨的解行特點。

　　需要指出的是，上述四門落實到發菩提心的觀行方面，正是設置了般若與方便、法界圓明心與六度萬行的兩類觀修理路。由境入手，藉由境入理，最終理事無礙、絕言寂靜，這是對以方便門的八波羅蜜〔註154〕或六度萬行為所緣的修行思路。這樣的思路特徵是次第漸修為主，頓悟為助伴，是漸頓的主伴圓明；這個方法需要廣修、多聞，所需漫長時間，如經中所說菩薩累生積累福智二莊嚴。如果行人從心入手，繼而直接契入止，則更多是以般若或法界圓明心為所緣而起修。一般認為，這種修證理路是頓悟為主，漸修往往是往昔生命中的準備，如經中說佛陀於娑婆世界示現坐道場、成正覺。總之，法藏此處的思路是漸修不礙頓悟、頓悟不妨漸修，而本質上頓漸兩者是同時具足、炳然齊現的，所謂的頓漸區分，乃是基於第六意識分別心上的侷限性所致。

　　由上四門已經達到事事無礙、寂然絕言，但以上的次第還只是一個開始，因為行人尚有心與境、止與理的分立。在理事融通、止觀雙運的基礎上，還需要對心、境予以融通。第五門即是此意：

> 第五心境融通門者，即彼絕理事之無礙境，與彼泯止觀之無礙

〔註154〕即十波羅蜜中除「般若波羅蜜」和「智波羅蜜」之八者，包括：布施、持戒、忍辱、精進、禪定、方便、願、力。需要說明的是，亦有說禪定波羅蜜與「般若波羅蜜」合為止觀，進而作為慧學，這樣的理解也可以禪定中乃是於一所緣境修「觀」，從這個意義上可以將般若、禪定二度合為一。不過，如果僅僅作為發揮心之正了別作用的前方便而出現的「禪定」，則其只是作為助伴出現。

> 心，二而不二，故不礙心境；而冥然一味，不二而二，故不壞一味，
> 而心、境兩分也。〔註155〕

所謂心境融通，就是對理事無礙之「境」及止觀雙泯之「心」的融通，依照法藏的描述即是「二而不二」。前面的「二」，指的是安立層面「心」、「境」的相對規定性，這避免了兩者在現象層面的混淆。實際上，在一般行人的教理學習時，首先往往是對某宗或傳承所施設的名相之相對規定性予以學習，而相關的討論和論述的展開也有待於對名相及其背後所指含義的確認，否則其結果只能是恣意的混為一談，即便就世俗意義上「學習」也達不到目的。同時，在未確認諸名相的相對規定性時匆忙進行「融通」，最終也只能陷入為了融通而融通的另一種滯礙中去。因此，只有對安立名相這個層面的「二」者其各自的相對規定性有了確認（此時往往運用的是理性思維和邏輯）之後，才有可能將之昇華為「不二」。而「不二」的智慧，則要遣除對之前一切的執著：名相、邏輯理性的「唯一性」等，其最終的效果是「心」與「境」的不相妨礙〔註156〕。然而，這種不相妨礙遠未終結還需要繼續，也就是從冥然一味的狀態發起大用，由「二而不二」轉到「不二而二」。所謂的「不二而二」，正是在泯然一味之後起觀，這種觀不同於心境融通前那種可能還存在侷限性的觀，此時的觀是契入「普賢觀」的，即具有普融無礙性。這就是說，心境合一後呈現的冥然一味之寂靜狀態只是普融無礙性或者此處心境融通的一個方面，若要彰顯這個融通的全貌，需要在寂然的基礎上起觀、彰顯「功用」，其具體特徵是在不影響寂然一味的情況下，所觀之境歷歷齊現，換言之即海印三昧的功用〔註157〕。

　　如果說第五門是對心境融通的總說，那麼第六至第八門便可以視為心境融通大用的分別述說，這樣的詳說為我們進一步呈現了幾個重要的觀修要點。第六門是從「相在」關係來說明：

> 第六事事相在門者，由理帶諸事全遍一事，是故以即止之觀，

〔註155〕〔唐〕法藏：《華嚴發菩提心章》卷一，載《大正藏》第45冊，第654頁中。
〔註156〕這一狀態的究竟形態，在中觀就是緣空性，在唯識就是「入圓成實」，在禪門接近那個關鍵點前的平靜，在淨土就是《大勢至菩薩念佛圓通章》中「都攝六根」後的「淨念相繼」，在觀修本尊的法門中也是高階的修證位次。
〔註157〕這一狀態之究竟，實際上除了華嚴教學提供之海印定外，類似的如中觀中所謂「後得智」、禪門之「悟後起修」等。不過，他宗的描述，往往是進入一個新階段，而華嚴宗依照普賢行的見地，只是將所起大用視為趨向圓滿的另一面，這一點在其他宗派中較為鮮見。

於一事中現一切法，而心無散動。如一事，一切亦爾。〔註158〕

由於行人已將「攝理之事」形成定解，從而有「事可遍一切事」的見地，由此「止即觀」的觀念得以被接受，同時觀行方法得以被運用。其表現為行人能夠在「一事」中見諸一切，我們所謂「一葉知秋」等經驗便是這種所證境界在凡夫位的投影。需要指出的是，這種一事中見法界的過程尚有一個要求，即「心無散動」。前邊已知心的關注點在「一事」上，無散動的意思就是心的所緣境沒有轉換，只是緣此「一事」的同時就能夠「見法界」。因此就這個意義上，「一葉知秋」等的模擬尚不能令人體會此境界中之一分。

第七門是從「相是」關係說明：

> 第七彼此相是門者，由諸事悉不異於理，理復不異於事，即是
>
> 一切而念不亂，如一事，一切亦爾。〔註159〕

所謂「相是」就是彼此是「不異」的：事法不異於理，同時理也不異於事。由此見地出發，要體認到每一念都是具足無限的，與此同時也不破壞一念的短暫性。這一門要說明當下每一個念頭都是圓滿具足的，這些見地在前面做了充分的準備後便能更加容易接受。同時，就一念的短暫性方面講，熟悉乃至任運每一念的觀修，最終亦可以為念念相繼提供最可行的起點，即文中「如一事，一切亦爾」的句式〔註160〕。

如果就別開心境融通而說，前二門分別描述了「交參非一」和「相含非異」的關係，那麼對於這兩個關係尚需要加以融通，即第八門：

> 第八即入無礙門者，由交參非一與相含非異，體無二故，是故
>
> 以止觀無二之智頓現，即入二門同一法界，即心無散動也。〔註161〕

由第六門的「交參非一」和第七門的「相含非異」在體性上是無二無別的，從而在止觀的角度顯現出「無二之智」。文中以「頓」來描述這種智慧的顯現，也就是說明了前面全方位的解行正是這一呈現的準備工作，此時的顯現與之前的準備是「不一不異」的，不可或缺、但也不是顯現本身。這種無二之智的呈現表現有二：第一，即入二門匯入一真法界。第二，同時尚需要保證「心無散動」。也就是說，從依報說是「一真法界」，從正報說是「無散動之心」，然

〔註158〕〔唐〕法藏：《華嚴發菩提心章》卷一，載《大正藏》第 45 冊，第 654 頁中。
〔註159〕〔唐〕法藏：《華嚴發菩提心章》卷一，載《大正藏》第 45 冊，第 654 頁中。
〔註160〕實際上法藏幾乎在很多地方都採用了這一句式。
〔註161〕〔唐〕法藏：《華嚴發菩提心章》卷一，載《大正藏》第 45 冊，第 654 頁中。

而這種依正也是一而二、二而一的，為說明此一問題才權且分出「依正二報」，而實際上並無分別〔註162〕。

在心境融通後，發菩提心的修行徹底泯除了對「願」的執著，亦即圓滿「空、無相、無願」三解脫門。正如《華嚴經》中慣常的表達方式〔註163〕，菩薩一方面契入的真理實相，另一方面又不滯礙於這個清淨，反而是倒駕慈航、廣度群迷。一般的行人能夠發起這樣的美好願望，但真正做到這一點尚需發菩提心的觀行直到事事無礙、心境融通的階段。

初發菩提心的觀行必然以成就佛果為最終目標，而發起無偽不退的菩提心或者見到空性並不都等於成佛和修行圓滿。在心境融通的基礎上，還需要以任運之真心起度眾生之大用。在這一大用的發揮中，帝網重重、主伴圓明是其竅訣，能否通暢而非阻塞地理解帝網與主伴就是決定了華嚴勝義能否圓滿的方法與標準。第九門即引導行人如何運用帝網重重觀：

> 第九帝網重現門者，由於一事中具一切，復各具一切，如是重重不可窮盡。如一事既爾，餘一切事亦然。以止觀心境不異之目頓現一切，各各重重悉無窮盡，普眼所矚，朗然現前而無分別，亦無散動也。〔註164〕

這一門的要點在於對止觀雙泯、心境不異發起大用。這一大用的基礎是將「觀」這一功能集中化，如文所說的「無散動」，這個「無散動」是有效發揮「觀」的功能並使之最大化的前提。這一大用的取得，其效果是現量證得重重無盡

〔註162〕運用能所一對範疇說明亦爾。

〔註163〕例如《華嚴經‧十忍品》之第四如幻忍中有說：「是菩薩雖成就佛國土，知國土無差別；雖成就眾生界，知眾生無差別；雖普觀法界，而安住法性寂然不動；雖達三世平等，而不違分別三世法；雖成就蘊、處，而永斷所依；雖度脫眾生，而了知法界平等無種種差別；雖知一切法遠離文字不可言說，而常說法辯才無盡；雖不取著化眾生事，而不捨大悲，為度一切轉於法輪；雖為開示過去因緣，而知因緣性無有動轉」（載《大正藏》第10冊，第232頁下），這一點提示我們對如幻如化的世俗諦一方面要清楚它的不實在性，但同時也要尊重它的相對穩定性，這種尊重的目的是為了隨順眾生的根、性、欲、解，而隨順眾生本身就是菩提心的生起源泉（如《普賢行願品》中說：「諸佛如來以大悲心而為體故。因於眾生而起大悲，因於大悲生菩提心，因菩提心成等正覺。」見《大方廣佛華嚴經》卷四十，載《大正藏》第10冊，第846頁上）。

〔註164〕〔唐〕法藏：《華嚴發菩提心章》卷一，載《大正藏》第45冊，第654頁中。

悉無有餘，能以普眼觀察，而此時的「所緣境」〔註165〕，如經中以「海印」為譬喻，其每個細節都朗然明澈，細節之間的關聯以及全部的圖景也都如此。需要指出的是，這個帝網重重觀〔註166〕在善財童子那裡是經歷了百城煙水後方在彌勒菩薩處，於毘盧遮那莊嚴藏樓閣中證得，而參訪彌勒菩薩為寄等妙覺位。是故可以說，帝網重重觀是行人即將圓滿佛果位的標誌。第九門是對觀之功能的圓滿詮釋，但圓滿這一觀之大用尚需第十門：

> 第十主伴圓備門者。菩薩以普門之智，頓照於此普門法界。然舉一為主，一切為伴，主伴、伴主皆悉無盡，不可稱說，菩薩三昧海門皆悉安立自在無礙，然無異念也。〔註167〕

所謂「主伴圓備」，就是此為主、彼為伴，彼為主、此為伴，主伴關係是重重無盡、自在無礙的。此時對觀的描述是「無異念」，意即此時的「觀」即具足圓滿之一切，「觀」之外再無他物，這一門最終給我們呈現的是普賢的境界。

帝網、主伴二門，以圓融、行布無礙的關係，將止觀、心境融通及融通後之大用通而攝之，將有助於行人對《華嚴經》「平等因果周」和「彌勒菩薩菩提心贊」的體悟，後二者是華嚴一乘發菩提心不共特色。「平等因果周」的〈如來出現品〉分總、別二門，總說如來出現有十種代表性因緣，其中包括「發無量菩提之心」、「深心」、「大悲心」等〔註168〕，一方面與《發菩提心章》之「菩提三心」相對應。此處的十種因緣皆以無限為所緣，同時這十種因緣也僅是無盡因緣的代表。這樣重重無盡的因緣一旦進入解行階段，就要靠帝網無盡來圓滿體解，並以主伴圓明的方法導入普賢行。在〈如來出現品〉的「別說」內容中，有討論佛心的問題，也就是菩提心之果海，按照法藏所解「佛無心意，但是智」〔註169〕。如果按照華嚴圓教所解，這種「佛智」是「即理即智、即王即數」〔註170〕的，所謂的「即理即智」就是能觀之「智」和所觀之「理」的交參相攝、普融無礙；而「即王即數」也就是說

〔註165〕實際上此處已經不能稱之為「所緣境」了，此處心、境已經合一，即：法界，亦名「自性清淨圓明體」等。

〔註166〕《大方廣佛華嚴經》卷三十七，載《大正藏》第10冊，第833頁上～第835頁上。

〔註167〕〔唐〕法藏：《華嚴發菩提心章》卷一，載《大正藏》第45冊，第654頁中。

〔註168〕《大方廣佛華嚴經》卷三十三，載《大正藏》第9冊，第612頁中～下。

〔註169〕〔唐〕法藏：《華嚴經探玄記》卷十六，載《大正藏》第35冊，第410頁中。

〔註170〕〔唐〕法藏：《華嚴經探玄記》卷十六，載《大正藏》第35冊，第410頁下。

「心王」、「心數」本身也是一種基於二元對立的施設，最終也是融通於「即理即智」的佛陀大智上。本品進而通過十種譬喻〔註171〕來說明佛智的十個方面〔註172〕，即：以虛空無依譬喻佛平等無依智、以法界無改譬喻佛性無增減智、以大海潤益譬喻佛益生無念智、以大寶出生譬喻佛用興體密智、以寶珠消海譬喻佛滅惑成德智、以虛空含受譬喻佛依持無礙智、以藥王生長譬喻佛種姓深廣智、以劫火燒盡喻喻佛知無不盡智、以劫風持壞譬喻佛巧便留惑智、以塵含經卷譬喻佛性通平等智。以「即理即智」為體、十種智為代表內容，通過帝網無盡才能同時炳現菩提心之果海，通過主伴無盡方能逐一起修、圓滿。在證門為主的「彌勒菩薩菩提心讚」〔註173〕中，用218句廣顯菩提心的功德，同時也可以視為是一乘初發菩提心圓滿的標準，按照法藏的解讀每一種菩提心的殊勝功德「皆通始終」〔註174〕，這同樣也需要帝網和主伴二門來體解和證得。

色空章十門止觀從行人熟悉的現象界，即具體的色法契入，藉助止觀的修習，從心境分離、止觀分立的起點，通過前八門經由理事無礙和事事無礙匯入心境融通、止觀雙泯的修行階段，由此引發帝網重重、主伴無盡的大用，最終成就圓教佛果這一華嚴勝義。如圖4-3所示，行人可以從「會相歸性」出發，通過具體的理事關係的觀修，達到「理事無礙」與「理事雙絕」合一之「心境融通」，由此能夠「事事相在」和「彼此相是」，達到「事」與「理」、「事」與「事」之間的「即入無礙」，而這樣一大緣起，就現象則為「帝網重現」，於踐行則為「主伴圓備」。值得指出的是，與其他宗派對修行階段性成果的選擇不同，圓教佛果這一華嚴勝義方為階段性成果，而進一步尚需勝進而入普賢位，安立無盡的願行，成就《華嚴經》中的身海、世界海、乘海、眾會海。

〔註171〕《大方廣佛華嚴經》卷三十五，載《大正藏》第9冊，第622頁中～第624頁上。

〔註172〕〔唐〕法藏：《華嚴經探玄記》卷十六，載《大正藏》第35冊，第410頁下～第411頁下。

〔註173〕《大方廣佛華嚴經》卷五十九，載《大正藏》第9冊，第775頁中～第780頁中。

〔註174〕〔唐〕法藏：《華嚴經探玄記》卷二十，載《大正藏》第35冊，第488頁上～中。

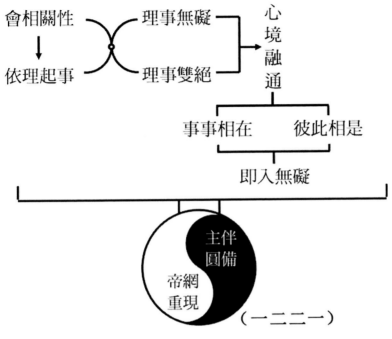

圖 4-3　華嚴勝義觀行圖〔註 175〕

（二）圓滿華嚴菩提

　　色空十門止觀仍是以色法和空性為例說明其觀修的實踐方法，是從現象界契入，適合普通行人。這樣的一個理路以現象界的事事無礙為所緣而起觀，為圓滿華嚴發菩提心提供了重要的觀行基礎，但這並不是觀行的結束。以此為起點，起修華嚴發菩提心的觀行，在第五理事圓融義中是通過十門、百法的內容，最終引導行人「入法界」、「證無礙」。

　　在色空十門止觀對現象界的圓滿起修基礎上，理事圓融的修證首先還是從理、事分立的角度入手，最終抵達理、事的無礙。理事無礙包括了第一至第三門，分別是關於理、事之間的收攝、隱顯和存泯這三對關係。第一「理事俱融門」是理事兩者關係從相攝、全收兩個角度加以展開的敘述，亦即理、事的收攝關係，這一門中，復開十門：

〔註 175〕按：此處的二元融合圖，與「太極圖」頗為類似，筆者也曾受前輩學者提醒，此處似與道家符號有所混淆。考慮到華嚴教學在隋唐之後的運用，加之亦有學者對李通玄、澄觀對《華嚴經》解讀範式中運用《易》的研究。此處仍保留這樣的圖示，是仿照澄觀之法「借其言而不取其義」（《大方廣佛華嚴經隨疏演義鈔》卷一，載《大正藏》第 36 冊，第 2 頁中），亦表對祖師解經中博採群長而篤定初心的致敬之意。

第一、理事俱融門，事虛、理實相攝、全收，融成十義。一、緣起事法，以虛空無性故，舉體全理也。二、真性理法，以真實故，不礙舉體全事也。三、由前二義不相離故，理事俱存。四、由二義相奪故，理事雙絕也。五、事全理而事不壞。六、理全事而理不失也。七、二俱存而俱不立。八、俱亡而俱不泯。九、前八相順而俱現。十、皆各相奪而不泯。並會意思之。〔註176〕

需要注意的是，這十門實際上是契入理、事之間收攝關係，進而最終達到「俱融」的十類門徑，也就是說這十類似可以從任一門作為起點，可以採用其中的諸門及其組合形成次第，也可以直接進入達到圓滿。就這十門的次序所安立的次第來說，本身也是一個由事法進入理事圓融的次第。從這個角度來看，行人在上一部分由色入空的基礎上，理事俱融門首先從事法切入，直接以如幻如化的緣起現象為所緣，由此直接契入真空。進一步通過第二步以真空之理為「主」、緣起事法為「助伴」，體察理、事的無礙。再由第一門與第二門之間的無礙，深觀理、事的圓融，即成第三門。從理事圓融的顯現，再進入寂然絕相的狀態，就是第四門。需要說明的是，此時並不是以所謂的「虛空」為所緣，而是在顯「事」即理這樣一種對圓融體悟基礎上，從泯然離相的角度來緣法界，達到全體炳現但無一可起的狀態。由此，便能引發智海性起，即理事雙運的第五、六門以及理事融泯的第七、八門。此後，第九門總收前八門，即對前八門能夠任持的同時還生起相應的觀智，第十則是從即相離相的角度生起相應的觀照。

另一方面，從每一門皆是契入「俱融」的起點來看，行人進入門徑的差異性在於其往昔具有何種修行上的積累。例如〔註177〕，藉由理、事俱存而俱不立為主要內容的第七門而入，需要行人對現象和本質能夠同時把握。甫一從此門入時，並不是說明能夠圓滿「俱融」，甚至究竟意義的「俱存而俱不立」也沒有達到，但因應熟悉「存而不立」的觀察模式，將之逐步擴大、深化，將是適合於這一類行人的修行入手處。亦即，從熟悉的入手處開始，由此完成「存而不立」，進而是其反面——「亡亦不泯」，在這兩部分的修習過程中，行人觀修的精密化，則需要對理事的存、立、亡、泯以及二者「俱」這些方面

〔註176〕〔唐〕法藏：《華嚴發菩提心章》卷一，載《大正藏》第45冊，第654頁下。
〔註177〕此處僅以「第七門」為例說明任一門徑皆可進入，同時後邊的理路也是一種舉例，這並不意味著其他門進入或者從此門進入且通過後續其他路徑不能達到「俱融」。

進行更加細緻、深入、全面的觀修，由此帶動前六門的修習。將七、八二門修習純熟（此時前六門也相應完善），則進一步將七、八二門的關係運用純熟，由此得到第九門「相順而俱現」及第十門「相奪而不泯」的修習。由此也能最終圓滿「俱融」的結果。

以「俱融」為目標，第一門提供了關於理事無礙觀修的圓融方法，第二、三門則主要從理法和事法的角度分別闡述理事無礙的觀修，屬於行布門。第二「理法隱顯門」是理法的隱、顯關係，這一門復開十門：

> 第二、理法隱顯門，理、性隨事，隱、顯融通，亦有十義。一、以理全事故，理隱也。二、事全理故，理顯也。三、以前二不相離故，隱顯俱立也。四、以二義相奪故，非隱顯。五、以全事而不自失故，即隱常顯也。六、以事盡而不泯他，即顯常隱也。七、此二不相離故，即俱隱俱顯也。八、相奪二亡故，俱非隱顯〔註178〕也。九、由前八義同一理性不相礙故，同時俱顯也。十、同時相奪義無不盡泯，同一味亦非一也。深思可見。〔註179〕

這一門所開十義，從理隱開始，也就是從空觀出，重新進入事法界，此時理顯現為隱沒的狀態；其另一面，即是「理顯」，即第二義，進而是「俱─非」一對關係。進一步深入，就有「即隱常顯」，也就是以「理的隱沒且事的常顯」來彰顯理事無礙，亦即理之隱當體就是事之顯；其另一面就是「即顯常隱」，進而是「即俱隱俱顯」與「俱非顯隱」一對關係。前八的無礙關係，即第九門的「同時俱」顯和第十門的「同時俱」隱。以上的十義還可以從「單隱」、「單顯」、「俱存」、「俱泯」的角度來觀修。此外，這十義也是每一門皆可以入手，按照從第一至第十也可以安立若干次第，即如第一門。

在以理法為所緣觀修後，尚需以事法為所緣而起修。第三「事法存泯門」是事法的存泯關係，這一門復開十門：

> 第三事法存泯門，事相隨理，存亡自在，亦融成十義。一、以事全理故，事泯也。二、以理全事故，事存也。三、以前二不相離故，亦存亦泯。四、以二相奪故，非存非泯也。五、以舉體全理，事方成故，即泯而存也。六、以事舉體全成理，無不蕩盡故，即存而泯也。七、以二義相順故，即泯俱存。八、相奪故，即存、即泯

〔註178〕原文為「現」，按文義應為「顯」。
〔註179〕〔唐〕法藏：《華嚴發菩提心章》卷一，載《大正藏》第45冊，第654頁下。

俱泯也。九、以前八義同一事法，存、亡自在，無礙俱現故也。十、

以同時相奪義故，無不盡圓融。迥超出情表，亦深思可見。〔註180〕

這一門所開十義，接續前面對理的觀修，從事之泯開始，也就是從攝理之事法界出，重新進入攝事之理法界，此時事法顯現為泯滅的狀態；其另一面，即是第二義「事存」，進而是第三和第四的「俱—非」關係。深入來觀，就有「即泯而存」與其另一面「即存而泯」，進而是「俱存—俱泯」關係。前八的無礙關係，即第九門的「存泯自在」和第十門的「迥超言思」。以上的十義還可以從「單存」、「單泯」的角度來觀修。此外，這十義也是每一門皆可以入手，按照從第一至第十也可以安立若干次第，即如第一門。

綜上，無論是從圓融門還是行布門入手，行人最終都是以「俱融」為標準而達到這一部分的修行目標的。實際上，對於華嚴發菩提心，在定義上並不強調到底是屬於「勝義菩提心」還是屬於「世俗菩提心」，相反，其描述的角度更多是從菩提心內在的特徵出發，並從「果徹因源」的思路來加以解讀，其中尤以成就佛道所需要的關鍵性要素為重點；而華嚴發菩提心觀修思路上，則是從「因該果海」的角度構建的。

在理事兩方面的無礙起修的基礎上，行人能夠藉由理事的「俱融」為起點，開啟圓滿普賢行的修行旅途。按照法藏給出的次序，事事無礙的修習，首先是從事法與事法的互相含攝的關係，也就是任一事與其他所有事之間的「隱」和「顯」關係上來作為觀修起點；由這樣的一種「總」的關係，逐步引入「分」的情形，即以「一望多」和「多望一」。在此基礎上，再進一步通過「事事相是門」來契入對事法與事法的「存」和「泯」的關係，也就是任一事與其他所有事之間的全成性上來進一步觀修，再由此「分」修「一望多」和「多望一」的「存泯關係」。通過這幾門呈現的「關係型動態關係」，提升了事法與事法在「關係」上的複雜性。第四至六門是「交參涉入」的關係，是事法與事法關係的「狀態」層面；第七至九門是「輾轉相成」的關係，是事法與事法關係的「動態」層面。

第四「事事相在門」是事法、事法之間的相攝、全收關係，復開十門為：

第四事事相在門，諸法緣起，力、用相收亦有十義。一、眾緣

起法，於中若無一緣，餘一切緣全不成故，是故即一緣有力能攝一

切，餘並無力攝在一中，即一現多隱也。二、以多唯一故，是故即

多緣有力而能收一，一緣無力攝在多中，即多現一隱也。三、由前
二義不相離故，無礙俱現也。四、以各相形奪無不盡故，即非隱、
非現也。五、由有力攝他時，必無力入他故，現即隱也。六、無力
入他時，必有力攝他，故隱即現也。七、俱攝無不俱入，故隱、顯
俱現也。八、俱攝俱入必不俱，故隱、顯斯絕也。九、以前八義同
一緣起故，自在俱現前也。十、各相形奪超然無寄，圓融絕慮也。
亦深思會意，可以準知。〔註181〕

事事相在的關係是通過一和多的隱、顯相配組成十義來呈現的，其目的最終
是由相互攝取、收入的角度達到對事法與事法關係在「狀態」層面的體解。
從緣的角度講，任一緣的缺失都能導致結果的變化，以「成此結果」為標準，
其他緣也失去作為成就此結果之存在的意義；由此，一緣攝多而其餘則不能
攝此一緣，也就是「一現多隱」。相反，多緣的缺失也當然能夠使剩下的「一
緣」失去存在的價值，也就是「多現一隱」。在上述二義的基礎上，就實際情
況而言，「一」、「多」的單獨「顯」、「隱」較少，更多的是「不相離」等情況，
由此就有了「俱現」、「俱非」的情況。此外，就「顯」、「隱」，也存在有「現
即隱」、「隱即現」以及在此基礎上的「隱顯俱現」和「隱顯斯絕」的四種情
況。將前八種情況同時起觀，則有「自在俱現」以及「圓融絕慮」兩種，從而
就是這樣一種狀態：事事相在的同時，又對任一事、任一關係皆無執取。以
上的十義還可以從「單攝」、「單收入」的角度來觀修。此外，這十義可以組成
次第，同時任一義本身也是直接入手處，如前所說。

第四「事事相在門」從總體層面提供了事事無礙的「狀態」面的修習方
法，為了深入進行觀修，還需要對其要點進行說明，由此便有第五、第六門。
第五「一事隱現門」是以「一」事法為主，「多」事法為伴的攝入、隱顯關係，
復開十門為：

第五一事隱現門，一事望多，有攝、有入，隱、顯自在亦有十
義。一、由攝多，故一現也。二、由一入多，故一隱也。三、以攝
入同時一法，故亦隱亦顯也。四、全攝相奪各盡，故非隱非現也。
五、由一能攝多，方能入於多，是即現常隱也。六、由入多故，方
能攝多，是即隱常現。七、由具前六，義方為一，故俱隱俱現也。
八、二義同一相奪俱盡，故非隱非現也。九、合前八義同在一法，

〔註181〕〔唐〕法藏：《華嚴發菩提心章》卷一，載《大正藏》第 45 冊，第 655 頁上。

無礙頓現前。十、由前諸義各相奪盡，泯然無寄，迥超言慮，即俱
泯也。並各去情，如理思之。〔註182〕

一事隱現的關係是站在「一個」事法的立場來觀修，將此「一」事法和「多」
事法的攝、入、隱、顯相配組成十義來呈現其特徵性觀修角度。從「一攝多」
的角度行人可以從「一現」來起觀；從「入」的角度，又可以從「一隱」來起
觀。以此為基礎，進一步能夠構築起攝、入、隱、顯的更複雜關係：攝、入同
時，則隱、顯具足；攝、入相奪，則隱、顯俱泯；「攝」多之「一」復「入」於
「多」，則「即現常隱」；前之「攝」與後之「入」在次第上的無礙，又有「即隱
常現」。就實際情況，總收前六，由此有「俱現」、「俱非」的情況。將前八種情
況同時起觀，則有「無礙頓現」以及「泯然無寄」。以上的十義還可以從「攝入」
中具足「隱顯」以及「隱顯」中具足「攝入」的角度來觀修。此外，這十義本身
組成次第，同時任一義亦可以是入手處，如前所說。

第六「多事隱現門」是以「多」事法為主，「一」事法為伴的攝入、隱顯
關係，復開十門為：

第六多事隱現門，多事望一有攝、有入，隱、顯自在亦有十義。
一、由多攝一，故多顯也。二、由多入一，故多隱也。三、以攝〔註183〕
入俱現故，亦隱亦現也。四、攝入相奪故，俱非也。五、以多能攝一
方能入一，即顯常隱。六、以多能入一方能攝一，故即隱常顯也。七、
以具前二義方為多故，即隱即現俱現也。八、同體二義必相奪盡，即
隱顯非也。九、合前八義同時頓現，相現前也。十、以前法義各相形
奪，泯然超絕。準前思之。〔註184〕

多事隱現的關係是站在「多個」事法的立場來觀修，將「多」事法和所餘下的
「一」事法之間的攝入、隱顯相配組成十義來就觀修的特徵性進行說明。從
「多攝一」的角度可以從「多顯」來起觀；從「入」的角度，又可以從「多
隱」來起觀。以此為基礎構築起站在「多」事角度上的攝入、隱顯的關係：
「攝入俱現」從而「隱顯具足」，「攝入相奪」從而「隱顯俱泯」；「攝」一之
「多」復「入」於「一」，則「即顯常隱」；「入」一之「多」復「攝」於「一」，

〔註182〕〔唐〕法藏：《華嚴發菩提心章》卷一，載《大正藏》第45冊，第655頁上。
〔註183〕原文為「顯」，按文義，應為「攝」，如後文「第四攝入相奪」與此成一組義。
〔註184〕〔唐〕法藏：《華嚴發菩提心章》卷一，載《大正藏》第45冊，第655頁上
～中。

又有「即隱常顯」。就實際情況，總收前六，方為「多」義，由此「即隱」和
「即現」兩種情況「俱現」；而同時各自的相對宛然，又是「即隱」和「即現」
兩種情況「俱泯」。將前八種情況同時起觀，則有「同時頓現」以及「泯然超
絕」。以上的十義還可以從「隱顯」中具足「攝入」的角度來觀修。此外，這
十義可組成次第，同時任一義仍均可以作為直接的入手處，如前所說。

　　第七「事事相是門」是事法、事法之間的輾轉相成關係，復開十門為：

> 第七事事相是門，緣起事法展轉相成，體互相無，彼此相是。
> 亦有十義。一、於大緣起中，若無一緣起，非直所起不彼能起；緣
> 體亦不成，是故一緣是能成，為有義；多緣所成無體，是空義。是
> 即多歸於一，故一存多泯也。二、多亦為一，故多為能成，是有義；
> 一為所成，是空義。是即一歸於多，故多〔註185〕存一泯。三、兩門
> 二義並不相離，故即存亡俱現。四、形奪俱盡，故即存亡俱泯也。
> 五、一為能成，必有所成故，是則攝多同一之有，即是廢自同他之
> 空也。六、多為能成，必有所成故，亦攝廢同前。七、一多各二，
> 不相離故，無礙俱現也。八、攝廢同體，定不得故，即俱非也。九、
> 一多緣起隨義成立，故則相是存、亡俱存現前。十、能所存亡空有
> 俱盡，故泯然超絕也。深思可知。〔註186〕

事事相是的關係是通過一和多的成壞、存泯相配組成十義來呈現的，這是有關
事法與事法之間「動態」關係的描述。第一義從「一緣成果」以及「多緣成無
體之果」兩個方面來說明「一」、「多」關係呈現為「一存」而「多泯」。「一緣
成果」，是從現象界出發的觀修，是對現象宛然的承認；而「多緣成無體，是空
義」，是從緣起本質為空而起的觀修，是對空性實相的體認。有這兩個面向，就
有「一存多泯」。第二義從「多」由「一」組成，從而「多」亦具有如上「一」
緣之能成性質，最終「多」緣也「是有義」；另一方面，「一」為所成之果，其
本質是性空，從而「是空義」。由此，從這個角度看「多緣」顯現為「有」，而
「一果」顯現為「空」，合起來就是「多存一泯」。不過，無論是「現象宛然」
還是「緣起性空」，兩義並不是相分離的，故有第三義「存亡俱現」；同時，存、
亡也有其各自的相對規定性和此消彼長，故有第四義「存亡俱泯」。此外，從
「一」為能成、「多」為所成的角度來看，「多」是攝入「一」中的，所以與「一」

〔註185〕按文義應添加「多」，與前文「一存多泯」形成一組義。
〔註186〕〔唐〕法藏：《華嚴發菩提心章》卷一，載《大正藏》第 45 冊，第 655 頁中。

共同成為「有」，這就是「攝」入他而「廢」自的含義。同樣的，從「多」為能成，「一」為所成的角度來看，「一」是攝入中「多」的，所以與「多」一道成為「有」。在如上第五、六義的基礎上，「一」、「多」的相對規定性使兩者宛然分立但不能相離，即兩者具有互相觀待的關係，由此便「無礙俱現」；而另一方面因為「一」、「多」本質性空，使兩者同體，無自體自性故兩者也「俱非」。從總體上來觀修前八種情況，同時有「存亡俱現」以及「泯然超絕」兩種狀態，亦即：事事相是的同時，又對任一事、任一關係皆無執取。以上的十義除了以次第的形態來呈現外，還可以將任一義當做入手處，如前所說。

第七「事事相是門」從總體提供了事事無礙在「動態」層面的修習，而為了進行深入的觀修，尚需要對其要點予以進一步的說明，由此便有第八、第九門。其中，第八「一多存泯門」是「一」事法為主，「多」事法為伴的相成、存泯關係，這一門復開十門為：

> 第八一多存泯門，然一望多有攝他、廢自，相是、存泯亦有十義。一、此法有攝他同己，故自存也。二、廢己同他，故自泯也。三、收廢俱現，故亦存亦泯也。四、以二義全奪，故俱非也。五、非盡己同他，無己盡他同己，是故即泯常存也。六、反上句，故即存常泯也。七、二義不相離，故存即泯、泯即存俱現也。八、相奪全盡，故存泯、泯存俱非也。九、合前八義，一事法不相障礙，俱現前也。十、法義同體相奪俱盡，故超然絕慮也。思之可見。〔註187〕

一多存泯的關係是站在「一個」事法的立場上，將此「一」事法和「多」事法之間的攝、廢、存、泯相配組成十義來呈現其特徵性的觀修角度。從「一望多」的角度，行人可以從「攝他同己」、「廢己同他」兩個角度來起觀，前者是從「攝」的角度，後者從「廢」的角度，由此分別導向以觀修主體「一」事法為視角的「存」與「泯」。在此基礎上，進一步構築起攝、廢、存、泯之間更為複雜的關係：攝、廢同時，則存、泯皆是；攝、廢相奪，則存、泯皆非；同「己」於「他」，此「他」復「同」於「己」，則於「己」法是「即泯常存」；同「他」於「己」，此「己」復「同」於「他」，則於「己」法又有「即存常泯」。就實際情況，「即泯常存」和「即存常泯」不相乖離，由此有「存即泯」和「泯即存」兩個關係的「俱現」、「俱非」之情況。將前八種情況同時起觀，則「一

〔註187〕〔唐〕法藏：《華嚴發菩提心章》卷一，載《大正藏》第 45 冊，第 655 頁中～下。

事法不相障礙」從而有「俱現前」以及「同體相奪」從而有「超然絕慮」。此外，這十義如上七門，亦本身組成次第，其中任一其本身亦即是入手之處。

另一方面，是「多」事法為主，「一」事法為伴的相成、存泯關係，此為第九「多事存泯門」，此門也是復開為十門加以說明：

> 第九多事存泯門，然多望一既攝他、廢自，相是、存亡亦有十義。一、以多有攝一同己，故多存也。二、以多有廢自同一，故多泯也。三、以前二義不相離，故存泯雙現。四、形奪俱盡，故雙非也。五、以非不攝一同多，無以廢多同一，是故存即泯也。六、非不同一，無以攝一，故泯即存也。七、由存即泯，故有泯；由泯即存，故有存。二義不相離，故存泯、泯存俱現前也。八、由存無不泯，故非存；由泯無不存，故非泯。二義形奪兩亡，故俱非也。九、由八義同位相順，法體方立，是故圓通無礙，俱現前也。十、由前諸義各互相奪，定取不得，是故無不超絕。挺然無寄，唯證相應也。會意思之。〔註188〕

多事存泯的關係是站在「多個」事法的立場上，將此「多」事法和餘下的「一」事法之間的攝、廢、存、泯相配組成十義來呈現其特徵性的觀修角度。行人可以從「攝他同己」之「攝」的角度導向以觀修主體「多」事法為視角的「自存」觀；同樣地，從「廢己同他」之「廢」的角度來起觀，由此導向以觀修主體「多」事法為視角的「自泯」觀。由此能建構站在「多事法」立場的關於攝、廢、存、泯之間更為複雜的關係：攝、廢同時，則存、泯皆是；攝、廢相奪，則存、泯皆非；攝「一」之「多」才能「同」於「一」，則於「多」法是「存即泯」；同「一」之「多」，此「多」復能「攝」「一法」，則於「多」法又有「泯即存」。就實際情況，「存即泯」和「泯即存」不相乖離，由此有這兩個關係的「俱現」、「俱非」之情況。將前八種情況同時起觀，則「同位相順，法體方立」從而有「圓通無礙」以及「各互相奪，定取不得」從而有「挺然無寄，唯證相應」。如上，這十義亦本身組成次第，其中任一其本身亦即是入手處。

綜上，無論是從「狀態」還是「動態」入手，行人最終都是以「動靜一源」為標準而達到「事事關係的一多無礙」這一修行目標的。實際上，對於華嚴發菩提心的修習，到這裡已經沒有所謂能修的菩提心和所修的真如實際的差異了，在「直心」、「深心」、「大悲心」三個層面，已經從「俱融無礙」到此處的事事之間的一無礙、多無礙、一多無礙、多多無礙，再經由這一理路擴

〔註188〕〔唐〕法藏：《華嚴發菩提心章》卷一，載《大正藏》第 45 冊，第 655 頁下。

大為重重無盡、泯然絕慮同時炳然齊現。

在事事關係的一多無礙基礎上，最為彰顯華嚴教學特色的要數第十「圓融具德門」：

> 第十圓融具德門，然上法門並同大緣起無障礙，圓明自在。亦有十義。一、諸門融合圓明頓現，具足一功。二、隨舉一門，亦具一切。三、隨舉一義，亦具一切。四、隨舉一句，亦具一切。五、以此圓融俱總相，是故融攝一切。六、俱是別相，莫不皆是所攝一切。七、俱是同相，能所攝義齊均故。八、俱是異相，義各別不離故。九、俱是成相，緣起義門正立俱現故。十、俱是壞相，緣起無作同一味故。〔註189〕

一方面，上述九門可以認為是法界緣起的特徵性描述，其關係是「圓明自在」，並且皆匯歸於此第十門。此處列出的特徵性十義，分為兩部分：一是，九門一大緣起的圓融具德；二是，六相圓融的呈現。前者是基於九門作為「組成元素」角度來說明：其「隨舉」任一部分即具一切，對應「圓融具德」中就是以「具德」之義為主。這一部分包括第一至第四門，其中的所緣，也就是作為整體的上述九門、每一門本身、上述之每一義以及上述之每一句，都有具含一切觀修內容的能力。第二部分基於「一大緣起」的角度來說明其特徵：具總、別、同、異、成、壞六相，是以「圓融」之義為主；其中，總相是「融攝」義，別相是「所攝」義，同相是「能所齊均」義，異相是「能所分立」義，成相是「成立俱現」義，壞相是「無作一味」義。

另一方面，作為獨立的一門，「圓融具德門」還提供與其名稱相同的獨特的觀修理路。這一部分仍是以此十義為特徵所解。第一義是「一大緣起」內部主要元素的頓現，為「圓融」或「海印定」的框架性呈現，為行人從總體觀來契入之門徑。第二至第四門是逐步細化這一觀修的理路。由第一門提供了觀修的基本原理和框架，第二至第四是將之深化、細化，從熟悉、安住最終達到任運，是「頓了果地而於因地描摹」的修行理路，可以認為是「攝行布於圓融」。第五至第十門是華嚴教學特徵的「六相」方法論，這一內容對認識事物整體及其內部變化具有一般性的指導意義。總相是對事物的整體性把握。別相有兩個面向，一是對事物內部各部分的把握，另一個則是這一事物本身兼具「更大範圍事物的組成部分」和「其內部組成部分的組成部分」兩種情況，後一種情況即是華

〔註189〕〔唐〕法藏：《華嚴發菩提心章》卷一，載《大正藏》第45冊，第655頁下。

嚴重重無盡境界的一種結果。同相和異相是作為「組成部分」的事物之間的關係，有相同性和差異性，兩者同時具足，這是「狀態」的描述；在同、異的基礎上，這些作為「組成部分」的事物還具有互相成立和壞滅的關係，這是「動態」的描述。第五至第十通過六相方法將事物的「圓融」面以多角度解讀，是「由特徵性之因，漸次契入果地」的修行理路，可以認為是「攝圓融於行布」。此外，對理事圓融義所開十門，還可以繼續深入理解〔註190〕，其中有兩個要點：一是，每一門皆具圓融十義，每一義復可開十門，如此重重複重重，有無限之門徑。二是，每一門皆有解、行、境，是對這一門的解讀。實際上每一法都具有解、行、境三個內涵，這也是對《華嚴經》中「一微塵具足無量修多羅」〔註191〕思想的運用。因此，站在華嚴宗立場，隨舉一例詳說次第，同時通過這種「一即一切」的補充說明，完成對華嚴宗「圓行不二」方法論的落實。

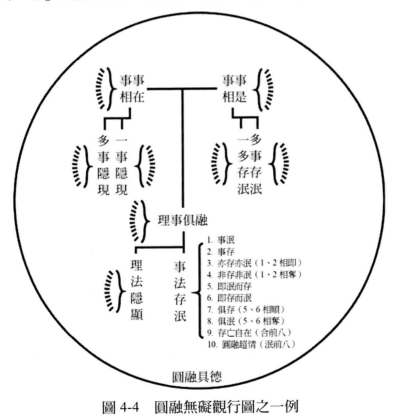

圖 4-4　圓融無礙觀行圖之一例

〔註190〕〔唐〕法藏：《華嚴發菩提心章》卷一，載《大正藏》第 45 冊，第 656 頁上。
〔註191〕《大方廣佛華嚴經》卷七十一，載《大正藏》第 10 冊，第 386 頁下～第 387 頁上。

理事圓融義從理事關係入手，藉助止觀的修習，從第一至第三門的理事無礙，到第四門至第九門的事事無礙，是理事關係到事事關係的次第，最終以第十門具德圓融匯入一大緣起。如圖 4-4 所示，理事俱融或者「理法顯隱」與「事法存泯」相結合，是「事事相在」與「事事相是」的基礎。「事事相在」可進一步表現為「一事隱現」與「多事隱現」，「事事相是」則可進一步表現為「一多存泯」與「多事存泯」。但無論上述任何一門，皆可以各自復開「十義」，「十義」又可復開，由此十、百、千，直至無量；上述十門、百門……無量門，皆總括包納成「圓融具德」之一大緣起。另一方面，理事無礙和事事無礙，本身就是具德無礙之「組成元素」和「關係」的一體兩面。在理事圓融的修習中，不再看到關於心境、止觀的說明，在成就華嚴勝義，達到心境融通、止觀雙泯的基礎上的理事圓融，更多是為了圓成普賢行的修行階段，其本身就是帝網重重、主伴無盡的體用。而普賢十大願王中「虛空界盡、眾生界盡、眾生業盡、眾生煩惱盡，我願乃盡」和「念念相續，恒不間斷，身語意業，無有疲厭」〔註192〕便是這一境界的最佳注腳。此門引導佛子於普賢行勝進，無盡願行便是其生命之常態。

小結

本章系統分析了法藏《華嚴發菩提心章》的主要章節，包括開始華嚴發菩提心觀修實踐的準備和觀修的原理，由此分析了法藏的觀修實踐特點。在據傳是杜順所作華嚴法界觀門這一原理基礎上，法藏進一步提出了具體的操作方法，成為其發菩提心實踐方法的特色。

色空章十門止觀從修止悟理為起點，經理事的融通和無礙的修習，最終達到「第十主伴圓備門」，從而達到「頓照於此普門法界」、「三昧海門皆悉安立，自在無礙」的修行效果。菩薩在發菩提心的修行過程中，上求下化所要面臨的就是處理「理」和「事」的關係問題，我們看到色空章十門止觀主要的篇幅就是在關注這一問題，最終達到的效果是主伴圓備——也就是說抓主要問題的同時，不忽視次要問題的存在，乃至於運籌主次的關係。而這一過程便成就了華嚴的勝義——初心成佛。

理事圓融義以處理「理事」這對範疇為前提，通過將內心力量集中，從

〔註192〕《大方廣佛華嚴經》卷四十，載《大正藏》第 10 冊，第 844 頁中～第 846 頁中。

而由理事圓融契入事事無礙。這需要通過修定修止將心緣於一處善所緣，通過這樣的修習使得內心的力量減少分散，逐步彙集、增強。利用這樣增強版的心再由止起觀，達到對理、事的智慧觀察——這種觀察是集中心理力量的、排除了二元對立和分別的觀察——而最終達到了理事無礙的境界。不過，體證理事的主伴關係仍不是事情的最終結果，因為這樣的主伴關係儘管通過主伴圓備門能夠引導我們來體會主和助伴之間是非固定的、可變動的關係，但不排除仍有對主、伴的執取為實際的可能性。因這樣可能額外存在執著的理由，理事圓融的闡釋，為我們提示了理、事是相即相入、相攝周含的，同時具足了隱顯、存泯等關係，其目的是引導學人最終體察法界所具「圓融具德門」之妙義。

這樣的思路，構成了法藏華嚴發菩提心觀修實踐的特色：因為無限，所以需要重重無盡的展開；因為起點是凡夫，所以需要以熟悉的門徑契入，同時給與能夠掌握的思惟「推導」方式；因為行者根性的差異性，所以提供了無量的入口和無量的次第。在這一部分的理事無礙中，重點解決了「勝義」與「世俗」的二元對立，由此行者已經能夠在每一件事上具備同時攝直心、深心、大悲心之三心，由此來起修六度萬行，為圓滿普賢行打開通暢的大門。

第五章　李通玄對華嚴發心的解讀

　　方山長者李通玄（635～730），山西太原人（一說河北滄州人），是唐代皇室貴冑，更是與賢首法藏齊名的華嚴學大家。李長者對《華嚴經》的解讀偏重於實踐，其思想在逐步呈現融合化趨勢的中國佛教發展進程中具有重要影響。據五代南唐的經錄《續貞元釋教錄》載，李長者所著《新華嚴經論》於南唐昇元二年（938）被推薦入藏〔註1〕，此時距離該論成書僅200多年〔註2〕，足見其思想的影響力。此外，宋徽宗崇寧三年（1104），又被追封為「顯教妙嚴長者」〔註3〕，其思想會通中國本土傳統特別是援《易》以入華嚴的詮釋方式影響了宋明理學的諸家〔註4〕，據日本學者荒木見悟的研究，李通玄的影響可以說一直延續至明末〔註5〕，而這段歷史正是經歷隋唐宗派佛教和義理頂峰後，佛教逐步融合以及下沉民間的過程。這一過程中，華嚴思想滲透佛教各宗各派、主流思想乃至民間，這其中李通玄的影響也具有不可忽視的地位。

　　在解讀和注釋《華嚴經》方面，李通玄先後有《新華嚴經論》、《略釋新華嚴經修行次第決疑論》等，尤為突出的是其重視意象表法、初心成佛和以

〔註1〕〔南唐〕恒安：《續貞元釋教錄》卷一，載《大正藏》第55冊，第1049頁。
〔註2〕據《續貞元釋教錄》記載此論成於唐開元十七年，即公元729年。
〔註3〕〔南宋〕志磐：《佛祖統紀》卷四十六，載《大正藏》第49冊，第418～419頁。
〔註4〕李斯斌：《李通玄華嚴思想在宋代的影響》，載《五臺山研究》，2018年第2期，第12～19頁。
〔註5〕（日本）荒木見悟，廖肇亨譯：《李通玄在明代》，載《中國文哲研究通訊》，2000年第10卷第1期，第273～288頁。

修行實踐為中心的價值取向，同時其所重視的十教十宗以及對《華嚴經》品會的重新架構，使其與以終南山和長安為核心活動區域的華嚴宗祖師的思想形成了較大區別。李氏強調《華嚴經》中「初心成佛」的核心義理，將之與表法意象、真心、三聖圓融等思想相聯繫，詮釋並運用「帝網無盡」式的前後關聯，並將初心與善財一生成佛的修行實踐相聯繫，這些特點都是其運用和解讀《華嚴經》思想的重要側面，更是其踐履《華嚴經》理念於始終的寫照。

一、重視「初心成佛」義

「初心成佛」是《華嚴經》十信法門的一個重要結論，這一思想經李通玄的解讀，成為交匯凡聖的通路，同時彰顯了華嚴家依真心起修的共同實踐取向，這一解讀的基礎來源於《華嚴經》中「心佛眾生等無差別」的說法。〔註6〕實際上，無論是智儼還是法藏，在李通玄之前或同時代的華嚴學者都對華嚴發菩提心思想中的「初心成佛」義予以了關注。他們的關注點在發菩提心的內涵或者初發心與修行實踐之間所存在的關係等方面。與此不同的是，李通玄是將初發心視為起點，從而更強調了初心發起後的修行實踐意趣；換言之，李氏更是將「初心成佛」當做一種實踐基礎和起始，從而彰顯《華嚴經》中的無限的普賢行、始終一如等獨特之處。

李氏視初發心為一種檢驗標準，從而用來判定經典是否為圓教以及行者的根器差異等方面。如在《新華嚴經論》的第一部分「依教分宗」中將《華嚴經》列為最高的「根本佛乘為宗」〔註7〕，在說明這一論點時即廣泛採用「初心成佛」的檢驗標準。在說明《華嚴經》甚深廣大的十個方面，即有將對此經深信不疑的「大心」有情而具有「初心成佛」的結果；相反，不曾聽聞此經或者不生信心者，是「假名菩薩」，也就是名為菩薩但實質則不及菩薩的標準〔註8〕。由此，李氏將是否能見聞信受《華嚴經》以及「初心成佛」當做真實菩薩和假名菩薩的差異，這種差異同時也是對行者根器、經教的一乘三乘或權實等方面的一種評價。在說明《華嚴經》具有特殊十種功德方面，則說此經如大海普能容納一切大雨，而其比喻義說明的就是「初心成佛」〔註9〕。此外，還說明此

〔註6〕《大方廣佛華嚴經》卷十，載《大正藏》第9冊，第465～466頁；《大方廣佛華嚴經》卷十九，載《大正藏》第10冊，第102頁。
〔註7〕〔唐〕李通玄：《新華嚴經論》卷二，載《大正藏》第36冊，第731頁上。
〔註8〕〔唐〕李通玄：《新華嚴經論》卷二，載《大正藏》第36冊，第731頁中。
〔註9〕〔唐〕李通玄：《新華嚴經論》卷二，載《大正藏》第36冊，第732頁上。

經之體用是「性起大智法界」，亦即是萬物造化的根本所依，故以此而初發心便可圓滿信心得到法身智慧，即成就佛果；這一初心成佛的原理就是以「性起大智法界」為所緣，〔註10〕因此這一論述既說明了為何獨有《華嚴經》特別強調「初心成佛」的原因，又說明「初心成佛」具有較高門坎，是上上根器的人〔註11〕才能實現的。同時，在第二部分「依宗教別」中，《新華嚴經論》又將《華嚴經》列為第八時所說，不過，依據李氏的理解《華嚴經》是「常轉法輪」，從而是「該括始終」的〔註12〕。因此，「初心成佛」的合理性，由通過時間和空間上的無礙無限得以再次確認。

　　李氏發揮「心佛眾生無差別論」而確立初發心為修行實踐的共同基礎和起點。在將《華嚴經》判攝最高地位經典時，《新華嚴經論》通過對一切龍魚在海中出生為譬喻，說明此經具備一切眾生心而成為如「海」一樣無限的存在，而這一基礎就是諸佛如來成正覺時也不離自心，而一切眾生心亦同此心。〔註13〕與此相反，無論是小乘的析空，還是其他大乘宗派，乃至天台提倡的留惑潤生，在李長者這裡都認為是屬於不完全瞭解「心佛眾生無差別論」者，〔註14〕甚至斥之為「邪見」〔註15〕。在他看來，即使是眾生顯現的無明和煩惱，也都是一切如來皆平等平等的根本智所流出，而三乘菩薩所說的留惑潤生，實際上可能往生的是欲界化土，〔註16〕自然不是《華嚴經》一乘所說的初心成就的普賢行果。雖然李氏對他宗的排斥並不如法藏強烈〔註17〕，但仍舊表現出將《華嚴經》和一乘思想提升到最高地位的傾向，這也是其明顯作為華嚴學者而為歷史所記載的一個注腳。另外，李通玄還指出，居於凡夫之位而欲達到「初心成佛」之目的，其所信的內涵也有「自心與佛心無異」這一項。在解讀屬於十信法門的〈賢首品〉時，李氏將凡夫與佛的差別相歸因於「無明所迷」，但即便是無明也是與佛心無二無別。〔註18〕因此，對於

〔註10〕〔唐〕李通玄：《新華嚴經論》卷二，載《大正藏》第36冊，第732頁下。
〔註11〕〔唐〕李通玄：《新華嚴經論》卷二，載《大正藏》第36冊，第732頁下。
〔註12〕〔唐〕李通玄：《新華嚴經論》卷三，載《大正藏》第36冊，第737頁上。
〔註13〕〔唐〕李通玄：《新華嚴經論》卷二，載《大正藏》第36冊，第732頁上。
〔註14〕〔唐〕李通玄：《新華嚴經論》卷三，載《大正藏》第36冊，第736頁下。
〔註15〕〔唐〕李通玄：《新華嚴經論》卷八，載《大正藏》第36冊，第768頁中。
〔註16〕〔唐〕李通玄：《新華嚴經論》卷十一，載《大正藏》第36冊，第787頁中。
〔註17〕邱高興：《李通玄與法藏的佛學思想比較》，載《世界宗教研究》，1998年第1期，第36～43頁。
〔註18〕〔唐〕李通玄：《新華嚴經論》卷四，載《大正藏》第36冊，第745頁下。

能夠信解《華嚴經》及「初心成佛」的人來說，其根本就是對「自心與佛果之體等無差別」的認同與信心，同時具有這種信心同時也並不否認需要憑藉定慧的實踐來證入。〔註19〕這一說法，一方面確認了「初心成佛」的成立基礎在於眾生與佛都具有「根本智」〔註20〕，同時也不否認行者在根性上的差異性。因此，不同的根性就對應不同的實證路徑，這也進一步解釋了為何在現象上有不同的成佛法門以及有不同的前後次第。在有關善財參訪摩耶夫人的經文解釋中，李通玄進一步闡釋了諸佛眾生平等的三個方面，即：以自體清靜法身妙理和無作無依之智為體，以及以這種體的無作性成為饒益有情、廣興慈悲的作用。〔註21〕值得指出的是，此處李氏評價諸佛眾生皆有利樂有情之心為「天真本然」的和「眾生共有」的，這一說法與孟子提倡人皆有「不忍人之心」異曲同工，而其「天真」、「本然」的用語也與頗具中國本土思想的意味。

　　李氏探討初心和佛智的差別性，進而用以詮釋《華嚴經》各品的特色與聯繫。在提示十信法門各品大意時，《新華嚴經論》即給出了一個初心發起的次第。其中，〈光明覺品〉是以自心光明覺照諸法，特別是有助於體認自心與佛境界齊等，從而達到「心境合一、內外見亡」的結果。〔註22〕值得指出的是，李氏緊接著還提示觀修的方法是逐個作意，一一觀察，並且還需要修「無作之定」加以印證，從而將「光明覺」這一形象化術語轉化為處理心境關係的修行實踐。緊隨其後的〈問明品〉是以「所信之法門」〔註23〕為目的，即通過十種法明來說明信心行者所應之行。相比而言，法藏在《華嚴經探玄記》中提出的十種甚深〔註24〕是站在「解」〔註25〕的角度理解此品的立場；而與此不同的是，李氏此處仍是強調其修行意義。緊接其後被法藏判定為「信之行」或「行願」〔註26〕的〈淨行品〉，則被李氏賦予了發願和迴向的意味〔註27〕，也就是說此品在法

〔註19〕〔唐〕李通玄：《新華嚴經論》卷七，載《大正藏》第36冊，第766頁上。
〔註20〕〔唐〕李通玄：《新華嚴經論》卷十四，載《大正藏》第36冊，第811頁中。
〔註21〕〔唐〕李通玄：《新華嚴經論》卷四十，載《大正藏》第36冊，第1001頁中。
〔註22〕〔唐〕李通玄：《新華嚴經論》卷十四，載《大正藏》第36冊，第808頁上。
〔註23〕〔唐〕李通玄：《新華嚴經論》卷十四，載《大正藏》第36冊，第808頁上。
〔註24〕〔唐〕李通玄：《華嚴經探玄記》卷四，載《大正藏》第35冊，第176頁下。
〔註25〕〔唐〕李通玄：《華嚴經探玄記》卷四，載《大正藏》第35冊，第175頁中。
〔註26〕〔唐〕李通玄：《華嚴經探玄記》卷四，載《大正藏》第35冊，第184頁下。
〔註27〕〔唐〕李通玄：《新華嚴經論》卷十四，載《大正藏》第36冊，第808頁中。

藏是兼具願行兩者，而李氏則將之基本都作為發願而解讀。十信法門最後的〈賢首品〉，則總結了六種信來說明賢首菩薩名稱的來源以及此六信具足方為信心的結論，〔註 28〕並指出此品是信滿之果德，亦即初發心的功德。其實，不但在詮釋十信法門中提取出初心圓滿的次第，李氏還進一步將初心修行擴展到菩薩修行的全部位階。他指出，從第二會開始一直到〈如來出現品〉一共三十二品都是對「初心成佛」的深化，〔註 29〕而在其間世俗凡情所理解的時間則變得沒有意義，並舉鏡中同時顯現影像為例來說明。〔註 30〕這表明李氏在理解初心與圓滿普賢行的方面，並不偏向初心即完全成佛或者如三乘要嚴格按照固定次第修學這兩邊，而是採取了一種折衷的方式進行處理。

李氏探討初發心還與具體修行實踐相結合。李氏認為一乘初發心後的修行，要比三乘定要經歷多劫苦修要更加「省力不枉功」〔註 31〕，因而確定了依初發心修行的重要意義，而廣行菩薩道正是圓滿這種發心的唯一途徑。〔註 32〕在論證《華嚴經》中只有〈阿僧祇品〉、〈隨好品〉是佛親自說法的時候，他提出加行位法門以及寄位次第法門都是菩薩所說，因為這些都是斷除菩薩的煩惱無明，而在此基礎上尚有「佛位之內無明」，而這需要如來自說。〔註 33〕同時，他認為加行道和資糧道的修行都是法界大智的基礎上所起的作用，因而也是「一時」具足的。〔註 34〕此外，他還認為初住後隨證一位即成佛果。〔註 35〕從這些詮釋來看，李長者將《華嚴經》同時具足、一即一切等見解運用於經典詮釋中，可以說是從經典精神出發回到經典本身這樣一種詮釋方式。實際上，就解經的意義上，這種方式是保證理論內部邏輯自洽性的一個途徑，即使研究一個人物的某個著作，這種方式也可適

〔註 28〕〔唐〕李通玄：《新華嚴經論》卷十四，載《大正藏》第 36 冊，第 808 頁中。

〔註 29〕〔唐〕李通玄：《新華嚴經論》卷十四，載《大正藏》第 36 冊，第 809 頁中下。

〔註 30〕〔唐〕李通玄：《新華嚴經論》卷十四，載《大正藏》第 36 冊，第 809～810頁。

〔註 31〕〔唐〕李通玄：《新華嚴經論》卷六，載《大正藏》第 36 冊，第 756 頁上。

〔註 32〕〔唐〕李通玄：《新華嚴經論》卷三三，載《大正藏》第 36 冊，第 953 頁上～中。

〔註 33〕〔唐〕李通玄：《新華嚴經論》卷十四，載《大正藏》第 36 冊，第 810 頁上。

〔註 34〕〔唐〕李通玄：《新華嚴經論》卷十四，載《大正藏》第 36 冊，第 810 頁上。

〔註 35〕〔唐〕李通玄：《新華嚴經論》卷十四，載《大正藏》第 36 冊，第 810 頁上。

用。〔註36〕以上可以說是就教學雙方之「教」的角度來說，而就「學」的一方，無論是三乘教還是一乘，皆都是對機所說：因為眾生根器的無量差別，因而有不同的教學方法，而其共同具有的引導理路就是借權導實和「知權向實」，使「學」的一方不停滯在無意義的方面，而是直接進入修行實踐的正途，即按照李氏所說的「真實門」。〔註37〕因此，無論是善財還是《法華經》中的龍女，其所體現的一生成辦指的是泯除凡情有限和虛幻的認知，從而伴隨初發心不再退轉而說，〔註38〕從這個意義上便不難理解無始以來成佛而當下仍修行成佛、千百億化身等「不可思議」的境界。李氏這一嘗試，可以看做試圖彌合普通行者有限性認知和佛典「聖言量」關於佛菩薩神聖境界之間的認知鴻溝的一種努力，目的也是為促進「初發心」的堅固以及對此的信心。另一方面，李氏似乎也不否認不超越階段的具體修行，他認為即便是十住初心成佛，仍需要通過行、向、地諸位修行，從而成就悲智和對治習氣和迷惑，〔註39〕這與如來設教防護淺根眾生之初心〔註40〕有著異曲同工之意。可見，在李通玄看來從「教」的一方已經把所有的內容，無論是究竟意義上的還是權巧方便都所說無遺，而就「學」的一方因為理解的差異和根性的高低，則在接受等方面產生差異。

二、關注人物與發心的關係

《華嚴經》的敘述包含著說法者和聽法者，從出場人物的名號、來處及其關係等方面，經中以大量運用排比和重複的方式來不斷列舉這些人物的名稱、來處及其言行，這一規律性特點又為後續的詮釋提供了豐富的可能性。

李氏在重視「華嚴三聖」中文殊菩薩在引導初發心方面的作用。文殊、普

〔註36〕如 Peter N. Gregory 在其對《華嚴原人論》的研究中指出的那樣，為彌合跨文化的理解鴻溝，重視原典及論典作者的其他著作是很重要的，詳見：Gregory P N. *Inquiry into the origin of humanity: an annotated translation of Tsung-mi's Yüan jen lun with a modern commentary*. University of Hawaii Press, 1995, pp. 39-40. 實際上，古代典籍形成的歷史文化和當今社會也存在某種意義上的「理解鴻溝」，因此這種「內部詮釋」的方法也顯得很必要。

〔註37〕〔唐〕李通玄：《新華嚴經論》卷七，載《大正藏》第 36 冊，第 761 頁上～中。

〔註38〕〔唐〕李通玄：《新華嚴經論》卷七，載《大正藏》第 36 冊，第 761 頁中。

〔註39〕〔唐〕李通玄：《新華嚴經論》卷八，載《大正藏》第 36 冊，第 770 頁下。

〔註40〕〔唐〕李通玄：《新華嚴經論》卷十二，載《大正藏》第 36 冊，第 795 頁上。

賢及毗盧遮那佛是後人所稱的「華嚴三聖」，後者經華嚴家的詮釋和弘揚，成為一種固定的信仰符號而影響後世。〔註41〕據李通玄的理解，文殊菩薩作為啟發善財初發心的善知識，是以信心為首而化現為童子形象，這提示修行要憑藉法身根本智起修，〔註42〕從而呼應初心成佛的觀點。就文殊普賢兩菩薩的關係來說，初心發起和大行正是動靜一如，可表示一種體用的關係；文殊引導初發心同時意味著開發智慧，普賢行則意味著對智慧抉擇能力的踐行，〔註43〕因而兩者又表達了知行關係，知行互動的起點就是文殊引導初發心，而其過程則是成就借淨行〔註44〕和歷位修行〔註45〕而入普賢行。前人將文殊普賢的關係系統總結為因果、體用、智行、理智四個方面，評述其具有的哲學和宗教雙重意義，〔註46〕這也適用於對表法初心這個情況的詮釋。關於佛和兩位菩薩的關係，一致的意見是佛是果而菩薩是因，順著這樣的思路，李氏也分析了文殊和普賢的關係，認為文殊常做眾生的「信心」之因，而普賢是「修行」之因，從這兩方面「因」最終導向無作之「果海」，即毗盧遮那佛的境界。〔註47〕此外，表法初心的文殊菩薩還單獨或與其他菩薩一道出現。例如在〈如來名號品〉中首次出現文殊的名號，是「十首」菩薩的上首，李氏將這十位菩薩視作初發心及其圓滿的基礎，其中文殊是本自具足的佛性，是「不動智」的因位；餘九者是伴隨信解的理智，〔註48〕因而文殊和餘九位菩薩成為兩組，具有主伴和體用的關係。在十信法門的〈菩薩問明品〉中，文殊與餘九位菩薩則是理慧與行的關係〔註49〕。李氏將表法初心的文殊與篤行實踐的普賢以及佛果毗盧遮那一道列為三

〔註41〕邱高興：《李通玄佛學思想述評》，中國人民大學博士論文，1996 年；王頌：《五臺山文殊信仰與華嚴初祖崇拜》，載《世界宗教研究》，2017 年第 1 期，第 73～85 頁；桑大鵬：《李通玄對〈華嚴經〉性質和結構的解說》，載《三峽論壇（三峽文學‧理論版）》，2010 年第 1 期，第 119～125 頁。

〔註42〕〔唐〕李通玄：《新華嚴經論》卷三三，載《大正藏》第 36 冊，第 948 頁中～下。

〔註43〕〔唐〕李通玄：《新華嚴經論》卷十五，載《大正藏》第 36 冊，第 819 頁下。

〔註44〕〔唐〕李通玄：《新華嚴經論》卷十五，載《大正藏》第 36 冊，第 819 頁下。

〔註45〕〔唐〕李通玄：《新華嚴經論》卷十六，載《大正藏》第 36 冊，第 823 頁下。

〔註46〕邱高興：《李通玄佛學思想述評》，中國人民大學博士論文，1996 年，第 33～37 頁。

〔註47〕〔唐〕李通玄：《新華嚴經論》卷十五，載《大正藏》第 36 冊，第 817 頁中～下。

〔註48〕〔唐〕李通玄：《新華嚴經論》卷十四，載《大正藏》第 36 冊，第 809 頁中。

〔註49〕〔唐〕李通玄：《新華嚴經論》卷十五，載《大正藏》第 36 冊，第 818 頁下。

聖，不但影響了清涼澄觀，而且豐富中國化佛教的信仰對象和信仰體系，使高深如「初心成佛」的見解具象化為信仰對象，為華嚴思想乃至佛教思想下沉至民間而得到普及產生了重要作用，而同時令人感慨的是，李長者本人在某種意義上也成為了部分地區和人士的信仰對象。〔註50〕

　　李氏還關注到了彌勒在初發心中的樞紐作用。彌勒菩薩主要是在〈入法界品〉作為善財童子參訪的善知識而出現的。作為已成之佛的毗盧遮那是引發初心的起點，而當來成佛的彌勒是善財修行的目標，因此善財成佛之路遇到的是彌勒而非遮那。〔註51〕作為樞紐，善財在參訪眾多善知識後，到達彌勒菩薩的毗盧遮那莊嚴藏樓閣，此一名稱也能說明彌勒和遮那的同一關係。此外，彌勒還被李氏視為從文殊到普賢的連接，就方位地點來說三者實際是在一處，其表法的含義在於因果的圓融無礙，李氏用「通因徹果」〔註52〕、「因果不異亦不離」〔註53〕、「位終滿不離初信」〔註54〕等方式加以說明。同時，李氏還認為文殊普賢和彌勒可共同組成為一法門名為「法界無功用中大用自在」〔註55〕。所謂「無功用」實際上就是根本智開啟之後的差別智〔註56〕，其對應於第八不動地〔註57〕，此地是願波羅蜜增上，同時十住之第八童真住、十行之第八難得行以及十迴向之第八真如相迴向也都是開啟無功用智的起點。〔註58〕而無功用的圓滿，還需要後續「由願導行」，這正契合文殊、普賢的表法意義，而彌勒在三尊菩薩中的地位就如同初發心成佛作為在凡聖之間的轉變點一樣，是行者能在具有自利能力基礎上開啟自利利他實踐的一個地標。李氏注意到善財見到彌

〔註50〕李斯斌：《宋代李通玄造像風格研究》，載《宗教學研究》，2019年第3期，第114～118頁；侯慧明：《佛教民間化的構築、播散與沉澱——對崇祀李通玄的歷史考察》，載《宗教學研究》，2016年第2期，第117～122頁；李喜民：《華嚴三聖像的形成與流佈》，載《五臺山研究》，2013年第3期，第30～33頁；韓煥忠：《清涼澄觀的三聖圓融觀》，載《五臺山研究》，2007年第1期，第29～31頁。

〔註51〕〔唐〕李通玄：《新華嚴經論》卷三三，載《大正藏》第36冊，第952頁上。

〔註52〕〔唐〕李通玄：《新華嚴經論》卷五，載《大正藏》第36冊，第751頁下。

〔註53〕〔唐〕李通玄：《新華嚴經論》卷十八，載《大正藏》第36冊，第841頁下。

〔註54〕〔唐〕李通玄：《新華嚴經論》卷二二，載《大正藏》第36冊，第870頁上。

〔註55〕〔唐〕李通玄：《新華嚴經論》卷三三，載《大正藏》第36冊，第952頁上。

〔註56〕〔唐〕李通玄：《新華嚴經論》卷二八，載《大正藏》第36冊，第915頁中。

〔註57〕〔唐〕李通玄：《新華嚴經論》卷二六，載《大正藏》第36冊，第900頁上。

〔註58〕〔唐〕李通玄：《新華嚴經論》卷十一、卷二七，載《大正藏》第36冊，第788頁下、第906頁中。

勒後，仍重見文殊這一點，將之視為從文殊「理體根本智」出發，以彌勒表法
的「法身本智」為中介，最終達到普賢行的一種模式，進一步說明了作為中介
的彌勒是從自利成佛轉向自利同時利他之無限普賢行的轉折點。〔註59〕實際上
這三尊菩薩的圓融關係，被李氏列為《華嚴經》「六處和會」中的「第六處」，
屬於「已信修行門」，其和會的內容是文殊普賢的始終因果和彌勒的始終因果，
與第一和會的「華嚴三聖」相關聯。〔註60〕需要說明的是，一般對於《華嚴經》
中人物的關注一般都在三聖圓融和善財童子，而對彌勒菩薩的關注則相對較
少，實際上李氏提出彌勒與遮那互為表裏的關係，無論是啟發我們關於華嚴初
發心思想還是理解因位修行和果海功德等方面都可作為重要之補充。

　　李氏還十分重視善財童子的初心實踐。善財童子遍訪善知識的內容出自
〈入法界品〉，此品是《華嚴經》中篇幅最長的，李氏將此品與〈世主妙嚴品〉、
〈佛名號品〉、〈十定品〉和〈離世間品〉合起來視作五種佛果，其中〈入法界
品〉對應的是「大智佛果遍周」，也就是聽法者在經歷了聽聞佛果莊嚴，進而
起信、開發佛智本性、成就普賢行等修行過程後最終導向證成的結果。〔註61〕
與華嚴宗人的理解不同，李氏單列善財求訪善知識的內容，使之與〈入法界
品〉中其前面的其他部分相平行，分別視為「六重因果」中的「第五古今本法
不思議因果」和「第六進修因果」〔註62〕。所謂「進修」，正是指明了善財童
子這一部分重於修行實踐的特色。李氏認為善財童子初發心及其一生成佛的
實踐，是初發心實踐的「軌範」〔註63〕，是全經的「表法之首」〔註64〕，同
時評價這種初發心修行是最為便捷快速的。〔註65〕通觀李氏對整部經典的解
讀，可以發現其對善財童子的實踐與菩薩修行位階之間的關聯十分重視，相
關的論述比比皆是，〔註66〕這無疑是其將修行實踐作為詮釋經典的基本框架

〔註59〕〔唐〕李通玄：《新華嚴經論》卷五，載《大正藏》第36冊，第751頁下。
〔註60〕〔唐〕李通玄：《新華嚴經論》卷七，載《大正藏》第36冊，第762～763頁。
〔註61〕〔唐〕李通玄：《新華嚴經論》卷八，載《大正藏》第36冊，第769～770頁。
〔註62〕〔唐〕李通玄：《新華嚴經論》卷十二，載《大正藏》第36冊，第796～797
　　　頁。
〔註63〕〔唐〕李通玄：《新華嚴經論》卷二，載《大正藏》第36冊，第730頁上中。
〔註64〕〔唐〕李通玄：《新華嚴經論》卷二，載《大正藏》第36冊，第731頁下。
〔註65〕〔唐〕李通玄：《新華嚴經論》卷二，載《大正藏》第36冊，第732頁上。
〔註66〕據統計，《新華嚴經論》提及「善財」共704次，除去懸談和〈入法界品〉的
　　　部分，尚有161次，其中主要以〈須彌頂偈贊品〉、〈十住品〉、〈升夜摩天宮
　　　偈贊品〉、〈十迴向品〉和〈十地品〉為主，也反映了這種前後的關聯性。

和前提。以十住初心為例，李氏將十住位十位菩薩與善財參訪的十位善知識，即從德雲比丘到慈行童女做關聯，指出此兩處皆是說明初發心，亦即信成就發心；十住發起的信心與善財的發心從本質上都與佛之知見相同，兩者該攝始終。相反，若是認為定有三世、遠近、延促的差別，將安立的六位行法視為必然，勢必落入凡情，從而失去彰顯本自具足的大智的機會，隨凡情和事相而轉。〔註67〕不過，另一方面李氏也承認兩者也存在差別，十住是入道初心，而善財是證成，如同初生者為長子，因而特別予以強調。〔註68〕此外，包括初發心住在內的十住前三者，又是與善財登上妙峰山有關聯，後者表法的意義在於通過信成就的初發心頓成根本智慧，由此照破一切障礙，超越一切凡情塵勞。〔註69〕對善財一生成佛的重視，實際上反映了李通玄在詮釋經典中以修行實踐為圭臬的價值取向以及注重頓悟和悟後起修的思路，這種對知行結合的強調與中國思想傳統中重視現世和現實的傾向高度相似，恐怕也是其在禪宗頗受重視進而在主流文化的嬗變方面扮演歷史角色的原因之一。

三、李通玄的特殊詮釋方法──關聯與表法

李通玄的解經具有的獨特性是理解其「初發心」思想的關鍵所在。《華嚴經》的組織架構本身就體現了「因陀羅網重重無盡」的特點，而李通玄不唯對此進行闡釋，而且更將之落實在其解經實踐中，使「帝網無盡」式的解讀成為其詮釋學的重要特色之一。另一方面，李氏深諳中國傳統文化，使其在解經過程中更將《華嚴經》的義理及其修證實踐置於中國本土文化的背景中，而以《易》解《華嚴經》也日益成為剖析李通玄思想頗受重視的一個層面。〔註70〕除了上文所說善財實踐、三乘圓融、遮那與彌勒等方面所體現的關聯

〔註67〕〔唐〕李通玄：《新華嚴經論》卷十七，載《大正藏》第36冊，第834頁上。
〔註68〕〔唐〕李通玄：《新華嚴經論》卷十六，載《大正藏》第36冊，第829～830頁。
〔註69〕〔唐〕李通玄：《新華嚴經論》卷十七，載《大正藏》第36冊，第832頁上。
〔註70〕邱高興：《以〈易〉解〈華嚴經〉──李通玄對〈華嚴經〉的新詮釋》，載《周易研究》，2000年第1期，第59～65頁；桑大鵬：《李通玄「易學華嚴」的符號學意義》，載《中外文化與文論》，2015年第3期，第99～106頁；劉媛媛：《「以易解華嚴」──李通玄的「周易表法」思想新探》，載《中華文化論壇》，2017年第9期，第77～82頁；瞿奎鳳：《「〈華嚴〉不如艮」與宋明儒佛論爭》，載《甘肅社會科學》，2011年第5期，第37～40頁；Koh S. Li Tongxuan's Utilization of Chinese Symbolism in the Explication of the *Avataṃsaka-sūtra. Asian Philosophy*, 2010, 20(2): pp. 141-158.

性與表法意味之外，在初心實踐和詮釋過程本身的關聯性和表法的運用也值得探討。

　　李氏對修行位階的詮釋展現了《華嚴經》「帝網無盡」式的關聯。李氏認為經中有五處序文，具有前後相攝的關聯關係，這一特色被其歸因為《華嚴經》並無固定的次第、本末，也不能以凡情所計別的時間、前後來衡量。〔註71〕實際上這也可以歸為一種在以信仰為基礎的經典展開史觀或者本跡史觀〔註72〕指導下的敘述，這種方式在架起溝通普通人和「賢聖」、「佛」之間在認知差異方面具有優勢。李氏還將菩薩修證位階之間進行聯結。在說明十住的初發心住時，李氏點出此無論是十住的任一位還是一直到十地，都不離「諸佛智慧大悲海境界」，因此其得出的結論就是即使在十住位，隨一位也是「五位通修」，〔註73〕反映了修行各位階之間的關聯之理論基礎。另一方面，就現實的情況而言，凡夫眾生更多是執諸位階為實在，習慣用勝劣的高下之別來判斷〔註74〕，而這是與一乘義相悖的。就修證的結果來說，每一位具足從初發心一直到十地成滿過程中所有的功用〔註75〕。這些關聯具有美學意蘊，同時為梳理品會之間及其人物之間存在的關聯性提供了可能，李氏的詮釋即將這種高度對稱和規律化的敘述當做一種探索表法詮釋的門徑，視之為規律而「總例然」〔註76〕。因此，李氏所認為的「初心成佛」也就因之不難理解了：所謂成佛不離本處，一位即具一切。

　　李氏將經中修行實踐的主體，即出場人物也化為前後關聯相攝的共同體。無論是從開篇信分五十五部眾，抑或是當品的菩薩以及善財所參訪的善知識，其出現都通過修證位階的相似性得以關聯。關於當品的菩薩，還有同名菩薩從十方來，其身形外貌及所修法門等都與當品當處的菩薩完全一致，這可以視為相同法門表法菩薩的同一性。而這一特點也被李氏用來與信分異類部眾相模擬，認為這是用來表明法門的無量差別。這樣同一性和差異性之間的關聯，被其視為「互相參徹」，也就是法門及其實踐者互相含攝，交參

〔註71〕〔唐〕李通玄：《新華嚴經論》卷八，載《大正藏》第36冊，第770頁上。
〔註72〕釋太虛：《我怎樣判攝一切佛法》，載《太虛大師全書》卷一，北京：宗教文化出版社，2005年，第436～451頁；宋道發：《本跡史觀視野中佛法的源流與興衰》，載《佛學研究》，2007年，第160～165頁。
〔註73〕〔唐〕李通玄：《新華嚴經論》卷十七，載《大正藏》第36冊，第833頁下。
〔註74〕〔唐〕李通玄：《新華嚴經論》卷十七，載《大正藏》第36冊，第833頁下。
〔註75〕〔唐〕李通玄：《新華嚴經論》卷二十，載《大正藏》第36冊，第854頁上。
〔註76〕〔唐〕李通玄：《新華嚴經論》卷二六，載《大正藏》第36冊，第904頁上。

無礙，而且是整部《華嚴經》都遵循如此的規律。〔註77〕另一方面，除了對善財參訪的善知識與對應修行位階進行廣泛關聯外，李氏注意到經中每一位善知識幾乎都會以「我唯知此一解脫門」來結尾，同時用「而我云何能知、能說彼功德行」相類似的句式來提醒善財這一位善知識還隱含了更多的修行法門。李氏認為，這就是說明任何一個位階都具足作為正位的果同時成為下一位的因，這樣前後位階在因果環環相扣中形成關聯。〔註78〕加之信分出場的護法神眾〔註79〕和當品說法的菩薩〔註80〕，這三部分的內容總體上呈現關聯，構築起《華嚴經》人法二重大緣起的恢宏敘事格局。

　　李氏在詮釋的過程中強調表法的意味。在解釋經題時，將初發心之因，即十信位視作「行花」，寓意修行實踐是成就佛果的必由之路，而這種菩薩行也如花朵一般具有「莊嚴」的作用。這種將菩薩行視作成佛之因，並以「花」為喻的說法，是李氏與前人所共同之處。李氏還進一步結合十信和十住的關係，說明十信的「因花」感得十住之「果」。〔註81〕具體到初發心住李氏將經文中的漢譯為「能主花」的「因陀羅花」賦予表法意涵，認為這種花正是象徵了初發心菩薩生如來家，能夠為眾生作說法主的意義。〔註82〕在解釋處所的時候，李氏將處所出現的顏色、位置、高度等都賦予了表法意味。例如，十信法門中的菩薩是從金色、妙色等十「色」世界而來，在李氏眼中金色是本體上是白色而外表為黃色，從而表示法身佛性智兼具潔白無瑕以及和氣益物雙重特點，而金色世界是文殊菩薩所從來國，正是說明了無處不是一真法界的意義。〔註83〕就方位上，金色世界屬於東北方，不但與《易》中的「艮卦」相關聯，同時還表示了丑寅之間的黎明，象徵由凡轉聖的前夜。〔註84〕這些比附充分運用時人所熟知的知識來解讀菩薩初發心的地位及其功用，是運用中國傳統文化詮釋和輔助理解佛教經典內涵的重要嘗試，後人雖因此產生無

〔註77〕〔唐〕李通玄：《新華嚴經論》卷六，載《大正藏》第 36 冊，第 754 頁上。

〔註78〕〔唐〕李通玄：《新華嚴經論》卷三四，載《大正藏》第 36 冊，第 957 頁上。

〔註79〕〔唐〕李通玄：《新華嚴經論》卷十一，載《大正藏》第 36 冊，第 788 頁下。

〔註80〕〔唐〕李通玄：《新華嚴經論》卷二六，載《大正藏》第 36 冊，第 903～904 頁。

〔註81〕〔唐〕李通玄：《新華嚴經論》卷九，載《大正藏》第 36 冊，第 774 頁下。

〔註82〕〔唐〕李通玄：《新華嚴經論》卷十一，載《大正藏》第 36 冊，第 787 頁下。

〔註83〕〔唐〕李通玄：《新華嚴經論》卷三，載《大正藏》第 36 冊，第 739 頁上～中。

〔註84〕〔唐〕李通玄：《新華嚴經論》卷三，載《大正藏》第 36 冊，第 739 頁上。

謂的爭論，但在「和而不同」共同價值底線基礎上反而更促進了三教的融合和溝通。〔註85〕另一個是有關善財參訪的南方，這一方位與《易》中的「離卦」相配，後者從卦象上即表「虛」，從而將之與佛教中道思想中的「不著兩邊」及「不離不即」等思想進行聯繫，〔註86〕從而暗示了善財參訪所必須的心理建設基礎。此外，在善財參訪德雲比丘時，其登妙峰山這一舉動連同「妙峰」這一名稱都被李氏進行充分解讀。〔註87〕李氏將登到山頂與須彌山頂說十住法門相聯繫，表明此處說法與十住之初心住相仿都是達到「無相可得」之境，登頂俯瞰頗有「一覽眾山小」之感，也暗示初心成佛及之後廣修萬行成就普賢功德之意。同時，李氏認為「妙」說明見性而自在的狀態，「峰」表示蕩除一切煩惱，而「山」則象徵超越了凡夫狀態，因此妙峰山這一處所就是出離世間、回入法界的標誌。李氏還將初發心所涉及的願波羅蜜與風輪相關聯，後者與凡夫所具有的妄想同屬「風」，在《華嚴經》敘述的世界海中，風輪是構築世界的基礎，這一表法同時也說明了由凡轉聖的可能性以及共同的起點。〔註88〕同樣，遵循重重無盡的規律，願波羅蜜仍然可以展開為十波羅密，再成十種風輪，由此因果無限循環構成法界。〔註89〕這些注重表法的詮釋，通過人們較為熟悉的意象、概念等輔助理解佛菩薩的境界，同時深刻浸染了中華文化的鮮明底色。

四、李通玄發菩提心思想的中國化意義

從儒到佛，應是中國古代佛教徒主要的思想歷程，而李長者又是隋唐時代充分運用中華文化的資源對佛典進行頗具特色的解讀的重要代表者之一。李氏的詮釋中注重實踐旨趣、發揮表法內涵、運用無盡緣起等特點，使其思想為後世佛教乃至儒道不斷隨時代嬗變之前導。李氏的「初發心觀」更是貫穿在其對《華嚴經》解讀中的一條重要的「線索」，也是集中反映李氏詮釋學

〔註85〕以「《華嚴》不如艮」為例，似乎本是周敦頤的一句勉勵後學的「話頭」，卻進而開展成綿延數百年的討論，讓這句提振儒者的「話頭」成為三教深入交流的某種推動者。可以參看：瞿奎鳳：《「〈華嚴〉不如艮」與宋明儒佛論爭》，載《甘肅社會科學》，2011年第5期，第37～40頁。

〔註86〕〔唐〕李通玄：《新華嚴經論》卷十五，載《大正藏》第36冊，第816頁上。

〔註87〕〔唐〕李通玄：《新華嚴經論》卷二，載《大正藏》第36冊，第733頁中。

〔註88〕〔唐〕李通玄：《新華嚴經論》卷十三，載《大正藏》第36冊，第802頁下。

〔註89〕〔唐〕李通玄：《新華嚴經論》卷十三，載《大正藏》第36冊，第803頁上。

特色的例證。李氏發揮人物、處所、顏色、位置、高度等多方面的意象的表法意味，將教理與實踐進行結合，構成了其獨特的「初心」思想，也豐富了華嚴學的中國化內涵。

李氏的詮釋為彌合思想張力做出努力。從梵本到漢譯的《華嚴經》，從經典原文到華嚴家的解讀詮釋，其思想不可避免的產生流變。李氏通過運用大量中國人熟悉的概念、理論、意象來解讀經中的內容，特別發揮了經典中注重「初心成佛」義，將之與《易》、顏色、人物的象徵性相聯結，從形式上減弱了外來文化與本土文化在話語上的差異。不過，不可否認的是，這種比附在當時有效而後續則成為爭論的焦點，這也是我們在今天重新詮釋經典時所應注意的。

李氏抓住經典的核心內容並運用發揮。《華嚴經》是講述佛的境界，而在「果分不可說，因分可說」的前提下，菩提心和菩薩行便是此經最重要的核心範疇。本經強調的「初心成佛」不但是李氏思想的重要內核，也是貫穿其解經全過程的一條「線索」，從作為判斷標準、真心的討論到結合修行實踐，「初心成佛」的思想逐步被詮釋為自利到自利利他的轉變點，並將之引導為「悟後起修」的實踐思路，這一思想也成為後續禪宗修行實踐的重要觀點。

李氏的詮釋重視實踐，從而增加了對後世影響力。在整部《新華嚴經論》中，李氏對經典的詮釋中較多採用善財參訪善知識的例證，並與菩薩修證位階相聯繫。李氏重視善財參訪善知識，將之與《法華經》中的龍女成佛並稱為一生成辦的典範；其運用卦象解讀南詢不但具有象徵意義，就內容上還包含了修行前的心理建設等內涵。這些獨到的詮釋既是中國人注重知行合一共同心理基礎的縮影，也是佛教教化體系的內在要求，自然適應人們的心理，而這也為後人接受這些觀點提供了思想基礎。

第六章　澄觀對華嚴發心的解讀與實踐

　　唐代的清涼國師澄觀〔註1〕繼承華嚴宗三祖賢首法藏的思想，為構建華嚴學這個龐大而深遠的義學體系做出了重要貢獻。經過法藏到澄觀的努力，華嚴學成就了中國佛教哲學體系的高峰，他們的思想對後世中國的佛教義學乃至作為整體的中國哲學都產生了重要影響。在澄觀生活的年代，新譯的八十卷《華嚴經》問世，當時關於新譯八十華嚴的注疏因「文繁義約」並不為澄觀所滿意，澄觀認為「唯賢首國師頗涉淵源。」〔註2〕同時，法藏的弟子慧苑對華嚴宗學說進行了不一樣的解讀，所以澄觀通過注疏等方式來釐清慧苑等對法藏思想的偏離，從而繼承和發展了賢首法藏的華嚴思想。由於這樣一系列的原因，澄觀「惄然長想」，遂發「吾既遊普賢之境界，泊妙吉之鄉原。不疏毘盧，有孤二聖矣」的志願。〔註3〕澄觀講解《華嚴經》五十餘遍，其所著涉及《華嚴經》的注疏總計達四百多卷〔註4〕，包括《大方廣佛華嚴經疏》、

〔註1〕據南宋祖琇《隆興編年通論》卷二十五記載：「師生歷九朝，為七帝門師。春秋一百有二，僧臘八十有三。」（《卍續藏》第75冊，第233頁上）；而梁慧皎的《高僧傳》卷五則說：「以元和年卒，春秋七十餘。」（《大正藏》第50冊，第737頁下）。今依陳揚炯《澄觀評傳》世壽102歲的說法（陳揚炯：《澄觀評傳》，載《五臺山研究》1987年第3期，第6～14頁）。

〔註2〕〔南宋〕祖琇：《隆興編年通論》卷十八：「觀每慨舊疏未盡經旨，唯賢首國師頗涉淵源，遂宗承之。製疏凡歷四年而文成」（《卍續藏》第75冊，第200頁中）

〔註3〕〔北宋〕贊寧：《宋高僧傳》卷五，載《大正藏》第50冊，第737頁上～中。

〔註4〕〔南宋〕宗鑒：《釋門正統》卷八說，載《卍續藏》第75冊，第359頁上。

《大方廣佛華嚴經隨疏演義鈔》、《貞元新譯華嚴經疏》等，因此澄觀法師被後人譽為「華嚴疏主」。除去這些注解類的鴻篇巨製外，澄觀還有許多涉及華嚴宗修行的小論，如《三聖圓融觀門》、《華嚴法界玄鏡》、《心要法門》等，這些也為我們一窺澄觀的思想提供了重要素材。縱觀澄觀一生的修行歷程，早年遍學佛教各門學問，最終以華嚴學為依歸，並繼承和發展法藏的華嚴學思想，著書頗豐，成為華嚴家一代祖師。

一、澄觀生平中的發心實踐

縱觀澄觀一生的成就，離不開他最初的發心。從「清涼十願」中，能看出澄觀初發心的勇猛；而依照這十大願終其一生的堅持，也給我們呈現了一位令人尊重的佛教修行人的形象。清涼十大願多為對身、口、意三業的防護，亦即通過發願來約束自己的行為、語言和內心活動。表面上看這些發願更多地是具有可操作性的行為規範，但通過對照〈淨行品〉所提供的修行法門，也能窺見這十大願與初發菩提心修行之間的關係。從最初發起到一生堅持不懈地實踐這十大願，清涼澄觀大師為我們展示了這樣值得思考的一生：在義學領域成就頗豐，同時也不忘記保持佛教修行人在日常行為，特別是自我約束方面。澄觀一生的成就源於最初的發心，而這也不無對今人提供了一種關於選擇人生成長路徑的參考。

清涼澄觀，俗姓夏侯，字大休，會稽（今浙江紹興）人氏。據《釋門正統》及《宋高僧傳》記載，澄觀九歲時在本州島的寶林寺依體真法師皈依，隨後十一歲時披剃。唐肅宗至德二年（757）時，澄觀時年十九歲，在曇一大師門下受具足戒，依照行南山律宗的戒律行持。此時，澄觀就發起了十大願，成為今後的學習和修行難得的起點，這「十大願」後世稱之為「清涼十願」，為後世屢次提及，成為佛教徒修行和人格陶冶的重要參考之一。此後，澄觀便開始了遍學佛法諸宗的求學歷程。這一延續了近二十年的求學歷程，起始於澄觀赴金陵（今南京）拜詣玄璧法師，求學關河三論教理。在南京，澄觀還在瓦棺寺學習《大乘起信論》和《大般涅槃經》，進而分別到淮南學習《大乘起信論疏義》、到杭州天竺寺師從法銑學習《華嚴經》，大曆七年（772）到剡溪師從成都慧量法師繼續學習三論教理，大曆十年（775）到蘇州師從荊溪湛然學習天台教觀，隨後又謁訪牛頭山、徑山、洛陽等處，學習南宗禪法，又隨慧雲禪師學習北宗的禪法。

　　在遍訪了各宗的善知識進行教理和修行的學習後，澄觀並不滿足所學，而是以五地菩薩那種遍學世間學問的精神來勉勵自己對佛教內外的學問和修行方法要遍學遍修：

　　　　觀自謂己曰：五地聖人，身證真如、棲心佛境，於後得智中，起世俗念、學世間技藝；況吾學地，能忘是心？遂翻習經、傳、子、史、小學、蒼〔註5〕、雅、天竺悉曇、諸部異執、四圍〔註6〕、五明、秘呪、儀軌，至於篇、頌、筆、語、書、蹤，一皆博綜。〔註7〕

從澄觀豐富的學習經歷來看，遍學了當時佛教主要流行的經論和主流宗派的思想，參學過程還包括禪修實踐方面；澄觀不但遍學了佛教的教理和修行法門，而且還進一步廣泛涉獵佛教之外的社會文化知識，從儒家經典、歷史、諸子百家思想，到中土的訓詁、辭章、天竺的梵文，乃至印度諸家思想，甚至還包括醫術、技術、梵唄、邏輯學、咒術、儀軌、寫作等各方面世俗技藝。這為其在歷史上因注疏《華嚴經》而被奉為「華嚴疏主」在知識儲備方面打下很充分基礎。

　　大曆十一年（776），澄觀遊學五臺山等地，最後復駐錫五臺山的大華嚴寺。在駐錫大華嚴寺期間，澄觀修行方等懺法，這類懺法是天台智者所倡行以來所流行的修行法門。期間，澄觀應大華嚴寺的寺主賢林法師之邀請，向大眾開講《華嚴經》。在大曆年間，八十卷的《華嚴經》已經譯就近八十年，但澄觀發現此經的注疏質量並不理想。他認為，當時通行的各種注疏往往在文字上十分繁瑣，但卻又不能充分展現《華嚴經》的主旨，因而發起人生另一樁宏願，亦即對新譯的八十卷本《華嚴經》進行注疏。經過四年時間（784～787），最終形成了二十卷的《大方廣佛華嚴經疏》。隨後便在五臺山大華嚴寺、太原崇福寺依據《華嚴經疏》來講解《華嚴經》。之後，唐德宗李适邀請澄觀赴長安參與四十卷《華嚴經》即《大方廣佛華嚴經入不思議解脫境界普賢行願品》的翻譯工作。澄觀在譯場從事的是詳定工作，這也反映了其多年講解《華嚴經》的成就得到官方的認可。隨後，德宗又詔澄觀基於新譯的四十卷《華嚴經》做注疏，遂成十卷《貞元新譯華嚴經疏》。此外，澄觀還應當時還是太子的唐順宗李誦詢問，作了《答順宗心要法門》等短篇論文。

〔註5〕似為「倉」，即《倉頡篇》、《訓纂篇》和《滂喜篇》合稱為《三倉》。
〔註6〕四圍陀（catur-veda），婆羅門的典籍。
〔註7〕〔北宋〕贊寧：《宋高僧傳》卷五，載《大正藏》第 50 冊，第 737 頁上。

澄觀一生經歷九朝，作為七個皇帝的「帝師」〔註8〕，死後也頗具哀榮，這與其一生著書立說和嚴謹行持密不可分。澄觀一生前期對佛教內外的學問都潛心學習，體現了其初發心後注重努力踐行的一面；而面對作為師長的慧苑等人對法藏思想的誤讀時，澄觀又能夠擔當釐清見解、中興華嚴的職責，並系統整理法藏的華嚴思想，系統提出「四法界」等符合華嚴宗一脈相承思想的見解，這另一方面又體現了其通過學修結合體悟華嚴教學，繼承並發展智儼、法藏以來華嚴教學思想的努力。澄觀一生的著述頗豐，講《華嚴經》超過五十次，體現了其誨人不倦，積極承擔的品格。這些展現給我們的高潔品格，都離不開其具足大戒時最初所發起的大願，這成為其一生踐行初心的具體寫照。

二、清涼十願：發心實踐之個性化

清涼十願是澄觀受持具足戒後所發起對個人修行的要求。考察藏經中的相關記載可以發現，這十大願的內容有兩個版本，分別最早見於北宋贊寧所著《高僧傳》及南宋祖琇所著《隆興編年通論》。前者成書於端拱元年（988）〔註9〕，後者成書於南宋隆興二年（1164）是目前所見最早的編年體佛教史書〔註10〕。後世關於清涼十願的記載皆與這兩部著作之一相同：如元代曇噩撰《新修科分六學僧傳》〔註11〕、明代周永年撰《吳都法乘》〔註12〕等關於十願的記載與《宋高僧傳》同；南宋釋本覺撰《釋氏通鑒》〔註13〕、金代志明撰《禪苑蒙求瑤林》〔註14〕、元代念常撰《佛祖歷代通載》〔註15〕、明代性

〔註8〕〔南宋〕本覺：《釋氏通鑒》卷十，載《卍續藏》第 76 冊，第 115 頁上。

〔註9〕據《宋高僧傳》中所附《進高僧傳表》記載了上表時間為：「端拱元年（988）十月」（載《大正藏》第 50 冊，第 709 頁上），及「自太平興國七年（982），伏奉勅旨，俾修高僧傳」（載《大正藏》第 50 冊，第 709 頁上）。

〔註10〕郭琳：《現存最早編年體佛教通史〈隆興佛教編年通論〉價值略述》，載《中國典籍與文化》，2016 年第 4 期，第 30～39 頁。

〔註11〕〔元〕曇噩：《新修科分六學僧傳》卷六，載《卍續藏》第 77 冊，第 116 頁中。

〔註12〕〔明〕周永年：《吳都法乘》卷六，臺北：新文豐出版公司，1987 年，第 204 頁。

〔註13〕〔宋〕本覺：《釋氏通鑒》卷九，載《卍續藏》第 76 冊，第 100 頁中。

〔註14〕〔金〕志明：《禪苑蒙求瑤林》卷二，載《卍續藏》第 87 冊，第 71 頁上～中。

〔註15〕〔元〕念常：《佛祖歷代通載》卷十四，載《大正藏》第 49 冊，第 601 頁上。

祇述《毗尼日用錄》〔註16〕、明代朱時恩所著《佛祖綱目》〔註17〕、明代鎮澄輯《清凉山志》〔註18〕、清代《宗統編年》〔註19〕等則皆與《隆興編年通論》所記載之十願相同。

《高僧傳》等所載的版本（以下簡稱「僧傳版」）如下：

> 觀恒發十願：一、長止方丈，但三衣、缽，不畜長。二、當代名利，棄之如遺。三、目不視女人。四、身影不落俗家。五、未捨執受，長誦法華經。六、長讀大乘經典，普施含靈。七、長講華嚴大經。八、一生晝夜不臥。九、不邀名、惑眾、伐善。十、不退大慈悲，普救法界。觀逮盡形期，恒依願而修行也。

這一版本的十大願包括：（1）住所不超過一丈見方（9平方米），隨身物品只有三衣（僧伽梨、欝多羅僧、安陀會）〔註20〕和缽，身無長物；（2）視名利如糞土；（3）眼睛不看女子；（4）身體乃至影子不落在世俗人家中；（5）長期持誦《妙法蓮華經》；（6）長期誦讀大乘經典，迴向給法界有情眾生；（7）長期講《華嚴經》；（8）夜不倒單（晚上打坐代替臥床水面）；（9）不追名逐利，迷惑信眾、破壞他人之善；（10）於大慈悲之心不退失，普遍救護法界眾生。此外，該版本雖未直接說明發願的時間，但通過「恒發十願」及「逮盡形期，恒依願而修行」這兩點也能看出對澄觀一生依照所發十願而修行之恒心的強調。

《隆興編年通論》等所載的版本（以下簡稱「通論版」）如下：

> 至德中得度具戒，即以十事自勵曰：體不捐沙門之表，心不違如來之制，坐不背法界之經，性不染情礙之境，足不履尼寺之塵，脅不觸居士之榻，目不析非儀之綵，舌不味過午之肴，手不釋圓明之珠，宿不離衣缽之側。

這一版本的十大願包括：（1）在行為方面，不損害作為沙門的儀表；（2）在內心方面，不違犯如來所制定的戒律；（3）落座時不背對《華嚴經》；（4）心性上，不染著世俗情感等妨礙修道的境界；（5）不踏足尼眾道場；（6）兩膀不接觸居士的床榻；（7）眼睛不注視沒有威儀的表演；（8）舌頭不品嘗過中午的飯菜；

〔註16〕〔明〕性祇：《毗尼日用錄》卷一，載《卍續藏》第60冊，第156頁下。
〔註17〕〔明〕朱時恩：《佛祖綱目》卷三一，載《卍續藏》第85冊，第620頁上。
〔註18〕〔明〕鎮澄：《清凉山志》卷三，北京：中國書店，1989年，第58頁。
〔註19〕〔清〕紀蔭：《宗統編年》卷十一，載《卍續藏》第86冊，第152頁中。
〔註20〕《四分律》卷六：「三衣者，僧伽梨、欝多羅僧、安陀會。」（載《大正藏》第22冊，第603頁下）。

（9）手不離開念佛用的念珠；（10）晚上睡眠時旁邊不離開衣缽。與上一個版本不同，該版本直接提及澄觀發此十願的時間是在受持具足戒之後不久，而且對於十願的表述為「十事自勵」，這一表述在其他典籍中也有所記載〔註21〕。

除了這些記載外，還能看到「清涼十願」作為激勵後人的發願文，在《緇門警訓》卷四所載《懶庵樞和尚語》、《如來香》卷十二和《石門文字禪》卷十九所載《慈明禪師真贊（並序）》、《禪門寶藏錄》及《天樂鳴空集》等皆有提及，不過沒有對發願文的全文進行提及。儘管如此，簡單統計提及清涼十願的書目達二十餘部，在信息不發達的古代，自澄觀法師發願的唐肅宗至德二年（757）起，從宋、金、元、明、清歷代皆有對這十大願的述及，足見其影響之大。這也和這十大願內容的難行而澄觀大師一生難行能行的精神感召密不可分。此外，以上兩個版本都能看出澄觀的初發心的猛利，而具體哪個為確定版本，對反映其初發心並不具有決定性影響，本文暫不討論。事實上，如果我們承認諸多引用和記載所表明的，澄觀從最初圓具僧戒時發心以來，歷經一生而堅持在行為上用十願來規範自己的行為，僅從這一點就能看出這為佛教大德的高潔人格。而下文所要討論十大願的具體內容，則將分別對「僧傳版」和「通論版」這兩個版本進行討論。

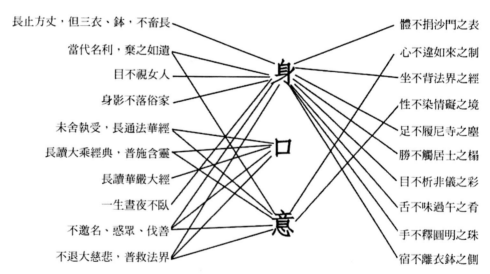

圖6-1　清涼十願兩個版本（左：「僧傳版」；右：「通論版」）與身、口、意

〔註21〕如：《歷朝釋氏資鑑》卷七：「是年，澄觀得度具戒，以十事自勵。」（《卍續藏》第76冊，第197頁上）；《沙彌律儀毗尼日用合參》卷三（《卍續藏》第60冊，第421頁上）；《宗統編年》卷十一（《卍續藏》第86冊，第152頁中）。

作為一種初發心，十大願首先是一種發願，亦即一種內心樹立目標的過程。佛教把人的行為分為身、口、意三業，也就是身體行為、語言和思想等內心活動。十大願本身首先是一種意業。但仔細區分「僧傳版」和「通論版」這兩個版本的十條願文，則進一步能夠把具體的內容與身、口、意三業對應起來（圖 6-1）。通過如圖的對比可以發現，「僧傳版」於身口意三業均有涉及，但由於表述的過於概括，因此一條願文往往對應兩至三個行為。這樣的描述一方面在具體操作中更符合實際情況，但另一方面對於審視自己行為的具體方面會相對地增加複雜性。相比而言，「通論版」以偈誦的形式直接地表明身體或者內心哪個部分需要防護什麼，內容和所需要防護的行為類型明確，但對於口業，亦即語言的防護，並沒有明顯的說明。

從澄觀所發這十大願的時間及其內容，可以認為更多地是初發心者的發願。與此相類似的，在《華嚴經》中〈淨行品〉一品的很多偈頌為《毗尼日用》、《朝暮課誦》所引用，為出家人日常行持的標準。〈淨行品〉前承〈菩薩問明品〉後接〈賢首品〉〔註22〕，處於整部華嚴「七處九會」〔註23〕中的第二會，為佛在普光明殿宣說，會主為文殊師利菩薩。這一會與其他諸會不同在於，佛未入定，乃是為居於信位的修行人所宣說「十信」法門的緣故。在〈淨行品〉之前，〈菩薩問明品〉通過文殊師利菩薩與其他十位菩薩以一問一答的形式將「十種差別」呈現出來〔註24〕，對世界進行理論層面的認識。接下來的〈淨行品〉則是將這些差別通過日常生活落實到行為和內心。〈淨行品〉是修行者最初發起菩提心之前所必經的修行過程，而這一過程則又是與樹立「信」密不可分的。〈淨行品〉的主體部分是由一百四十一條偈頌組成，從發心修行的菩薩在家，到出家，出家後的日常生活——從起床到睡眠的一天、

〔註22〕這兩品在晉譯《華嚴經》中分別為〈菩薩明難品〉和〈賢首菩薩品〉。

〔註23〕以下皆依照唐譯《華嚴經》中的說法。比較六十卷和八十卷《華嚴經》，八十華嚴中〈十定品〉為六十華嚴所無，且八十華嚴中第二至第六品在六十華嚴中合併為〈毗盧遮那品〉，而本文所討論的〈淨行品〉兩者幾乎相通，唯六十卷少一頌（140 偈頌），於本文所述及問題幾乎無影響。

〔註24〕《大方廣佛華嚴經》卷十三：「此娑婆世界中，一切眾生所有法差別、業差別、世間差別、身差別、根差別、受生差別、持戒果差別、犯戒果差別、國土果差別，以佛神力，悉皆明現。如是，東方百千億那由他無數無量、無邊無等、不可數、不可稱、不可思、不可量、不可說，盡法界、虛空界、一切世界中，所有眾生法差別，乃至國土果差別，悉以佛神力故，分明顯現；南、西、北方，四維、上、下，亦復如是。」（載《大正藏》第 10 冊，第 69 頁中）。

從修行到生活的方方面面、從遇到的環境到內心的調節等等。可以說,〈淨行品〉是出家修行一部操作性很強的指導手冊。

而澄觀甫一圓具大戒便發起了十大願,這也與〈淨行品〉施設的精神頗為一致。「僧傳版」中第 1-4 條、第 8-10 條主要地是對身體行為的防護:前兩條通過對日常用具和名利的少欲知足的態度來避免貪著,而第 3、4 條則是通過避免接觸的方式來消除違犯戒律的可能性,第 8 條夜不倒單是一種佛教的苦行方法,即晚上通過打坐禪修代替臥床睡眠,第 9、10 條則往往需要通過身口意三業的協同完成。其他的第 5-7 條則主要地是長期持誦大乘經典,宣講《華嚴經》,主要地是在語言和思想上對自己的要求。「通論版」除第 2、4條外,皆是對身體、落座、足、身體、眼睛、舌、口等具體的防護,為的就是遠離可能引起譏嫌和違犯戒律的境界,而第 2、4 條對於內心和性情的約束,則更是直接從思想上避免不良的傾向出現。對比〈淨行品〉中則是通過「當願眾生」的方式把面對的環境進行昇華。例如,對於容易引起內心波動的情況,如遇到容貌或美或醜的人〔註25〕、托缽乞食時遇到給予或拒絕者〔註26〕等等;此外,見到崇敬的對象時,則進一步把這樣的崇敬心情導向給了還未成就這樣功德的普通大眾〔註27〕。由此對比可以看到,澄觀所發的十大願,仍是以避免遇到不良對境和於崇敬對象生起恭敬心的角度來發願的,具體的行為有「此應作、此不應作」〔註28〕和戒律中「作持、止持」〔註29〕的意味。而〈淨行品〉則更多是通過昇華的方式,將出家修行所必然遇到的各種環境融攝到發願上來:對可能引起紛爭或者修行障礙的環境,通過樹立修行未導向的願望而予以昇華;對崇敬的對象則發起更廣大的願望——希望一切眾生都能夠便成令人崇敬的對象。此外,這句「當願眾生」也與發心者的心量有關——眾生可以是眼界所及的,娑婆世界的,也可以是無量無邊的,就像普賢菩薩發起的十大願〔註30〕那樣。因此,清涼十願偏重與對戒律的嚴持和日

〔註25〕《大方廣佛華嚴經》卷十四,載《大正藏》第 10 冊,第 71 頁中。

〔註26〕《大方廣佛華嚴經》卷十四,載《大正藏》第 10 冊,第 71 頁下。

〔註27〕如《大方廣佛華嚴經》卷十四,載《大正藏》第 10 冊,第 71 頁下～第 72 頁上。

〔註28〕《善見律毘婆沙》卷六,載《大正藏》第 24 冊,第 715 頁上。

〔註29〕〔唐〕道宣:《四分律刪繁補闕行事鈔》卷二,載《大正藏》第 40 冊,第 91 頁上。

〔註30〕如普賢十大願王第十「普皆迴向」最後所說:「菩薩如是所修迴向,虛空界盡、眾生界盡、眾生業盡、眾生煩惱盡,我此迴向無有窮盡,念念相續,無有間

常行為的約束，而〈淨行品〉通過「昇華」的方式對待面臨的對境，是居於十信位、將入賢位的菩薩所日常修行的方式。

三、圓融詮釋：《華嚴》注疏中的發心

　　澄觀被稱為「華嚴疏主」，在《華嚴經》的詮釋方面貢獻頗多，給後人留下卷帙浩繁的注疏文獻，因此理解澄觀所闡釋的華嚴發菩提心思想時，首先要通過其對《華嚴經》的注疏來入手。澄觀注疏《華嚴經》的文獻中，除了《華嚴經疏》、《華嚴經隨疏演義鈔》以及對於四十華嚴的注疏《貞元新譯華嚴經疏》、《華嚴經普賢行願品別行疏鈔》外，還包括《新譯華嚴經七處九會頌釋章》、《大華嚴經略策》，其中針對發菩提心的內容主要見於大經的注疏中，作為框架導讀的後三部對此問題著墨不多或其內容已為大經的注疏所包含，因此這裡僅就《華嚴經疏》、《疏鈔》的內容展開論述。

　　澄觀對《華嚴經》的整體理解，可以藉由《華嚴經疏》的序文窺見一二，這也是理解澄觀闡述華嚴發菩提心思想的一個總體指引。該序文僅九百多字，但澄觀卻花費《疏鈔》近兩卷的篇幅來對這九百餘字進一步的解釋，這提示了澄觀本人對《華嚴經疏》序文的重視。序文開篇「往復無際，動靜一源，含眾妙而有餘，超言思而迴出」〔註31〕四句即提出了對法界的多層次理解，同時也提示了運用華嚴法界觀來解讀經典、指導禪修的門徑。澄觀採用「體相用」的結構闡釋，將前三句分別對應於「用」、「體」和「相」；採用「本末」結構的詮釋則將前兩句分別對應為「從本起末」和「攝末歸本」，第三、四句則分別對應「本末無礙」和「本末雙泯」。〔註32〕無論是採取哪種詮釋方式，最後一句「超言思而迴出」都是對前幾句內容的超越，這一「分析→融通→絕言」的詮釋路徑不但為其闡發「發菩提心」的理論內涵，而且為發揮法藏的華嚴發菩提心觀法提供了基本架構。在描述《華嚴經》說法時空上，澄觀用「不起樹王，羅七處於法界」以及「不違後際，暢九會於初成」〔註33〕來說明整部經典是頓說、

　　斷，身、語、意業無有疲厭。」（《大方廣佛華嚴經》卷四十，載《大正藏》第 10 冊，第 846 頁中）。
〔註31〕〔唐〕澄觀：《大方廣佛華嚴經疏》卷一，載《大正藏》第 35 冊，第 503 頁上。
〔註32〕〔唐〕澄觀：《大方廣佛華嚴經隨疏演義鈔》卷一，載《大正藏》第 36 冊，第 1 頁中～第 2 頁中。
〔註33〕〔唐〕澄觀：《大方廣佛華嚴經疏》卷一，載《大正藏》第 35 冊，第 503 頁上。

一時說的，是超越時空的。因此，初發菩提心後，無論是後面寄位次第修行還是圓融的平等因果修行，實際上都涵蓋在佛陀一念說法之中。從這個意義上，就文字本身體現出來的先後順序就不具有絕對意義。不過，這種周遍法界的圓融性並不意味著其內部各種次第的混亂，與此相反，這一法界的圓融無礙既保證了內部的有條不紊，同時也以內部有條不紊作為成立其圓融無礙的基石。在談及說法方式上，澄觀提到「主伴重重」〔註34〕的運用，「主伴圓明具德門」是華嚴十玄門之一，意為對事物的理解要同時結合主要方面和作為助伴的次要方面，並發揮出不同視角下「主、主不能相見」的規定〔註35〕，從而保證世俗諦詮釋層面上的邏輯不混亂。「主伴重重」不但提供了在確定一個視角前提下對問題進行分析的基本方式，而且還提供了在視角轉換的情形下，每一個視角所得到的結論之間能夠不相紊亂、同時又能融通無礙的詮釋方法。無論是「圓融行布無礙」還是對法藏菩提三心三十義的發揮，又或者是其對其他思想體系的融會，都體現了對「主伴重重」詮釋原則的運用。

澄觀通過語義的多重性來發揮法藏的「圓融行布無礙」詮釋範式，進一步解讀了圓教一乘立場下初發心思想的內涵。智儼和法藏在詮釋經典的時候，就已經開始注意運用語義多重性，將之納入結合判教的名相解釋中，澄觀則進一步運用這種語義的多重性，將之直接作為一種解釋方法。澄觀對「初發心」之「初」字的解釋，有信成就發心和十住之初兩種。〔註36〕由此，初發心就包含了「信之初」的發心和「信滿」發心兩種〔註37〕，前者與法藏所說的始教發心，即剛剛發起一念對三寶之信心〔註38〕有相似性，而後者則可以對應於法藏所判釋的終教發心，也就是《起信論》上的「信成就發心」〔註39〕。法藏按照圓教一乘立場解讀十信、十住之間的初發心時，

〔註34〕〔唐〕澄觀：《大方廣佛華嚴經疏》卷一，載《大正藏》第35冊，第503頁上。

〔註35〕〔唐〕法藏：《華嚴經探玄記》卷一，載《大正藏》第35冊，第124頁上；〔唐〕澄觀：《大方廣佛華嚴經疏》卷一，載《大正藏》第35冊，第505頁下。

〔註36〕〔唐〕澄觀：《大方廣佛華嚴經疏》卷十九，載《大正藏》第35冊，第643頁中。

〔註37〕〔唐〕澄觀：《大方廣佛華嚴經疏》卷四九，載《大正藏》第35冊，第877頁下。

〔註38〕〔唐〕法藏：《華嚴經探玄記》卷四，載《大正藏》第35冊，第175頁下。

〔註39〕〔唐〕法藏：《華嚴經探玄記》卷四，載《大正藏》第35冊，第175頁下；《大乘起信論》卷一，載《大正藏》第32冊，第580頁中～下。

是將之直接與〈賢首品〉進行聯繫〔註 40〕，亦即十信滿之初發心即為〈賢首品〉所描述。在解讀〈賢首品〉與十住位初發心的差異時，其更多側重於信滿與初心住兩者為因果從一體兩面這個角度〔註 41〕。而澄觀則進一步辨析〈賢首品〉中的初發心與〈十住品〉、〈初發心功德品〉中的初發心之間的區別；他認為〔註 42〕，〈賢首品〉中的初發心是「該於初後」，也就是說此品的初發心具有更為廣泛的含義，是總括發心始終的；而〈十住品〉的初發心只是「信滿」的結果，其「發」具有「發起」之意並同時兼有「開發」的意味，而〈初發心功德品〉則是初發心住的功德。澄觀通過從對「發」字的多重義解讀出發，辨析了以初發心住為界，發心在其前後的差異，不但賦予了十信成滿以「該攝始終」的圓融意味，而且通過解讀「發」兼有「發起」、「開發」之意而將十信成滿過渡到其後的初發心住，賦予了發心的行布次第之意味。這種解讀是對法藏提出的「圓融行布無礙」詮釋範式的一種具體運用，通過對「初」和「發」字多義性的解讀，澄觀建立了關於圓融與行布之間無礙關係的一種理論結構。

　　澄觀還進一步發揮「緣起相由」、「法界融攝」〔註 43〕的詮釋模式，將之運用於解釋初發心功德的問題。法藏最早提出了這一詮釋模式並將之運用於對《華嚴經》中「十世」的解讀以及華嚴觀法之中，〔註 44〕而澄觀進一步將之明確為對「圓融門」的進一步展開，並從多種角度討論在〈賢首品〉中強調的「初心功德與佛齊等」之意。澄觀認為〔註 45〕，從「緣起相由」角度理解初發心，就是說發菩提心屬於普賢行的眾多緣起之一，各個緣起之間互相觀

〔註 40〕　〔唐〕法藏：《華嚴經探玄記》卷四，載《大正藏》第 35 冊，第 175 頁下。

〔註 41〕　〔唐〕法藏：《華嚴經探玄記》卷四，載《大正藏》第 35 冊，第 187 頁上。

〔註 42〕　〔唐〕澄觀：《大方廣佛華嚴經疏》卷十六，載《大正藏》第 35 冊，第 618 頁中。

〔註 43〕　此處，澄觀將法藏所說的「法性融通」改為「法界融攝」，由「法界」來替換「法性」在《華嚴經》從支分經到本經的翻譯演變中也可以看到。（《十住經》卷一，載《大正藏》第 10 冊，第 498 頁中；《佛說羅摩伽經》卷一，載《大正藏》第 10 冊，第 852 頁下；《大方廣佛華嚴經》卷二三，載《大正藏》第 9 冊，第 542 頁下）

〔註 44〕　〔唐〕法藏：《華嚴經明法品內立三寶章》卷二，載《大正藏》第 45 冊，第 621 下～第 622 頁下；〔唐〕法藏：《華嚴遊心法界記》卷一，載《大正藏》第 45 冊，第 646 頁下～第 647 頁上。

〔註 45〕　〔唐〕澄觀：《大方廣佛華嚴經疏》卷十六，載《大正藏》第 35 冊，第 618 頁下。

待、依存，具有相收、相入的關係，因此缺此發心的緣便不能成普賢行之果；同時，各個緣起之間還是彼此生起的緣，具有相即、相入的關係；因此，從這兩個意義上，初發心與佛果功德之間是綿延聯結、等無差別的，這是從因緣相資相攝的動態關係上說。另一方面，就「法界融攝」的角度而言，每一位階的修行都沒有離開普賢的無盡法界，同時每一位階也都包含了全部法界，雖然是在信門但也是「收無不盡」的，因此信成就發心即包含一切佛果功德，這是從每一部分即具備全體這一角度的「全息」式描述。此外，澄觀還運用「四料簡」方法分析了修行位階之間的關係，從而補充了「初心功德齊佛」的論述：首先是信滿發心之始「具終」、「具一切行位」，本身即是普賢德海，當然從果上說也就是佛之功德；其次是「終具始」，意為信滿發心屬於十地位的一部分，因而就直接意味著成佛證德的開啟，這是前一種情況的反面；第三是「始終相即」，也就是從信滿到成佛的過程中，每一位都包含全部的信息，一成一切成；第四種情況則是「始終相泯」，也就是沒有具體和固定性的解行，無論是信滿還是十住乃至十地等住位，其每一位本身就是普賢因、遮那果的功德。可見，在法藏對發菩提心功德的基本詮釋框架下，澄觀進一步發揮圓融無礙同時有條不紊的基本精神，運用邏輯性分析將「初心功德與佛齊等」這一命題更為細緻進行敘述，豐富了華嚴發心思想的核心內涵。

澄觀將「初心成佛」與對佛法的權實判別及其體悟的深淺進行了關聯，從而加強了華嚴發菩提心的實踐意味。分辨權實是以「究竟義」為標準而對佛教經典進行分類的一種方式，屬於教相判釋範疇，是對能詮之教的一種歸類方法；而深淺則是就修證實踐者對佛法理解的角度而言，某種程度上與行者根器上的差異有關，是對所修之人的一種評價。澄觀認為，十二分教〔註46〕分為權實兩種，這一區分應有表述上的深淺、所對根器的差異、本末之別、總說別說、會同佛意等五個方面的意義〔註47〕，其中就所對根器差異方面，正是要將如何正確理解「初心成佛」，即認為這種說法到底是權說還是實法，來作為判斷根器深淺的標準。澄觀認為，如果將「初心成佛」理解為「權巧方便」那麼就是淺薄的理解佛法深意了，由此就導致把修行的正途當做前方便、

〔註46〕即：契經、應頌、記別、諷頌、自說、因緣、譬喻、本事、本生、方廣、希法、論議，參見：《瑜伽師地論》卷二五，載《大正藏》第30冊，第418頁中～第419頁上。

〔註47〕〔唐〕澄觀：《大方廣佛華嚴經疏》卷一，載《大正藏》第35冊，第508頁上。

準備工作,從而忽略了此一修行階段的重要意義。〔註48〕換言之,並不能深刻體悟和實證這一部分而盲目過渡到「後續」階段,而這就造成只能按照次第行布門去修的這一種可能,從而圓融門的途徑便被忽視了。權實深淺的解讀作為一種從整體上把握佛教典籍基本價值取向的方法,是中國佛教判教思想的主要方式之一。澄觀權實深淺的判教方法,特別是結合根器的理解,一方面是對法藏根器學說的繼承,後者在《華嚴發菩提心章》「簡教」門中對修行實踐者根器的判斷採取了對「教」、「行」關係的理解這個標準,其中就蘊含了對教的理解深淺問題;另一方面,澄觀將「初心成佛」與根器深淺的判斷相結合,這還可以視為後續宗密在《原人論》中斥偏淺以及在解讀《圓覺經》時對圓教義進行判斷的思想前導。彼時宗密便採用與「初心成佛」具有相同意味的「觀行相應」義作為標準,這與澄觀對「初心成佛」的運用不謀而合。基於此,宗密進一步再探討「原人」時,便以真心為判斷深淺、偏圓的標準,從而最終將華嚴發菩提心與真心思想更為密切的聯繫起來。〔註49〕

澄觀對法藏所重視的菩提三心理論框架不斷運用和拓展。菩提三心即法藏在《華嚴發菩提心章》中所引用《起信論》裏關於「信成就發心」的三種心:「直心、深心、大悲心」。〔註50〕澄觀系統地將這一理論框架用於對三賢位的解讀,將十住、十行和十迴向分別對應於直心、深心、大悲心;同時他也指出十信法門以及等覺位分別從因位和果位具含三心。〔註51〕加上十地位作為三賢位對「解」菩提心後的「決定證」,從而說明發菩提心貫穿成佛修行的始終。這一始終包含了從十信,經由三賢、十地最後抵達等覺的行布次第路徑;同時,澄觀指出這三心是互相含攝、圓融無礙的〔註52〕,因此也可以理解所對應的寄位修行也是互攝圓融的,從而這一始終又蘊含了十信與等覺之

〔註48〕〔唐〕澄觀:《大方廣佛華嚴經隨疏演義鈔》卷六,載《大正藏》第36冊,第40頁下。

〔註49〕實際上,澄觀詮釋的華嚴發菩提心思想也蘊含了真心思想的因素。參見:〔唐〕澄觀:《大方廣佛華嚴經疏》卷三一,載《大正藏》第35冊,第742頁上~中。

〔註50〕(天竺)馬鳴:《大乘起信論》卷一,(天竺)真諦譯,載《大正藏》第32冊,第580頁下;〔唐〕法藏:《華嚴發菩提心章》卷一,載《大正藏》第45冊,第651頁上。

〔註51〕〔唐〕澄觀:《大方廣佛華嚴經疏》卷十八,載《大正藏》第35冊,第634頁中~下。

〔註52〕〔唐〕澄觀:《大方廣佛華嚴經疏》卷十八,載《大正藏》第35冊,第634頁下。

因果一體兩面的圓融路徑。在十地法門中，三心首先對應登地之前的四種加行，同時每一種加行又同時「具含三心」，〔註53〕此即圓融行布無礙的闡述。就三賢與十地的關係而言，三賢是十地法門的前方便，而考慮到澄觀認為三心與三賢具有對應關係，因而三心直接就是十地的加行，而後者澄觀將之用於對正修十地法門的菩薩之所依何身〔註54〕的闡述。可見，作為加行的三心，又可以作為行布次第門中下一階段的根器判斷標準，澄觀的這一思路也與法藏《華嚴發菩提心章》的意趣相同。在敘述準備起修十地的菩薩所具有的心理狀態時，《華嚴經》形容這種心理特徵為「直心、深心淳至」，並認為其「量同佛力」，〔註55〕澄觀則進一步將包含有「直心」、「深心」的意涵擴展為「樂修善行」和「契理契機」兩個層面，〔註56〕後兩者則分別對應於慈悲與智慧，正是菩提心的兩種內涵。

　　澄觀梳理並完善了關於發菩提心的一乘詮釋內涵。智儼援引〈離世間品〉的「十種發普賢心」來詮釋一乘發菩提心，法藏對此予以繼承並發揮，而澄觀在此基礎上進一步做了整理完善。在智儼看來，普賢心、普賢行、大悲心、發菩提心因緣和事善知識這五十門構成了對解位之方便的一乘詮釋，可以認為是對應於初發心住，而法藏則將對應初住的部分擴大為六十門，在智儼五十門基礎上加上了其後的「十種清淨」〔註57〕。而澄觀的解讀則是將之縮減為四十門，即減少了智儼和法藏都納入的「事善知識」十門以及法藏單獨列出的「十種清淨」，這二十門被澄觀視作有關第二治地住〔註58〕的一乘詮釋內容。實際上澄觀是將「事善知識」視為「因」，「十種清淨」視為「果」，是隨順《十住經》之意〔註59〕；同時，對照《華嚴經》〈十住品〉中第二治地住所

〔註53〕〔唐〕澄觀：《大方廣佛華嚴經疏》卷三三，載《大正藏》第 35 冊，第 757 頁上。

〔註54〕《大方廣佛華嚴經》卷二三，載《大正藏》第 9 冊，第 544 頁下。

〔註55〕《大方廣佛華嚴經》卷二三，載《大正藏》第 9 冊，第 544 頁下。按：此處對應唐譯華嚴的文字為「最上深心所持，如來力無量」（見：《大方廣佛華嚴經》卷三四，載《大正藏》第 10 冊，第 181 頁上）。

〔註56〕澄觀認為唐譯本中「深心」已經包含了「直心」的含義（〔唐〕澄觀：《大方廣佛華嚴經疏鈔》卷五八，載《大正藏》第 36 冊，第 456 頁中）

〔註57〕〔唐〕法藏：《華嚴經探玄記》卷十七，載《大正藏》第 35 冊，第 424 頁中。

〔註58〕〔唐〕澄觀：《大方廣佛華嚴經疏》卷五一，載《大正藏》第 35 冊，第 892 頁中、下。

〔註59〕〔唐〕澄觀：《大方廣佛華嚴經疏》卷五一，載《大正藏》第 35 冊，第 892 頁中。

描述的內容〔註60〕與此處的「事善知識」以及「十種清淨」也是有相似內涵的。而「事善知識」和「十種清淨」在法藏處則是將之分別視為增長菩提心的因素以及發菩提心之近果〔註61〕。此外，澄觀還將其所劃定的初發心住四十門的關係理解成「普賢心」為「總」、餘三者為「別」的關係，並進一步與「四弘誓願」對應起來〔註62〕。在「發菩提心因緣」方面，澄觀繼承法藏解讀的同時也進行了部分微調，這包括〔註63〕：其一，在對第二至第五門對應「除苦與樂」以及「除愚與智」判斷的基礎上，澄觀進一步將這四門與四聖諦相對應；其二，對後五門採用與法藏總、別分類所不同的分類方式，他認為六、七二門為「因」，最後三門為「果」，這也是兩人在具體內容理解上不同的體現；其三，澄觀還將前五門的內容與初心住之後第二治地住的前五心關聯起來，從而進一步論證了其將緊接「發菩提心因緣」之後的十種「事善知識」及「清淨」歸為與治地住相攝的合理性。

　　澄觀對發菩提心思想的闡述還注重對諸家說法的會通。在關於初發心以後各修行位階的討論中，澄觀梳理了《成唯識論》中的五位說，《攝大乘論》中的四位說，《瑜伽師地論》的十二住說、七地說，《仁王般若經》中的十三法師說、五位說、五十二位說以及《瓔珞菩薩本業經》中的四十二位說、六種姓說等諸家說法之後，最後依據《華嚴經》確立「四十二位說」，即與前述諸說最大的不同點在於「無別資糧、加行等名」，也就是四十二位各自本身是後面的資糧、加行，而單獨作為資糧位和加行位的其他位階則不存在，這就是「立行布圓融、二俱無礙」。〔註64〕此處的論述表明澄觀一方面綜合前人諸說的融合會通思想，另一方面也堅持了圓融無礙的特色，這兩方面都是華嚴發菩提心思想所具有的圓融特質的體現。除了運用法藏「圓融行布無礙」詮釋框架外，澄觀對發菩提心的詮釋還直接融合其他宗派的具體內容。在解讀十信法門的圓融特質時，澄觀全文引述天台智者（538～597）在《摩訶止觀》中的論

〔註60〕《大方廣佛華嚴經》卷十六，載《大正藏》第10冊，第84頁中。

〔註61〕〔唐〕法藏：《華嚴經探玄記》卷十七，載《大正藏》第35冊，第424頁下。

〔註62〕〔唐〕澄觀：《大方廣佛華嚴經疏》卷五一，載《大正藏》第35冊，第892頁中。

〔註63〕〔唐〕法藏：《華嚴經探玄記》卷十七，載《大正藏》第35冊，第424頁下；〔唐〕澄觀：《大方廣佛華嚴經疏》卷五一，載《大正藏》第35冊，第892頁下。

〔註64〕〔唐〕澄觀：《大方廣佛華嚴經疏》卷十八，載《大正藏》第35冊，第635頁下。

述。〔註65〕他認為，智者是依據〈賢首品〉創立天台圓頓止觀的；同時，援引智者「聞圓法、起圓信、立圓行、住圓位、圓功德、圓力用」作為對此品中「圓」的主旨的解讀。澄觀將之轉為「信、行、位、德、用」五門：其中「聞」是作為其他五門的前提；「信」、「行」二門全文引述智者的說法，是從義理辨析層面說明「圓」；而「位」、「德」、「用」之「圓」則是直接對《華嚴經》這一品原文的概括引用。澄觀幾乎全文援引智者的說法，並在此基礎上進一步予以評述，提出「聞」的內容因為取自《華嚴經》原文及華嚴教義的十玄門，因此屬於「圓」的範疇，從而將十玄門作為圓教一乘的判斷標準加以繼承，並運用天台宗的思想成果作為支撐，具有台賢交涉的意味。在解讀信成就發心時，澄觀除引述《瑜伽師地論》中對發菩提心的「四因、四緣、四力」的解讀框架進行評述外，還結合唯識學對信心加以闡釋。澄觀引述《成唯識論》，按照「實、德、能」的框架將「信」的對象加以歸納，使其包括了諸法事理、三寶淨德以及成佛的潛能三個方面內涵，〔註66〕並以此為標準進行判斷，認為《華嚴經》的內容「已攝初後」，也就是涵蓋了「實德能」全部的內容。此外，澄觀還引用《佛性論》的內容，將三種佛性、三種因與菩提心及所對應的修行位階相聯繫，說明了菩提心貫穿修行全部過程以及不同的因、果、位之間的聯繫。〔註67〕

在方法論層面，澄觀闡述發菩提心思想也具有圓融性。其一，注重發揮和運用華嚴經教的特色。《華嚴經》依「信解行證」有四分五周因果的劃分，前後內容因處於不同闡述的角度而呈現相互關聯性。與李通玄一樣，澄觀在注疏中也頗為重視對此的運用。從上述的一些討論即可知，在十信法門的解讀中，澄觀就將初發心功德、位階等與三賢、十地進行關聯，成為構建次第行布的基本框架；同時，還通過與〈離世間品〉、〈入法界品〉中善財南詢的關聯，構建一乘發菩提心的圓融詮釋。除此之外，澄觀通過繼承、闡述和發揮法藏以及智儼對晉譯《華嚴經》的詮釋成果，使華嚴發菩提心思想具有圓融和實踐的意味。其二，對諸家的思想既有援引，也有依此進一步發揮。除了

〔註65〕〔唐〕澄觀：《大方廣佛華嚴經隨疏演義鈔》卷三五，載《大正藏》第36冊，第266頁上～中。

〔註66〕〔唐〕澄觀：《大方廣佛華嚴經疏》卷十六，載《大正藏》第35冊，第619頁中。

〔註67〕（天竺）天親：《佛性論》卷二，真諦譯，載《大正藏》第31冊，第794頁上。

上述對天台、唯識和如來藏思想的直接運用，以及綜合諸說之外，澄觀還借助佛教之外的中國傳統典籍來對發菩提心思想的某些側面進行解讀。例如，在解釋〈賢首品〉「信為道元功德母」一句時，就從對「元」的解讀出發，將之與《易經》中「乾卦」的卦辭相聯繫，從而將信心解讀為至善、君子之仁。這一對照不但本身賦予信心以中國文化背景下的道德實踐意味，而且也蘊含了信心之後的關聯性：「亨」就是君子合乎禮之嘉會，進而有「利」於萬物之和氣，最終以「貞」即成就事業為歸趣；〔註68〕而發心之後也有菩薩眾會聽法、度化眾生、莊嚴國土以及成就菩提等階段，也與前面「亨」、「利」、「貞」具有某種暗合的意味，從而將信成就發心及菩薩行與君子的修養提升做了某種程度上的對照和比附。這一方面便於時人對信心重要意義的理解，另一方面也為借用本土思想文化詮釋佛教核心義理提供了一種思路。

四、澄觀關注真心的詮釋傾向

澄觀除了基於《華嚴經》注疏對發菩提心思想進行闡發外，還對其中涉及到修行實踐的內容予以關注。與法藏《華嚴發菩提心章》借助華嚴法界觀門而成立發菩提心觀修的特色不同，澄觀的觀法更多表現為具有融合性以及重視真心思想的方面。澄觀的止觀實踐思想，比較集中的體現於《三聖圓融觀門》、《華嚴心要法門》以及對《華嚴法界觀門》的注釋書《華嚴法界玄鏡》中。《三聖圓融觀門》從華嚴三聖表法的角度，提出華嚴宗的圓融止觀方法，而《華嚴心要法門》則是通過真心的角度，側重對發菩提心的本質性特徵以及核心功用的來闡述止觀的要點，上述兩篇文章集中體現了澄觀發心思想中關注真心和闡發圓融的旨趣。在《華嚴法界玄鏡》中，也可以看到澄觀對如來藏、心識等運作機制的討論，這些也是其真心思想的重要內容，同時也啟發宗密對發菩提心思想朝著真心論、心性論方向解讀的趨向。

澄觀認為，發菩提心與表法意義密切相關，其對此的解讀無論是在內容上還是方法論上都體現了圓融的旨趣。《華嚴經》說法主是毗盧遮那佛，經的前半部主要以文殊法門為主，後半部則以普賢法門為主，因而從說法者的象徵意味上構成了以遮那、文殊、普賢為主要對象的三聖圓融信仰。這一詮釋結構最初由李通玄在《新華嚴經論》中大量運用，而澄觀這裡又進一步以「三

〔註68〕〔唐〕澄觀：《大方廣佛華嚴經隨疏演義鈔》卷三五，載《大正藏》第36冊，第 269 頁下。

聖圓融」命名的著作《三聖圓融觀門》來進行專門的闡釋。澄觀根據「行布─圓融」的結構，將三聖圓融分別通過「相對」、「相融」兩門進行解讀。〔註69〕其中，「相對」是為了逐個的明確三聖的表法意義，亦即對三聖中各組成部分的分別敘述；「相融」則是在分別敘述基礎上，逐步討論各部分自身內部以及三聖之間的圓融性，最終將這種圓融導向與經題「大方廣佛華嚴經」的對應關係以及對「心佛眾生三無差別」這一教義闡釋之中。

　　就「相對」一門，因為遮那是佛果，果分不可言說，所以需要從「因」的角度來說明，因此就文殊、普賢的表法意義予以分別敘述。其中，文殊代表「能信、解、智」而與之對應的普賢則相對應的代表「所信、行、理」。就文殊所代表的「能信之心」〔註70〕，也就是具有「信」這樣一種功能與德用的「心」。按照澄觀引述《成唯識論》及窺基《述記》中對「信」的理解，「信」、「淨」具有相通之處，〔註71〕因此某種程度上兩個字有互相訓釋的意味。因此，與文殊表法相聯繫的「信心」就是「淨信心」，而這一點也是對發菩提心思想進行展開的理論起點之一。〔註72〕除了就「能信、所信」進行解讀外，澄觀還從「解、行」和「理、智」兩種角度來解讀文殊、普賢的表法意義。〔註73〕其中，文殊代表的「解」其對象即「理、事」，以此窮盡「方便」，從這個意義上，文殊代表的發菩提心還具有踐行菩薩道的意味，其中的理、事兩個方面又賦予了實踐過程中圓滿慈悲、智慧兩大成佛要素的意味。就「理、智」來說，文殊代表了「能證」的「大智」，也就是不動智、根本智，是「用」的部分；而普賢代表的是具有「寂」的特點的「體」，亦即真心；文殊普賢兩者的體用無礙，也說明了真心所具有的寂與知這兩個層面。

〔註69〕〔唐〕澄觀：《三聖圓融觀門》卷一，載《大正藏》第45冊，第671頁上。
〔註70〕〔唐〕澄觀：《三聖圓融觀門》卷一，載《大正藏》第45冊，第671頁上。
〔註71〕〔唐〕澄觀：《大方廣佛華嚴經隨疏演義鈔》卷三五，載《大正藏》第36冊，第267頁下～第268頁上。
〔註72〕關於發菩提心思想的梳理，參見第一、二章的內容。其中，例如日本學者田上太秀對巴利三藏與漢譯《阿含經》的對比研究中，發現漢譯本中的「菩提心」一詞對應巴利語中的「一向篤信」，後者也具有了「淨信心」的意味，而瑜伽行派和般若中觀對發菩提心因緣的闡述中，也有對三寶生起「信心」的內容，華嚴宗強調的「初心成佛」，更是以「十信法門」修滿之後，展開了成佛的圓融與次第行布兩種途徑。
〔註73〕〔唐〕澄觀：《三聖圓融觀門》卷一，載《大正藏》第45冊，第671頁上～中。

澄觀發揮《華嚴經》中「該攝始終」的原理，將信滿發心與成佛之間的圓融關係建構出來。這一建構是通過逐個敘述文殊與普賢之後，進一步敘述「相融」門而實現的。就單獨文殊這一方面，從「能信」之發心為起始，由信入解，由解成智，從而達到「信、解、智」三方面的圓融。〔註74〕就文殊與普賢之間的融合而言，能信與所信通過對「自心具有如來藏」而連接起能信之「自心」和所信之「如來藏」的融通，通過稱解起行、行不異解達到解行的融通，繼而通過理智之間的體用不二和定慧不二來達到理、智之間的融通；同時，普賢與文殊的互相含攝、交參無礙成為「帝網無盡」，成為進入華嚴一乘義的一種途徑。此外，普賢與遮那為因果，普賢與遮那為絕言、文殊從言說入信門，從而最終達到三聖的圓融。〔註75〕澄觀不但通過普賢與文殊兩聖及文殊、普賢、遮那三聖之間的融通關係，闡述了從信滿到成佛的始終不二、該攝一心的圓融特質，而且還將這種圓融關係進一步發揮運用。澄觀認為，普賢代表的是理體之「大」，文殊代表理的智用，是「方廣」，文殊與普賢皆具備「因華莊嚴」，遮那即「佛」，三聖圓融即「經」，從而建立起三聖與經題「大方廣佛華嚴經」之間的直接聯繫；同時他認為，經題全被三聖圓融所包含，因而說明三聖圓融即代表了《華嚴經》的全部，也代表了佛陀一代時教的全部。〔註76〕這一聯繫表明澄觀將教理內容的核心要素轉化為一種形象化的呈現，這既是對李通玄重視「取象表法」的某種意義上的呼應和繼承，也為展開依照《華嚴經》本身構建信仰體系和修行實踐方法提供了新思路。值得注意的是，澄觀的三聖圓融是以文殊表法所代表的發菩提心為起點，同時又以「心、佛、眾生無差別」為最終歸宿。〔註77〕可以看出，澄觀在繼承智儼、法藏以及李通玄對華嚴發菩提心思想闡釋中「初心成佛」基本精神的運用，還將發菩提心思想導入對真心的關注之中，這一動向到宗密時則進一步將華嚴發菩提心思想予以「真心化」、「心性論化」。

澄觀發菩提心思想中注重真心的特質在《心要法門》一文體現的更為明顯。這篇文章原題為《五臺山鎮國大師澄觀答皇太子問心要》，是澄觀為當時

〔註74〕〔唐〕澄觀：《三聖圓融觀門》卷一，載《大正藏》第 45 冊，第 671 頁中。

〔註75〕〔唐〕澄觀：《三聖圓融觀門》卷一，載《大正藏》第 45 冊，第 671 頁中～下。

〔註76〕〔唐〕澄觀：《三聖圓融觀門》卷一，載《大正藏》第 45 冊，第 671 頁下。

〔註77〕〔唐〕澄觀：《三聖圓融觀門》卷一，載《大正藏》第 45 冊，第 671 頁下～第 672 頁上。

還是太子的唐順宗李誦所作，收錄於《景德傳燈錄》卷三十，宗密對此有注疏題為《注心要法門》，方廣錩先生曾對宗密的這部注釋書進行系統的校勘整理，〔註78〕其中《景德傳燈錄》收錄的版本缺少了文後的「心要法門頌」。全文加上該頌也只有五百餘字，但其內容涵蓋了真心是修道根本、真心的特徵及其誤解的表現以及如何依真心契入修道坦途、修道效果之檢驗等方面，可以說文約義豐，體現了澄觀對依照真心進行修行實踐思想的主要內容。本文首句開宗明義表明成佛的根本在於心，如果結合《華嚴經》中「初心成佛」的教義以及從智儼開始逐步構建完善的華嚴發菩提心思想來看，這個心從目標指向的角度來界定，就是「發菩提心」。不過，智儼強調了一乘、三乘之間的差異，從而提高一乘發菩提心之地位；法藏通過系統構建華嚴發菩提心思想，建構以「初心成佛」、「三心三十義」為理論內涵和華嚴三觀、「色空十門」、「理事圓融」為主要實踐方法的系統性解行體系。在澄觀這裡，面臨的是南宗禪的興盛、挽回因慧苑的旁出造成的華嚴教學思想的混亂，同時還需要回應天台教觀的問難，因此澄觀關注了發菩提心的「體」的一面，通過這一角度將對發菩提心思想的詮釋路徑，從重點關注解脫論、佛性論轉向了對心性本身的討論，這在某種程度上賦予了發菩提心思想與中國學術傳統和道德實踐中注重人性、心性的結合點。

　　就《心要法門》這篇文而言，澄觀對「心」的特徵通過「體相用」的範式進行詮釋，並將之導入對真心的闡發以及止觀修行實踐之中，從而進一步賦予發菩提心以真心、實踐的內涵特色。「體相用」範式源自《大乘起信論》的詮釋結構〔註79〕，作為「體」的「心」在「相」上表現為「無住」，而將心與「無住」進行聯繫可以在較多的大乘經典中看到〔註80〕，宗密則根據《維摩

〔註78〕〔北宋〕道原纂：《景德傳燈錄》卷三十，載《大正藏》第 51 冊，第 459 頁中～下；〔北宋〕贊寧：《宋高僧傳》卷五，載《大正藏》第 50 冊，第 737 頁中～下；方廣錩：《注心要法門》，載《藏外佛教文獻》，2000 年：第 39～51 頁。

〔註79〕關於華嚴宗祖師理解和運用《大乘起信論》的評述，張文良教授做過系統研究。見：張文良：《〈大乘起信論〉思想史研究》，北京：中國社會科學出版社，2020 年 5 月，第 99～151 頁。

〔註80〕《大乘本生心地觀經》卷八，載《大正藏》第 3 冊，第 328 頁下；《大般若波羅蜜多經》卷三〇五，載《大正藏》第 6 冊，第 556 頁下；《大般若波羅蜜多經》卷五四七、五七一、五九八，載《大正藏》第 7 冊，第 815 頁下、第 950 頁上～中、第 1096 頁下～第 1097 頁上；《金剛般若波羅蜜經》卷一，載《大正藏》第 8 冊，第 763 頁上～中；《大方廣佛華嚴經》卷四二、七一，載《大

詰經》中的「無住為本」對此進行了解釋〔註81〕。在「心」的「用」方面，澄觀認為這表現為內外、廣深、空有、生滅、始終、得失等方面的圓融無礙，其中部分內容如「生滅」、「得失」是與《大般若經》中關於空性「不增不滅、不垢不淨、不增不減」〔註82〕的描述十分類似，其他如內外、廣深、空有、始終與般若系經典對空性的描述不同，特別是「空有」、「始終」兩者，前者是對空有的超越，後者則是對時序次第的超越。就具備體悟真心者的相狀方面，澄觀認為其特徵包括：妄心不生、真智現前、能所雙泯、離言絕待，從修行上能夠「不取不捨」、「無對無修」。在《維摩詰經》中以及法藏的《大乘起信論義記》中都將「不取不捨」用以描述入定之中的心和所緣境之間的關係。〔註83〕在禪修實踐方面，澄觀提出真心具有寂、知兩個功能特點，並通過兩者的雙泯、雙彰的兩個側面表明進行禪修實踐的要領在於綜合運用真心既具有寂靜無著、又具有靈知不昧的雙重特點，從而將禪修實踐中止、觀兩門在最初就加以融合。進一步通過泯、彰之間的融通以及重重的絕言達到真智現前的境界。〔註84〕儘管此處澄觀將禪修實踐的目標導向「般若」，但行文並未以此為結尾，而是進一步闡述般若是有情生命本自具足的，從而將之與心、根本智之間的關係進行闡述。澄觀此處是將般若視為「理」，而與心及其「智」的能力之間通過相成、雙泯等途徑，最終達到「因果交徹」，就菩提心或者真心來說就是「心佛眾生，炳然齊致」。〔註85〕澄觀的這一觀法理路，與法藏在《華嚴發菩提心章》中對發菩提心的觀修理路基本一致，即：方法上，通過相反、相成以及成反之間的進一步相資、相泯，最終達到圓滿表達與離言絕待兩者統一基礎上的圓融；內容上，通過止觀、心境的逐步融通最終達到心、佛、眾生，或者說法界的組成部分與全體之間的圓融無礙。這一闡述特點是，既包含了止觀實踐中的主要內容和方法，也含有對發菩提心思想「解」的進一步

　　　正藏》第 10 冊，第 221 頁中、第 384 頁中；《大寶積經》卷十一，載《大正藏》第 11 冊，第 59 頁下；《維摩詰所說經》卷二，載《大正藏》第 14 冊，第 547 頁下；〔唐〕慧能：《六祖大師法寶壇經》卷一，載《大正藏》第 48 冊，第 362 頁上。

〔註81〕〔唐〕宗密：《華嚴心要法門注》卷一，載《卍續藏》第 58 冊，第 426 頁上。
〔註82〕《大般若波羅蜜多經》卷四，載《大正藏》第 5 冊，第 22 頁中。
〔註83〕《維摩詰所說經》卷一，載《大正藏》第 14 冊，第 543 頁下；〔唐〕法藏：《大乘起信論義記》卷三，載《大正藏》第 44 冊，第 284 頁下。
〔註84〕方廣錩：《注心要法門》，載《藏外佛教文獻》，2000 年：第 48 頁。
〔註85〕方廣錩：《注心要法門》，載《藏外佛教文獻》，2000 年：第 48～49 頁。

深化。從這個意義上說，華嚴發菩提心思想具有始終不二、止觀不二基礎上的解行圓融特點，而這一特點在澄觀處更多以真心為樞紐而展開，這某種程度上也為宗密將圓教一乘的「初心成佛」的論述過渡到「觀行相應」起到前導作用。

第七章　宗密對華嚴發心的融合
解讀

　　華嚴宗和禪宗祖師圭峰宗密（780～841）是較早倡導禪教一致者，其思想的融合特質發揮了華嚴圓融思想，同時後啟來者，開佛教融合化發展乃至三教深度交流之先河。宗密所處的中唐時代，佛教經過隋唐以來宗派的成立，並因南宗禪法的興盛，形成了禪教並立的局面；同時，三教鼎立中的佛教具有更多話語權，也逐漸主動運用公共話語來詮釋佛教外的社會文化思想，並嘗試將之納入佛教思想之中。這一融合發展的推手之一就是圭峰宗密，他站在佛教華嚴宗的立場，在歷代佛教祖師和學者判教的基礎上，將儒道二家思想納入其中，通過《原人論》和《禪源諸詮集都序》互為表裏地將關於人與世界的本原、修行的基礎、頓與漸等問題予以系統性回答。宗密繼承華嚴宗的圓融內核，試圖突破教門和宗門的藩籬，將解經哲學和修行實踐相結合，這一努力在其系統注解《圓覺經》等方面亦可窺見一斑。而這種寓行於解，以解入行的思想也是對《華嚴經》解行並重精神的回歸。

一、會通融合，辨析「一心」

　　宗密由儒而入佛，由禪而通教，這樣的學修經歷加之四祖清涼澄觀啟融合交流趨勢，使得宗密的思想呈現融合化的價值取向。[註1]我們知道，但凡進行思想的融通或者就名詞及其背後含義方面的融合與會通，必然要將對前

────────────────

〔註1〕董群：《融合的佛教──圭峰宗密佛學思想研究》，北京：宗教文化出版社，
　　　　2000 年，第 36～42 頁。

人之觀點的條分縷析作為基礎，而對於「心」這一範疇自然也是需要以此標準進行區分和抉擇的。在宗密晚年的著作中，《禪源諸詮集都序》和《華嚴原人論》集中探討了其頗為注重的真心思想，這也是其在判斷佛教傳統的四類心的基礎上進行最終抉擇的結論。

宗密的融合會通是以針對當時佛教界存在的相關問題而提出的，融合會通中蘊含了其獨特的抉擇和思想，這也是考察其對「心」的分類及會通的思想基礎。在宗密的禪學著作《禪源諸詮集都序》（以下簡稱《都序》）中，其慨歎時人於教於禪則有偏頗一端、頓漸牴牾而出現了「人與法差，法為人病」〔註2〕的傾向，因此通過教三種和禪三宗來會通彼時出現的矛盾和問題。所謂禪三宗指的是「息妄修心宗」、「泯絕無寄宗」和「直顯心性宗」，教三種則是「密意依性說相教」、「密意破相顯性教」、「顯示真心即性教」。〔註3〕這是宗密立足於禪修實踐對佛教進行教相判攝的一種嘗試，從中可以看到宗密在理論的闡釋上尤為注重實踐的價值取向。這種實踐主導的思維，也成為其詮釋菩提心的過程中逐步從佛性論轉變為心性論的一個內在驅動因素。從宗密對法與人的關係進行評析這一點，也可以看出其重視修行實踐在其理論建構中的重要性。實際上，無論是這部《都序》據傳是為其所彙集的《禪藏》所作，還是《都序》本身字裏行間表現出的對當時禪門的理論性趨向的不滿意來看，宗密所需要的是真正的實踐性，即要多談禪行而非禪理。〔註4〕這種實踐性的思想背景是其對「心」的區分以及對發菩提心進行闡釋的重要影響因素。另一方面，宗密也毫不忽視佛教經典的作用，也就是「教」的重要性。宗密認為，「知經論權實方辨諸禪是非」、「識禪心性相方解經論理事」〔註5〕，也就是說「教」的理論是作為「禪」之實踐的指導，而「禪」之實踐則是理解經論中理和事關係的基礎，因此教和禪的關係是互為基礎和指導，因而互相資持的。這一禪教會通的思想，與華嚴教學中的「圓融行布無礙」的詮釋範式以及「權實雙行」的方法論等有著一脈相承的思路，前者由法藏系統提出並由澄觀進一步加以闡發〔註6〕。後者概念

<hr>

〔註2〕〔唐〕宗密：《禪源諸詮集都序》卷一，載《大正藏》第48冊，第399頁下。

〔註3〕〔唐〕宗密：《禪源諸詮集都序》卷一，載《大正藏》第48冊，第402頁中。

〔註4〕〔唐〕宗密：《禪源諸詮集都序》卷一：「然今所集諸家述作，多談禪理少談禪行，故且以禪源題之。」（載《大正藏》第48冊，第399頁上）。

〔註5〕〔唐〕宗密：《禪源諸詮集都序》卷一，載《大正藏》第48冊，第400頁中。

〔註6〕〔唐〕法藏：《華嚴經探玄記》卷一：「六顯位故者……此亦二種。一次第行布門……二圓融相攝門……此二無礙廣如下文諸會所說。」（載《大正藏》第35冊，第108頁下）；〔唐〕澄觀：《大方廣佛華嚴經疏》卷一：「然此二無礙：

本身即出自《華嚴經》〈離世間品〉〔註7〕，這一品是由「解」導入「行」的內容，所謂「權實雙行」，就是將終極目標與當下的努力相結合的方式，呈現為既注重出世間法和佛果位的超越性同時又兼顧不完美的現實性，將圓滿（「實」法）和不圓滿（用「權」法加以引導）統一於修行實踐；宗密在此則將之用於對禪教關係、判教以及發菩提心思想等方面的闡釋中。

此外，他採用華嚴宗獨特的十門開啟詮釋方式對禪教關係加以說明。十門開啟的靈感應是直接來源於《華嚴經》對各種問題往往通過十個方面進行展開的詮釋方式，按法藏〔註8〕理解，這種十門的開啟正是「顯示無盡法義」的方式，而且這種方式具有普遍意義。宗密將之運用到禪教關係的闡述中，指出禪教關係可以通過十種方式加以會通，這包括〔註9〕：第一，以本末關係會通，將佛視為「本」後人所傳禪和教為「末」，從而說明禪教的不矛盾性；第二，以禪三宗和教三種會通禪門各宗的差異；第三，確定佛教經典為修禪者的實踐依據，特別是對於上根利智者更需要「圓通」經教，將之作為直接的指南；第四，進一步引入了不了義對經典進行權實的區分；第五，以經典為依據對禪修實踐進行辨別具備現量、比量和聖言量三種標準，因而是完備的；第六，通過《都序》進一步回答當時對坐禪等方面的諸多問難；第七，釐清法和義，即真心和真如隨緣的關係，其目的是為了消除禪門偏重觀心而忽視真心的展開的不足，以及教門偏重真如隨緣之「義」的層面，而在繁複的說理中忽視了真心的不足；第八，辨明「心」這一範疇的多重含義，確定真心的本質性；第九，指出存在多種的漸、頓關係並不妨礙其各自作為修行實踐思路的正確性，指出這些看似相違的各種修行理路，實際上只是面對實踐者不同的需求而呈現的差異而已，從而闡明漸、頓之間也是互相資持而非是彼此排斥的關係；第十，說明師徒相傳的教學過程中，都是具有針對性的提出修學實踐的引導，所以決不能將這種引導的一部分執為究竟或者認

以行布是教相施設，圓融是理性德用。相是即性之相，故行布不礙圓融；性是即相之性，故圓融不礙行布。圓融不礙行布，故一為無量；行布不礙圓融，故無量為一。無量為一，故融通隱隱；一為無量，故涉入重重。」（載《大正藏》第 35 冊，第 504 頁中）。

〔註7〕《大方廣佛華嚴經》卷五六，載《大正藏》第 10 冊，第 296～297 頁。

〔註8〕〔唐〕法藏：《華嚴經探玄記》卷三：「此等一一皆以十門說者，為顯無盡故也」（載《大正藏》第 35 冊，第 152 頁中）。

〔註9〕〔唐〕宗密：《禪源諸詮集都序》卷一，載《大正藏》第 48 冊，第 400～402頁。

為這一過程就是全部的內容了，從而說明《都序》對相關問題的解讀必須要在分析基礎上予以全面的看待。

從上述的分析可以發現宗密對問題的闡釋和解讀具有分類基礎上的圓融，圓融指導下的會通以及會通過程中的堅持自身觀點這三個特點，而這也是理解其對發菩提心思想的詮釋的基礎。在上邊所談的第七點中，宗密從法和義的關係來說明禪修和經教指導之間的關係，而「法」對應於本質性的、離於言語詮表的「心」，而「義」則屬於對這一離言詮之「心」的描述與展開。宗密認為：

> 凡欲明解諸法性相，先須辨得法義。依法解義，義即分明；以
> 義詮法，法即顯著。〔註10〕

這就是說，對於萬法的理解都要以辨明「法」和「義」為起點，前者是本質性，由此才能對現象層面的「義」進行明確化解讀；而「義」則是為了詮釋和說明「法」的，如果離開了「義」的說明與詮釋，那麼「法」便沒有為人們所瞭解的途徑了。這裡關於「法」和「義」的辨析與《大乘起信論》中的相關內容頗為類似，該論認為要安立「大乘」，需要從「法」和「義」兩方面來入手。其中，前者「法」指的是眾生心，總含一切世間、出世間法；而後者「義」則是「法」的顯現，表現為緣起法的現象與差別。〔註11〕因此，無論是從選擇立論的切入點來看，還是就具體對「法」和「義」的理解方面，宗密在《都序》的論述是頗受到《大乘起信論》之影響的〔註12〕。此外，關於「法」和「義」的關係，宗密還舉世間的事物金器為例，認為「金」如同「法」，在金器這個事物上是類似本質性的存在，而金作為一種材料其理化性質的不可變動性就是「不變」，而金的材質可以製造種種形狀的器皿而呈現不同的功能就類似於「隨緣」。〔註13〕這種比喻在法藏所作《金獅子章》

〔註10〕〔唐〕宗密：《禪源諸詮集都序》卷一，載《大正藏》第48冊，第401頁中。

〔註11〕〔天竺〕馬鳴造，〔南朝梁〕真諦譯：《大乘起信論》卷一：「摩訶衍者，總說有二種。云何為二？一者、法，二者、義。所言法者，謂眾生心，是心則攝一切世間法、出世間法。依於此心顯示摩訶衍義。」（載《大正藏》第32冊，第575頁下）。

〔註12〕關於華嚴宗對《大乘起信論》的重視逐步提高的思想史論述，參見：張文良著《〈大乘起信論〉思想史研究》，北京：中國社會科學出版社，2020年5月，第99～151頁。

〔註13〕〔天竺〕馬鳴造，〔南朝梁〕真諦譯：《大乘起信論》卷一，載《大正藏》第32冊，第575頁下。

中也有論述〔註14〕，但此處宗密更進一步將金器的比喻與《大乘起信論》中的「一心開二門」〔註15〕學說相關聯，從而強調了性與相之間存在的既對立又統一的關係。按照《大乘起信論》所啟發的思路，宗密進一步認為，「性」、「相」只是「一心」的呈現，分別是「一心」的「不變」層面和「隨緣」層面，因而當時佛教界所出現的對「法」和「義」的偏頗理解就成為性相二宗相爭不下的原因。〔註16〕因此，在宗密來看，只有辨明「一心」才能解決性相二宗勢同水火的理論矛盾，此處宗密提出了用真心來彌合「性」、「相」以及「不變」、「隨緣」之間所存在張力的命題，而這一問題尚需進一步的論證和展開，而這就需要對「一心」進行辨析，所以從根本上對「心」進行區分和歸類並予以抉擇勢在必行。

宗密將以往佛教經典和傳統中對「心」的定義做了概括，將之歸為四類，即：肉團心、緣慮心、集起心、堅實心〔註17〕。其中，「肉團心」就是作為色身器官的心臟，這是一般人都普遍認為的「心」的含義；第二種「緣慮心」指的是具有能夠對外境進行了別和響應，具有這樣功能的「心」，也就是佛教所講的八識，這種「心」各有善惡的區別，因而佛教傳統中的「善心、噁心、淨心、垢心、貪心、嗔心、慈心、悲心」等都屬此類，而這與當代科學所說的心理學和潛意識在某種程度上是一致的；第三「集起心」則單指第八識，也就是阿賴耶識，所謂的「集起」就是種子生起現行的含義；第四種「堅實心」也稱為「真實心」，是前面三種心的本質。宗密綜合前人關於心識的觀點，認為第八阿賴耶識是不存在自體的，它只是「真心」被無明所覆蓋而處於「不覺」的一種狀態而已。〔註18〕而這種不覺就是「一心」作為「法」而呈現的「義」；同時，即便是這種「覺」的狀態，也僅是屬「一心」之「法」的另一種「義」的呈現而已。這就是說，對「一心」的描述以及「一心」要顯示其作用都要通過「不變」之「真心」以及「隨緣」之「阿

〔註14〕參見：方立天：《方立天文集》第三卷，北京：中國人民大學出版社，2012年，第247～251頁。

〔註15〕（天竺）馬鳴造，〔南朝梁〕真諦譯：《大乘起信論》卷一：「顯示正義者，依一心法，有二種門。云何為二？一者、心真如門，二者、心生滅門。是二種門，皆各總攝一切法。」（大正藏，第32冊，第576頁上）

〔註16〕〔唐〕宗密：《禪源諸詮集都序》卷一，載《大正藏》第48冊，第401頁中。

〔註17〕〔唐〕宗密：《禪源諸詮集都序》卷一，載《大正藏》第48冊，第401頁下。

〔註18〕〔唐〕宗密：《禪源諸詮集都序》卷一，載《大正藏》第48冊，第401頁下。

賴耶識」、「萬法」來完成。此外，「真心」和前三類的「妄心」在「一心」
的統一體中不僅體現為在概念區分層面上的差異性，還同時體現為同一性
和統一性，共同構成了性、相的無礙關係。〔註 19〕關於真心，宗密還將之
與人的本原進行聯繫，在其很可能是針對韓愈所作之《原人》的論文《華嚴
原人論》中，在層層指出諸家思想在人之本原這一問題的理解上具有的種
種侷限性之後，宗密提出其認為最能充分理解人之本原的「一乘顯性教」所
理解的最終答案，即：人的本原在於「本覺真心」；同時，這種真心也是「如
來藏」、「佛性」等的異名，而造成凡夫與聖賢存在差異的根本原因也迷失了
這種真心。〔註 20〕宗密指出這種對真心的迷失，實際上是對自身本原的不
明確，也就是對真心不能體察和接受；同時，因為對虛妄的現象界的執著，
並不具備自身本來是佛的覺悟，從而不能按照佛的狀態去行事，也不能「心
契佛心」，所以執凡夫的狀態為自己，進而流轉生死。所以，解脫的關鍵就
是當體覺悟佛的本性，體認「迷悟同一真心」，從而就可以返本還源，直至
成佛。可見，宗密將對真心的體認賦予了是否具有真實理解人之本原乃至
成佛的標準等方面的意義，而這也成為其發菩提心思想的基本理論底色。
宗密通過對「心」的區分，確定了真心的本質性地位，並將其他的「心」作
為真心的展開和顯現而加以會通，這一過程充分反映了其會通舊說的同時
也堅守有抉擇性的立場的詮釋特點。

　　宗密在論及其所倚重的禪三宗的第三「直顯心性宗」時，他提出「真性」
是無相、無為的，從「真性」的體來說，離開一般意義上的凡聖、因果、善惡
的二元論，但就「真性」的用來講則「能造作種種」，無所不包。〔註 21〕這個
說法實際上就是順著「一心開二門」的思路對「法」的進一步詮釋，只是此處
的「法」用了更為具體的描述，宗密指出有兩類說法可以用來描述這個不可
言說的「真性」：其一，現實層面的各種造作本身就是佛性，「即此本來是佛，
除此無別佛也」。這一認知意味著不是「起心」修道，道本身就是「心」的同

<hr>

〔註 19〕〔唐〕宗密：《禪源諸詮集都序》卷一，載《大正藏》第 48 冊，第 402 頁
　　　　上。

〔註 20〕〔唐〕宗密：《原人論》卷一，載《大正藏》第 45 冊，第 710 頁上。

〔註 21〕〔唐〕宗密：《禪源諸詮集都序》卷一：「三、直顯心性宗者，說一切諸法，
　　　　若有若空，皆唯真性；真性無相無為，體非一切，謂：非凡、非聖、非因、
　　　　非果、非善、非惡等。然即體之用而能造作種種，謂：能凡、能聖、現色、
　　　　現相等。」（載《大正藏》第 48 冊，第 402 頁下）。

義語；同時，顯現為惡的也是「心」。因此，並不是一個決定意義上的「斷除」而達到修道的目的，通過這樣遠離斷、修的兩種邊見達到「任運自在，方名解脫」。〔註22〕宗密認為，能夠遠離斷修二執的原因在於「真性」與虛空相似，屬於無為法，是不增不減的，因此並不需要也不存在一種可以通過「修」或者「斷」而達成的路徑；而這一狀態是隨時、隨處可以通過止息造作從而自然顯發出來。這意味著「心」的本質性一直存在，但因為其他的因素令凡夫沒有體認，因而需要通過做「減法」而非「加法」的方式回歸本源，甚至以「修」善法和「斷」不善為名義的那些執著都是屬於要做「減法」、需要去除之列，而這樣通過減法而非加法的方式才是「真悟、真修、真證」。〔註23〕從這個角度來說，凡聖的差異不在於「心」的功能性運用，而在於運用後的「第二念」，也就是對這些映像入身心的「境」是如何認知的；離開那種對緣起不如實的認知所導致的陷入無明窠臼的狀態，就是離開了凡夫的狀態，而通過這一「境」而隨順緣起，如實認知則便是達到了聖賢的狀態。其二，宗密所用以詮表「真性」另一種說法是「諸法如夢，諸聖同說」，因此「真心」顯示為一種空寂的狀態，同時這種空寂又是「真心」具有「知」這一功能的基礎，因此，「寂」「知」的相攝成為描述真心的同義語。〔註24〕這一詮釋方式將「真心」的狀態和功能融會一爐，並強調了「空寂」狀態對發揮「靈知」功能的基礎性作用，從而隱含著對止觀修行實踐的價值判斷和止觀雙運次第關係的判斷。例如，在從迷轉向悟的過程中，得善友開示是一個輔助因素，在此基礎上要在「備修萬行」的同時「唯以無念為宗」，這種修而無住的雙行法，是「無修而修」，經過淡泊愛惡、增明悲智、斷除罪業、增進功行，當盡煩惱、絕生死時，消除生滅對立，達到「寂照」的狀態而能發起無限的功用，這就是最終

〔註22〕〔唐〕宗密：《禪源諸詮集都序》卷一：「一云，即今能語言動作、貪嗔慈忍、造善惡受苦樂等，即汝佛性；即此本來是佛，除此無別佛也。了此天真自然，故不可起心修道：道即是心，不可將心還修於心。惡亦是心，不可將心還斷於心。不斷不修，任運自在，方名解脫。」（載《大正藏》第 48 冊，第 402 頁下）。

〔註23〕〔唐〕宗密：《禪源諸詮集都序》卷一：「性如虛空不增不減，何假添補？但隨時隨處息業，養神聖胎增長，顯發自然神妙，此即是為真悟、真修、真證也。」（載《大正藏》第 48 冊，第 402 頁下）。

〔註24〕〔唐〕宗密：《禪源諸詮集都序》卷一：「二云，諸法如夢，諸聖同說。故妄念本寂，塵境本空。空寂之心，靈知不昧，即此空寂之知，是汝真性。」（載《大正藏》第 48 冊，第 402 頁下）。

所抵達的成佛的結果。〔註 25〕因此，在宗密看來，性相併不是對立的，而是一體的兩面，由此不但闡述了其關於「真心」的立場，而且對性相二宗的對立做了會通的嘗試。

另一方面，宗密還在教三種的闡釋方面對「真心」進行解讀。《都序》中的這部分解讀，除了與《華嚴原人論》相關論述及援引《華嚴經》的原文有不少重迭外，還通過自問自答的形式進一步闡釋了「真心」的「寂知」特點。就兩部著作重迭的部分而言，宗密主要通過立論的形式說明「真心」是一切眾生本自具足的「覺性」，是為「本覺」，這種「本覺」就是「真心」，也是如來藏、佛性等的異名。而凡聖的差異就在於「妄想顛倒」而不能「證得」，實際上這種解讀正是對《華嚴經》相關內容的重複〔註 26〕，而這些內容也為宗密當做聖言量的教證所引用〔註 27〕。在《華嚴原人論》中，宗密進一步基於此做如下評述：

> 我等多劫未遇真宗，不解返自原身，但執虛妄之相，甘認凡下，或畜或人。今約至教原之，方覺本來是佛，故須行依佛行，心契佛心。返本還源，斷除凡習，損之又損，以至無為，自然應用恒沙，名之曰佛。當知迷悟同一真心，大哉妙門，原人至此。〔註 28〕

宗密指出體認自身與佛等無差別是學佛成佛的轉變點；在未有體認這一點之前，處於對實相的虛妄認知狀態，認為所處的凡夫狀態是實在的、是難以改變的，由此流轉六道；而體認我與佛等無差別後，也就是接納了本來具有「真心」以及「覺性」之能力，進而需要按照佛的標準行事、用心，而這一過程在三乘來看是修和斷，而在宗密所認為的圓頓教來看則是做「減損法」，是返回本原的過程。在《都序》中，宗密通過對真心的直接描述，進一步將這一返本

〔註 25〕〔唐〕宗密：《禪源諸詮集都序》卷一：「由無始迷之故，妄執身心為我，起貪嗔等念。若得善友開示，頓悟空寂之知……覺諸相空心自無念，念起即覺，覺之即無修行妙門，唯在此也。故雖備修萬行，唯以無念為宗，但得無念知見，則愛惡自然淡泊，悲智自然增明，罪業自然斷除，功行自然增進。既了諸相非相，自然無修之修。煩惱盡時，生死即絕，生滅滅已，寂照現前，應用無窮，名之為佛。」（載《大正藏》第 48 冊，第 403 頁上）。

〔註 26〕這一部分內容屬於《華嚴經・如來出現品》中關於「如來心」的第十種相狀，參見：《大方廣佛華嚴經》卷五一，載《大正藏》第 10 冊，第 272～273 頁。

〔註 27〕〔唐〕宗密：《禪源諸詮集都序》卷一，載《大正藏》第 48 冊，第 404 頁下；〔唐〕宗密：《原人論》卷一，載《大正藏》第 45 冊，第 710 頁上。

〔註 28〕〔唐〕宗密：《原人論》卷一，載《大正藏》第 45 冊，第 710 頁上。

還源的基礎以及「減損法」的可能性必要性等進行闡明：

　　問：上既云性自了了常知，何須諸佛開示？

　　答：此言知者，不是證知。意說真性，不同虛空木石，故云知

也。非如緣境分別之識，非如照體了達之智，直是一真如之性，自

然常知。〔註29〕

宗密關於這些問題的回答，是通過對「知」的辨析切入的。他指出此處所說
的「知」，不是一般意義上的認知，而是凡聖都具有的「真性」功能之顯現，
因此「知」直接就是「真心」或者「真性」的一種作用，為了與無情做區別，
才使用「知」來強調作為有情具有對外境明顯反映、應激的作用。在進一步
引用《華嚴經》相關品證明這一觀點的同時，宗密進一步解釋「知」不同於凡
夫的「識」，後者是分別的功能，不屬於「真知」，真知是建立在無念的基礎
上；而另一方面，「知」也不是「心境界」，因此「知」也不是通過「智」來證
得的狀態。同時，「知」不是離垢而清淨，而是當體即淨。〔註30〕通過瞭解這
些特點便可以說明作為「真心」作用方面的顯現，「知」不是靠「修」得的，
也不是靠「斷」而顯發的。宗密進一步指出，「此心雖自性清淨，終須悟修方
得性相圓淨」〔註31〕，也就是在承認自性清淨的基礎上不荒廢悟修的過程，
而悟修的過程不忘記自性清淨的本來面貌。這實際上是對當時禪教偏於離垢
清淨、自性清淨的某一端，從而紛爭四起的狀態的一種挽回的努力。這種當
下成佛的潛力與修行實踐的雙行不悖，成為宗密詮釋的一大特點，也是對《華
嚴經》和華嚴宗祖師注重初心成佛和歷位修證之間圓融無礙的進一步運用。
而這一雙行的基礎，就是眾生的「靈知之心，即是真性，與佛無異」〔註32〕。

　　由上可見，宗密將真心的作用描述為「知」和「寂」兩個特點的圓融無
礙，從而賦予「心」以修行實踐的意趣。在「直顯心性宗」中兩個方面詮說
「真心」，前一種說法強調了基於「真心」功能所發揮作用的角度溝通凡聖的
差異與共同性，也就是「不變隨緣」中的「隨緣」居多，體現為真心功能在顯
現層面上的差別性解讀；而後一種說法則是從特性與總體功能的角度來談「真
心」，更側重「不變隨緣」中的「不變」部分，體現為對真心進行本質性和共

〔註29〕　〔唐〕宗密：《禪源諸詮集都序》卷一，載《大正藏》第 48 冊，第 404～405
　　　　　頁。
〔註30〕　〔唐〕宗密：《禪源諸詮集都序》卷一，載《大正藏》第 48 冊，第 405 頁上。
〔註31〕　〔唐〕宗密：《禪源諸詮集都序》卷一，載《大正藏》第 48 冊，第 405 頁上。
〔註32〕　〔唐〕宗密：《禪源諸詮集都序》卷一，載《大正藏》第 48 冊，第 405 頁上。

同性的解讀。在「顯示真心即性教」中提出基於「真心」的修行不是靠「修」和「斷」的獲得法、增益法，而是通過回歸真心的「空寂」，引發其「靈知」功能的返本還源的過程，這一過程是對體認本自具足佛性後所應實踐並達到成佛目標的路徑。總之，宗密以禪三宗和教三種的判攝中，對真心進行抉擇，將之描述為「知寂」的相攝關係，這豐富了關於真心的相關詮釋，同時也為其繼續闡述發菩提心思想提供了頗具濃厚實踐色彩的思想基礎。

二、「初心成佛」導向「觀行成就」

在《華嚴經》解行並重的敘述中，發菩提心無疑是聯結理論與實踐之重要橋樑，作為本經乃至成佛這一佛教最高價值取向的起點，《華嚴經》將初發菩提心視作成佛的關鍵。宗密以前的華嚴家——智儼、法藏、李通玄及澄觀等人都對《華嚴經》中「初心成佛」義為代表的發菩提心思想予以關注，並結合教相判攝、修行位階、真心與妄心關係等角度進行解讀。宗密的發菩提心思想既有延續前人成佛修行論等說法的繼承性的一面，也有在真心成佛立場進一步延伸解讀的突破性的一面。宗密將發菩提心的內涵逐步過渡為真心的顯發，並進一步將之與修行中的解證、頓漸、真妄、始終等關係範疇相聯繫，並運用發揮真心、圓覺思想將初心成佛逐步與「觀行成時」相聯繫，使之成為一種更加重為修行實踐的詮釋路徑，建構了其獨到的對發菩提心思想。

宗密對初發心的解讀更強調了信成就，這成為其關於「初心成佛」定義的特色之處。在引用《起信論》中的說法，即將初發心定義為「信根成就」後，順理成章的與「初發心住即成正覺」相聯繫。〔註33〕在宗密看來，初發心是信成就發心，並且達到「初心住」就等同於成佛。這一理念不但是對前人解讀《華嚴經》中初心成佛義的繼承，同時還進一步明確地將發心之「始」的信成就意義和發心之「終」的成佛結果相聯繫，這一始終不二的觀點正是其圓融思想的具體表現。宗密還指出，《圓覺經》中特別開列信位，將之與《華嚴經》中專門特開出一會六品來說明信心這一情況進行對比，暗示《圓覺經》也具有圓教的地位。〔註34〕實際上，宗密的這一說法與前人對圓教

〔註33〕〔唐〕宗密：《圓覺經大疏釋義鈔》卷九，載《卍續藏》第 9 冊，第 648 頁中。

〔註34〕〔唐〕宗密：《圓覺經大疏釋義鈔》卷十一，載《卍續藏》第 9 冊，第 701 頁下。

判攝信位問題的解讀是有所區別的。如法藏指終教就已經將信位含攝於十住之前方便，而到了圓教則開圓融、行布二門，其中的行布門亦是寄位終教。〔註35〕可見，法藏的觀點是信位在終教和圓教的角度上都不是自成一位，而澄觀也基本繼承了這一說法。〔註36〕對於信心，似乎宗密較之前人更為重視，不但強調了《圓覺經》中開列信位和《華嚴經》的初會「生信分」的重要意義，而且還將這種信與判教相聯繫。他指出，所謂的「權漸教」反而是不開「信門」，其原因是這些「權漸教」的「信」和圓教的「信」不同，認為「彼但信教便名為信，未必悟解故」〔註37〕。因此，宗密是站在「信位」在不同教相中的差異性來強化他的圓教立場，而法藏和澄觀則是通過信位與十住之間關係在不同教相的差異來確立圓教，這一差異也表明宗密較前人更為重視初心與信心之間的緊密聯繫。此外，值得指出的是，在繼承《華嚴經》「初心成佛」基礎上，宗密將之與《圓覺經》中的「觀行成就」〔註38〕相聯繫，從而賦予了《圓覺經》中的相關內容具有與「初心成佛」同等之地位，這一對應將修行實踐的旨趣和更加重視初心中的信心發起等方面的特色予以發揮，這也隱含了真心在其中的作用，從而使成佛論和心性論形成關聯，也使兩者之間的前後過渡成為可能。

　　宗密將「觀行成就」與「初心成佛」等而視之地作為解經和實踐的判斷標準。宗密指出「觀行成時」即「圓同佛果」，〔註39〕也就是將「觀行成就」作為成佛的標誌。另外在《禪源諸詮集都序》中，宗密更直接將《華嚴經》中的「初心成佛」和《圓覺經》中的「觀行成就」〔註40〕等同起來，同時確立為判教標準。將「觀行」和「初心」相聯繫的理論依據可見於《華嚴經》〈梵行品〉〔註41〕，就這一部分的解讀法藏並未展開過多，而澄觀的解讀也

〔註35〕〔唐〕法藏：《華嚴經探玄記》卷四，載《大正藏》第35冊，第175～176頁。

〔註36〕〔唐〕澄觀：《大方廣佛華嚴經隨疏演義鈔》卷三一，載《大正藏》第36冊，第233頁上。

〔註37〕〔唐〕宗密：《圓覺經大疏釋義鈔》卷十一，載《卍續藏》第9冊，第701頁下。

〔註38〕〔唐〕宗密：《圓覺經大疏釋義鈔》卷十三，載《卍續藏》第9冊，第750頁下。

〔註39〕〔唐〕宗密：《圓覺經大疏釋義鈔》卷十三，載《卍續藏》第9冊，第750頁下。

〔註40〕〔唐〕宗密：《禪源諸詮集都序》卷二，載《大正藏》第48冊，第407頁中；〔唐〕宗密：《圓覺經大疏》卷三，載《卍續藏》第9冊，第415頁上。

〔註41〕《大方廣佛華嚴經》卷十七，載《大正藏》第10冊，第88～89頁。

是將此品所述的觀行作為成佛之「因」來說明〔註42〕，同時兩人的解讀都是將重點放在了「初心成佛」上，而並未對經中提到的「觀行相應」有所關注。而宗密則關注到了「觀行相應」和「初心成佛」的關聯性，特別是聯繫到〈梵行品〉這一品重點講述的內容是有關修行實踐的，由此更可以看出宗密念念不忘的是以修證視角來解經的努力，而對發菩提心的解讀也自然而然遵循了這樣的思路。在《圓覺經》中的「觀行成時」對應於〈威德自在菩薩章〉，這一部分的內容經中列出了止、定和禪三種圓覺法門。〔註43〕按照宗密的解讀，這一部分應判定為「皆與初發心時即成正覺相當」，也就是說這三種觀行法門是成佛之「因」〔註44〕。這一表述與澄觀在〈梵行品〉中關於觀行與初心成佛之間關係的描述相類似，由此可以看出宗密似乎是試圖比照《華嚴經》相關內容的解釋，將之運用於對《圓覺經》的解讀和運用的一個表現。對於「觀行成時」，宗密將之解讀為「覺性圓明」、「清淨」，泯除「垢識」〔註45〕；在宗密看來，觀行成就意味著開啟「佛性」，真心的作用得以顯露，從而心是「清淨」的，此時屬於妄心的八識泯除不再起作用。宗密還將《圓覺經》中真心與八識的關係和《楞伽經》、《起信論》等如來藏系經論的觀點進行比對，得出《圓覺經》是「約返流說其生起」，而其他都是「隨流」而說的結論。〔註46〕這也提示我們宗密將《圓覺經》與《華嚴經》的性起思想相聯繫，從而意圖突出此經的獨特地位。

宗密不但將「初心」和與之等同的「觀行成就」視作判教標準，還將之與修行位階、斷伏煩惱等相聯繫，從而將這一標準從解經和義理詮釋擴大到含有修行實踐旨趣的論述面向。在宗密看來，修行實踐中的斷惑以及具體施設的修證位階是建構修行實踐系統的重要基礎，而這些內容自然需要結合一定的標準進行判斷，從而凸顯圓教的旨趣。在判定斷惑及修證位階的過程中，都是以初發心住或「觀行成就」作為是否為圓教的標準。宗密指出，初心住後即可成佛之原理首先是華嚴圓教所認為的「位位圓斷」從而「位位成

〔註42〕〔唐〕澄觀：《大方廣佛華嚴經疏》卷十九，載《大正藏》第 35 冊，第 643 頁上。
〔註43〕《大方廣圓覺修多羅了義經》卷一，載《大正藏》第 17 冊，第 917～918 頁。
〔註44〕〔唐〕宗密：《圓覺經大疏釋義鈔》卷卷十三，載《卍續藏》第 9 冊，第 752 頁上。
〔註45〕〔唐〕宗密：《圓覺經大疏》卷二，載《卍續藏》第 9 冊，第 362 頁上～中。
〔註46〕〔唐〕宗密：《圓覺經大疏釋義鈔》卷七，載《卍續藏》第 9 冊，第 616 頁中。

佛」〔註47〕，同時初心住就是「觀行成就」也意味著「對境不生」以及「一切寂滅」，對應為伏住煩惱的狀態。〔註48〕值得注意的是，宗密也認為這種頓成的修行路徑並不妨礙漸次修行的路徑，相反，頓和漸兩種方式反而是一種互相資持的關係。他引用佛的教誡來說明頓悟後尚需勤加修行從而斷煩惱、我見、習氣，而這些正是呈現為一種漸次成佛的過程，與此同時悟後起修仍需要求善知識、隨善友共同修學等，這也與善財的修行實踐方式相呼應。〔註49〕此外，宗密還進一步引用天台智者的《六妙法門》來說明這種漸次關係，後者是智顗有關不定止觀的著作。宗密所引的部分，其中指出證的相狀有兩種，即：相似證和真實證，對應《六妙法門》第十「證相」中的「圓證」部分，其「圓證」的特徵即是「觀行成時」〔註50〕，由此說明宗密關於「觀行成時」的思想也與天台智者的某些不謀而合或受其影響。按宗密的判斷，初發心住可以認為屬於「相似證」也可以認為屬於「真實證」，這在經中都有相對應的說明，而這種多重可能性正體現了圓頓教中「因果交徹」從而前後證相不侷限於一種的特點。〔註51〕

　　在判定修行人的類型，也就是所謂的根器方面，宗密採用對於初發心和觀行成就的認知深淺作為判定的標準。宗密認為對佛意的理解有兩類偏頗的傾向，即以深為淺和以淺為深，前者就是將佛的實說當做權巧方便，從而不能信受本來應是正修的法門，後者則是將修行的前方便和接引法當做正修之途而失去進一步修行的方向，兩類都偏離了佛之本懷，這種討論即是一直以來的權實之辨。在這個視角下，宗密將「初心成佛」認為是佛之深意與本懷，從而指出指「初心成佛」為淺的人會認為經中的「初發心即成正覺」是如來方便說，最終不能以初發心作為修行的通途，進而還會將佛的境界不合時宜的推高，這就導致「速證」成佛的進程被大大推遲了。〔註52〕實際上，關於佛意深淺之理解的探討也是對澄觀思想的繼承。澄觀在探討「機差教別」，即隨不同根機眾生施設差異性教化方式的過程中，即對佛意深淺解讀進行說明，

〔註47〕〔唐〕宗密：《圓覺經大疏》卷三，載《卍續藏》第9冊，第405頁上。
〔註48〕〔唐〕宗密：《圓覺經大疏》卷三，載《卍續藏》第9冊，第405頁上。
〔註49〕〔唐〕宗密：《圓覺經大疏》卷三，載《卍續藏》第9冊，第405頁上。
〔註50〕〔隋〕智顗：《六妙法門》卷一，載《大正藏》第46冊，第555頁上。
〔註51〕〔唐〕宗密：《圓覺經大疏》卷三，載《卍續藏》第9冊，第415頁上。
〔註52〕〔唐〕宗密：《圓覺經大疏釋義鈔》卷二，載《卍續藏》第9冊，第496頁下。

他認為諸佛的說法其特點或目的都是隨順所化眾生的根機，而法都是聖人的旨意皆是「深玄」者。〔註53〕從這個意義上，所謂的教相，實際上都是為引導眾生成佛而設置的不同途徑，所顯現的權實、高下之別全在於眾生根機的差異性，而對佛陀本懷之一的「初心成佛」的深淺理解正是一種判別根機高低的標誌。類似地，觀行成就也是根器的判定標準。宗密指觀行成就是「解證」，因為觀行成就不成其為究竟的果位所以是「解」而非究竟證，同時由於是依照戒定慧修得所以有「證」的成分，因此這種「證」的狀態是「未究竟證之證」，也成為「解悟」。〔註54〕由此可見，宗密不但重視發菩提心和與之相當的觀行成就在判定眾生根機方面的作用，還結合其獨到的頓漸融合關係模式來試圖將看似矛盾的兩個方面進行彌合，下文亦將詳述之。

三、真心為依，彰顯發菩提心的實踐面向

宗密解讀和詮釋《圓覺經》中，將信成就發心這一範疇與佛之本懷、佛之秘密相聯繫，確立了初發心和信心的基礎地位。《圓覺經》作為其一生所倍加推崇的經典，宗密多次注疏，先後有《大疏》及《鈔》和《略疏》及《鈔》等存世，作為一部如來藏思想的經典，宗密對其的解讀除了具有結合修行實踐和發揮圓融等特點之外，還有其注重將信心（位）和初發心住等相關內容引入解讀，反映了比較重視這些範疇基礎性地位的傾向。《圓覺經》中有「如來秘密」的說法，宗密解讀為兩種秘密，即如來秘密之藏和如來本身就是秘密。〔註55〕前者宗密謂之是「漸教門」中所攝〔註56〕，實際上就是一般意義上的如來藏，也就是未開發之前蘊含一切有情生命中的「佛性」。這種解讀反映了宗密將華嚴的終教也一併歸到三乘，從而獨顯圓頓教一乘性質的傾向。而第二種就是直接體認如來三業即秘密，從而開出身口意三密，其中以「初心住」為修證階段，以「信根成就」為心行特徵的「決定信」成為三密中的意秘密。實際上，宗密之謂「佛之秘密」，就是「一乘佛之知見」，也就是一般認為的佛陀本懷。而直接顯露這一本懷的就是佛之意秘密，也就是「初心成佛」

〔註53〕〔唐〕宗密：《圓覺經大疏釋義鈔》卷三，載《卍續藏》第 9 冊，第 522～523 頁。

〔註54〕〔唐〕宗密：《圓覺經大疏釋義鈔》卷三，載《卍續藏》第 9 冊，第 537 頁上。

〔註55〕〔唐〕宗密：《圓覺經大疏》卷二，載《卍續藏》第 9 冊，第 371 頁中～下。

〔註56〕〔唐〕宗密：《圓覺經大疏》卷二，載《卍續藏》第 9 冊，第 371 頁中～下。

或「決定信」。需要指出的是，無論是所謂的「漸教門」還是「如來即秘密」的圓頓教，所指都是學佛者對「一乘如來知見」的差異性認知，而不是佛的狀態或者成佛路徑有高下之別。因此，包括對初心成佛在內的「一乘如來知見」的理解進一步成為根機判斷標準，從而將佛性論和修行論相結合，並引入到真心為特徵的心性論上，而這一聯結的關鍵節點就在於此。

初發心還可作為修行實踐的起點，從而將發心修行過渡為願行關係及其實踐。宗密認為初發心時的決定信是修行的起點，同時也是不退轉的標誌。〔註57〕按照他的解讀，決定信就意味著信根成就，也就是信心成其為「信根」，而「根」具有能持自體和能因之生長兩種功能，自然「信根」是「根」也具有這兩類功能。能持自體意味著對「初心成佛」的一乘佛之知見的信心具有不退轉的性質，從而保證了修行一直是向著圓滿普賢行的方向而不是其他方向，因此顯現為不退轉。而「根」具有的能生長功能賦予了信根以支持修行不斷進步的能力，從而成為修行實踐的起點。這一解讀將初發心與修行實踐的結合具體細化為「決定信」以及是否穩固方面，從而具有指導實踐的意義。同時，「悟後起修」的方式是「順理稱性」，需要在理上和行上的相統一，〔註58〕這種知行結合是意圖彌合初發心成佛與發心修行者並不都是立即得到修行成就這一現實之間矛盾的一種嘗試，也是一直以來頓漸關係討論中的一個側面〔註59〕。值得注意的是，初心作為一種「願望」性質而存在，也被宗密用於與修行實踐相結合的方面。宗密認為，初發心時必須要發起「四弘誓願」，同時從發願，經由在煩惱塵世中歷事練心、廣度眾生，最終才能成就一切種智。〔註60〕這樣一來便將初發心和實踐的關係轉化為「願行關係」，而初發心成為一種修行實踐的轉變點和新階段之起點。宗密認為，「願行相資」如車之兩輪、鳥之雙翼〔註61〕是缺一不可的，同時「願行關係」中的「願」與投射了凡夫情感意義上的「願」是有所差異的。前者被宗密描述為「發於情、表於言」卻「都不反驗自意」者，並將之斥為

〔註57〕〔唐〕宗密：《圓覺經略疏鈔》卷九，載《卍續藏》第 9 冊，第 915 頁下。
〔註58〕〔唐〕宗密：《圓覺經大疏釋義鈔》卷五，載《卍續藏》第 9 冊，第 558 頁上；〔五代宋〕延壽：《宗鏡錄》卷三六，載《大正藏》第 48 冊，第 625 頁中。
〔註59〕張松輝：《論漸修與頓悟的同異》，載《宗教學研究》，2002 年第 3 期，第 54～58 頁。
〔註60〕〔唐〕宗密：《圓覺經大疏釋義鈔》卷九，載《卍續藏》第 9 冊，第 651 頁上。
〔註61〕〔唐〕宗密：《圓覺經大疏》卷三，載《卍續藏》第 9 冊，第 409 頁中。

「淺識之流」〔註62〕。這反映了宗密將發願視作極為嚴肅一事,而不將「願」與身心進行交融而流於膚淺的說辭不成其為「願」。實際上,這樣的「願」也不能導向「行」,自然也就背離了宗密認為的「願行」之「願」的含義了。宗密所認為的「願」,乃是建立在真心基礎上的。其引用署名天親的《金剛經》注疏中關於四種心的分類法〔註63〕,將初發心之同義語「願」心判定為「廣大心」和「第一心」〔註64〕,也就是認為願心包含了一切眾生的無限性同時又有引導每一位眾生皆成就佛果、趨向涅槃的宏大目標;其含義與法藏在《華嚴發菩提心章》中進一步發揮初發心為三門中的「深心」和「大悲心」以及每一心復開十門之首「廣大心」的旨趣相當,〔註65〕也可以視為對法藏的發菩提心思想的延續。

在實踐中,初發心不但可以用以考察修行所處之階段,還扮演著賦予修行者內在驅動力和心理引導等方面的角色,從而直接發揮其實踐價值。就修行的境界方面,初心住和觀行成就具有對境〔註66〕不生、一切寂滅、煩惱已伏等特點〔註67〕,對於這些特點有立刻體驗到的,也有逐步體會到的。前者被判定為「頓機初心人」,而後者則是需要依照一定次第來引發的,因此「不名上根」〔註68〕。實際上,無論是上根利智還是普通根機,其所依據的都是「眾生心」〔註69〕,即包含生滅和真如二門;宗密發揮《起信論》一心開二門的框架,由此在區分凡夫和聖賢之間差異的同時又彌合了不可逾越之鴻溝,使之統一到法界真心上。而依真心所修的實踐方法及其階段性目標,就是觀

〔註62〕〔唐〕宗密:《圓覺經大疏釋義鈔》卷十二,載《卍續藏》第9冊,第734頁中。

〔註63〕（天竺）天親:《金剛般若波羅蜜經論》卷一,載《大正藏》第25冊,第781～782頁。

〔註64〕〔唐〕宗密:《圓覺經大疏》卷三,載《卍續藏》第9冊,第409頁中。

〔註65〕〔唐〕法藏:《華嚴發菩提心章》卷一,載《大正藏》第45冊,第651頁上～中。

〔註66〕這裡的「境」,實際上包含更廣泛的含義,即人法二種,詳見:〔唐〕宗密:《圓覺經大疏釋義鈔》卷十一,載《卍續藏》第9冊,第716頁上～中。

〔註67〕〔唐〕宗密:《圓覺經大疏》卷三,載《卍續藏》第9冊,第405頁上。

〔註68〕〔唐〕宗密:《圓覺經大疏釋義鈔》卷十三,載《卍續藏》第9冊,第748頁下。

〔註69〕〔唐〕宗密:《圓覺經大疏釋義鈔》卷十三,載《卍續藏》第9冊,第748～749頁。

行成就，其特點表現為「達諸法空、心念皆不可得」〔註70〕。這樣，宗密以真心為基礎，就將初發心、觀行成就以及根器說相聯繫，使初發心既是作為未達成者所要努力的目標，也同時作為已達成目標者用以進一步圓滿普賢行的起點，這就賦予初發心在修行實踐方面的基礎性樞紐地位；同時，這種根器與樞紐的關係，也可以認為是會通頓漸說的一種嘗試。宗密通過將初發心的實踐與願行關係相關聯，還將初發心解讀為一種激勵修行進步的內在驅動力。作為一種基於真心所發起的願，其更多表現一種「誓心剋志」〔註71〕，這種帶有發誓性質的願也與受戒時所要求的心境相當〔註72〕極為相似，都是一種在內心引發強大心理力量的作意。願是一種心行的主導力量，而在宗密看來，這種在內心升起目標的作意是能勇猛精進地實踐初發心的重要保障，由此不斷努力最終「剋獲勝果」〔註73〕。因此，這種願的發起不但表示了一種誓願的含義，也同時具有了對實踐過程起到精神激勵作用的意義，這在修行實踐中是較為重要的。

　　宗密對天台智者的初心觀修有所繼承並依據真心將之進一步發揮，從而豐富了華嚴宗初心觀法的內容。宗密在解讀初發心時，曾多次引用天台宗的相關內容並直接採納其意見，同時其自言「有文隱者，今卻以本文顯出」〔註74〕，表明其在廣泛吸納華嚴宗內外思想的基礎上有所發揮和展開的意圖。智顗判「初心成佛」為頓證法門〔註75〕，而宗密將初心成佛以「圓頓」來稱謂，似為融合華嚴宗之圓教判攝與智顗之頓證說於一爐，而這種圓頓之說在宗密的著作中很常見的〔註76〕。另外，將四弘誓願與初心相聯結這一點也是宗密與智顗相同之處。智顗在空假中三觀之「中」觀時，曾提及四弘誓

〔註70〕〔唐〕宗密：《圓覺經大疏釋義鈔》卷十三，載《卍續藏》第9冊，第749頁上。

〔註71〕〔唐〕宗密：《圓覺經略疏鈔》卷十一，載《卍續藏》第9冊，第946頁中。

〔註72〕〔北宋〕元照：《四分律行事鈔資持記》卷二，載《大正藏》第46冊，第271頁下。

〔註73〕〔唐〕宗密：《圓覺經略疏鈔》卷十一，載《卍續藏》第9冊，第946頁中。

〔註74〕〔唐〕宗密：《圓覺經大疏釋義鈔》卷十一，載《卍續藏》第9冊，第708～709頁。

〔註75〕〔隋〕智顗：《摩訶止觀》卷一，載《大正藏》第46冊，第2頁下。

〔註76〕如：《大方廣圓覺修多羅了義經略疏》卷二：」今此託法進修，以成圓頓觀行」（載《大正藏》第39冊，第557頁下）；《禪源諸詮集都序》卷二：「此唯華嚴一經及十地論，名為圓頓教，餘皆不備」（載《大正藏》第48冊，第407頁下），凡此「圓頓」之說，不完全統計約66筆。

願就是初發心的一個重要標誌〔註77〕，同時也能避免因僅修空假二觀而導致無明障不能破除的情況〔註78〕。這一點也與宗密將初心視作頓悟後起修頗有相似之處，只不過宗密將之導向了普賢行和滿利他願，從而引導到基於指向圓滿大悲心的實踐旨趣。另一方面，賢首法藏對四弘誓願並未著墨，而澄觀〔註79〕在解讀《華嚴經》的〈離世間品〉時，曾將普賢心的十門與四弘誓願相對比。因此，宗密將四弘誓願與初心的關聯似與澄觀和智顗的說法皆有繼承性，但從表述的方式上應更直接受到智顗著作之影響。就初心的證相方面，智顗將不同根機的修行途徑歸類為「從假入空」、「從空入假」以及「修正觀」三種，這一部分在《修習止觀坐禪法要》第十「證果」門〔註80〕中予以說明，後者則幾乎全文被宗密所引用〔註81〕。不過，宗密只是單純引用智顗的敘述而並未認同其說法，反而是站在華嚴宗的立場對此予以了批判，指出空假中三觀的修行實踐中直至「中」觀方才證得，這是是「具修」不是「圓修」。〔註82〕此外，宗密還將《圓覺經》中的初心證相進一步聯繫到無盡法界緣起，從而賦予其交參無礙和無所齊限的意義。〔註83〕

四、攝歸圓融，從佛性到心性的思想轉變

實際上，菩提心之「菩提」從印度佛教的傳統來講是「阿耨多羅三藐三菩提」的簡稱，漢譯為無上正等正覺，也就是成佛。因此，菩提心包含了成就佛果的一種願望和實踐。在菩提心一詞含義的嬗變過程中，動賓短語「發菩提心」逐步向構成為一個固定詞彙的傾向而更多被使用。〔註84〕不過，即便

〔註77〕〔隋〕智顗：《摩訶止觀》卷六，載《大正藏》第46冊，第81頁上。

〔註78〕〔隋〕智顗：《摩訶止觀》卷六，載《大正藏》第46冊，第81頁上～中。

〔註79〕四弘誓願之說在法藏的著作中較為少見，而彼時澄觀之解經亦有借鑒天台宗之痕跡，故總體來說宗密受臺宗思想影響的來源大體有二，即天台宗自身著作以及澄觀著作中之轉述者。

〔註80〕〔隋〕智顗：《修習止觀坐禪法要》卷一，載《大正藏》第46冊，第472～473頁。

〔註81〕〔唐〕宗密：《圓覺經大疏釋義鈔》卷十三，載《卍續藏》第9冊，第751頁上～中。

〔註82〕〔唐〕宗密：《圓覺經大疏釋義鈔》卷十三，載《卍續藏》第9冊，第751頁上。

〔註83〕〔唐〕宗密：《圓覺經大疏》卷三，載《卍續藏》第9冊，第415頁上。

〔註84〕張文良：《法藏的「菩提心」觀——以〈大乘法界無差別論疏〉為中心》，載《宗教研究》2014年第2期，第117～128頁。

是從「阿耨多羅三藐三菩提心」到「發菩提心」，其具有的佛性論意義也一直保持相對的穩定性，並與以出離輪迴或無明煩惱為核心的解脫論相得益彰。〔註85〕宗密將真心與發菩提心的密切關聯，使對發菩提心思想的闡釋從頗具佛性論的色彩逐步轉變成了以心性論為中心的詮釋。在宗密的語彙中，信成就與初發心皆是建立在對真心開發的基礎之上，同時，真心和「圓覺」相當〔註86〕，而「初心成佛」又是「觀行成就」的同義語。這些語彙之間的關聯實際上正是關於發菩提心的詮釋從這種從佛性論到心性論轉變的反映。這一轉變從內而言，其驅動力是宗密一以貫之的實踐旨趣，從外部表現來看則顯示為以圓融為主要特徵、以會通為主要方法的佛教思想和範疇的再詮釋。當然，進一步考察這一融合詮釋還會發現，其根本的佛教立場和華嚴宗底色仍保持穩定性，其所吸收、借鑒和容納的其他宗派和文化的思想只是對其固有立場的補足並會通歸入這一固有立場，這一特徵從其著作《原人論》以及《禪源諸詮集都序》中皆可以看出端倪。

　　宗密倡初心後心不二，詮釋始終不殊的意蘊。宗密將「初心成佛」與更具實踐色彩的「觀行成就」結合起來，試圖解決初心與後心的關係問題。他在解讀不同的教相的時候區分了「位滿方盡」和「俱時了知」兩種情況，前者意謂從十信直至十地，每一位都是固定的修證結果和判定標準，也就是宗密所認為的「漸教」；後者則是強調了「俱時」，使初心和後心相統一〔註87〕，從而在修行實踐的意義上提出了一種判定標準。宗密在回顧從智儼、法藏關於發菩提心行相的說法〔註88〕後，還繼承澄觀「初後圓融」〔註89〕的思想，從而將之納入其對「圓覺」的闡釋中，這體現了宗密對華嚴宗基本思想繼承的一面。同時，宗密還感慨「真發菩提心，即萬分中無一」，而其關鍵的問題

〔註85〕（天竺）彌勒：《瑜伽師地論》卷三十五，載《大正藏》第30冊，第479～480頁；（天竺）龍樹：《大智度論》卷四、卷三一、卷八六，載《大正藏》第25冊，第86頁下、第295頁中、第659頁中；〔隋〕慧遠：《大乘義章》卷九，載《大正藏》第44冊，第636頁上；《大方廣佛華嚴經》卷十九，載《大正藏》第10冊，第103頁中～下。

〔註86〕〔唐〕宗密：《圓覺經大疏釋義鈔》卷十三，載《卍續藏》第9冊，第756頁上。

〔註87〕〔唐〕宗密：《圓覺經大疏釋義鈔》卷十三，載《卍續藏》第9冊，第750頁下。

〔註88〕〔唐〕宗密：《圓覺經大疏》卷一，載《卍續藏》第9冊，第343頁上～中。

〔註89〕〔唐〕澄觀：《大方廣佛華嚴經疏》卷十二，載《大正藏》第35冊，第586頁中。

正是「信者幾分」，若信心不足甚至說「不妨退回二乘」〔註90〕，從而強調了初發菩提心和十信成滿這一對因果關係，反映了其一以貫之的重視信心修行的思想。此外，宗密還在澄觀關於善財參訪善知識的「智滿不異於初心」〔註91〕評述的基礎之上，進一步解讀初見文殊和再見文殊分別象徵著信智和證智〔註92〕，亦即初心與究竟心，並點明「究竟之心即所發菩提心」〔註93〕，從而直接將初心和究竟心統一起來。在宗密看來，《華嚴經》中第二和第七皆為普光明會，也是信與證、初心與究竟心之間不二的體現〔註94〕。此外，宗密還將之與「覺」的種類相聯繫，從而轉到對「本覺」和「始覺」的討論。宗密所指的「始覺」對應於「初心頓悟」而「本覺」則意指「究竟極證」〔註95〕，頓悟和圓滿修證並行不悖，因此是「始本不二」，並統一於「圓覺」〔註96〕。可見，對於初心和後心的關注，宗密的解讀是逐步朝著修行實踐化轉變的，進而以「圓覺」（即「真心」）為樞紐將初心、後心予以會通；同時，還進一步將是否信「圓覺」視作正信〔註97〕，從而繼承澄觀三聖圓融思想，並將「圓覺真心」的實踐旨趣方面提升至最高地位，這一做法也是其一生鍾愛《圓覺經》的一個寫照。

宗密的初心實踐哲學呈現頓漸不悖的特色。按照宗密給出的定義，「頓悟」是以「自身心」的體悟為基礎，以「宿世曾聞圓教」為遠因，以「頓知一切」和體解「煩惱即菩提」、「染淨不二」等為特徵，以「初心成佛」為證相。〔註98〕

〔註90〕〔唐〕宗密：《圓覺經大疏釋義鈔》卷五，載《卍續藏》第 9 冊，第 560 頁上。

〔註91〕〔唐〕澄觀：《大方廣佛華嚴經疏》卷一，載《大正藏》第 35 冊，第 503 頁中。

〔註92〕〔唐〕宗密：《圓覺經大疏釋義鈔》卷五，載《卍續藏》第 9 冊，第 561～562 頁。

〔註93〕〔唐〕宗密：《圓覺經大疏釋義鈔》卷五，載《卍續藏》第 9 冊，第 561 頁上。

〔註94〕〔唐〕宗密：《圓覺經大疏釋義鈔》卷五，載《卍續藏》第 9 冊，第 562 頁上。

〔註95〕〔唐〕宗密：《圓覺經大疏釋義鈔》卷十二，載《卍續藏》第 9 冊，第 735 頁上。

〔註96〕〔唐〕宗密：《圓覺經大疏》卷三，載《卍續藏》第 9 冊，第 409 頁中。

〔註97〕〔唐〕宗密：《圓覺經大疏釋義鈔》卷十三，載《卍續藏》第 9 冊，第 746 頁下。

〔註98〕〔唐〕宗密：《圓覺經大疏釋義鈔》卷六，載《卍續藏》第 9 冊，第 590 頁中。

「漸修」則是在「圓頓悟解」的基礎上歷多劫而逐步修成，特別是習氣是「難為頓盡」所以需要通過漸次的「修行」來完成對習氣的盡除。〔註99〕這種漸修包括「離過」和「成德」兩種，前者以去除「三細六粗」為主要內涵的「枝末三障」〔註100〕，後者意謂頓悟佛性。同時，「離過」和「成德」兩者的關係是並不是前後次序，而是「行行交參」、「位位融攝」，意謂離過和成德是同時存在於漸修而非前後關係，因此這種頓漸不悖正是初心圓滿佛果，同時不妨礙歷位修行的立論基石。〔註101〕雖然宗密在其判教中，往往將頓教和圓教幾乎放在同等高的位置〔註102〕，但仍十分重視「漸修」，他進一步指出「頓門必具漸」這一說法，以「雖云……而」的句式，將「輪迴體性無」與「勸斷貪出輪迴」、「眾生本來是佛」與「勸發心勤修觀行」這兩對看似矛盾的內容相統一〔註103〕，發揮了華嚴宗中「權實雙行」、「圓行不二」的旨趣，也對後世產生不少影響〔註104〕。實際上，這種將「漸修」含攝於「頓悟」的說法，正是構建起宗密「頓悟漸修論」的基礎，而這也為其初發心思想的合理性和修證旨趣提供了更為堅實的基礎。應當指出，頓漸的判攝和爭論至少自魏晉以來就有，宗密所處時代南宗禪法大弘而教門也經歷了發展的鼎盛期，因此佛教界幾乎都是籠罩在對經教的熟稔和對頓法的崇尚之氛圍中。在這一背景下，宗密立足於華嚴宗圓融會通的思想方法，指出頓漸的協調統一性，並提出在初心成佛基礎上的悟後起修論，可謂分條析理，次第井然，豐富了中國化佛教關於頓漸關係的內容，對後世也產生了深遠的影響。

〔註99〕〔唐〕宗密：《圓覺經大疏釋義鈔》卷六，載《卍續藏》第 9 冊，第 590 頁中。

〔註100〕〔唐〕宗密：《圓覺經大疏釋義鈔》卷五，載《卍續藏》第 9 冊，第 575 頁下；〔唐〕宗密：《圓覺經大疏》卷一，載《卍續藏》第 9 冊，第 332 頁上、中。

〔註101〕〔唐〕宗密：《圓覺經大疏釋義鈔》卷六，載《卍續藏》第 9 冊，第 590 頁中～下。

〔註102〕〔唐〕宗密：《圓覺經大疏釋義鈔》卷十三，載《卍續藏》第 9 冊，第 753 頁中～下。

〔註103〕〔唐〕宗密：《圓覺經大疏釋義鈔》卷十三，載《卍續藏》第 9 冊，第 753 頁下。

〔註104〕〔五代宋〕延壽：《宗鏡錄》卷二二、六一，載《大正藏》第 48 冊，第 539 頁上～中、第 763 頁；〔五代宋〕延壽：《萬善同歸集》卷二，載《大正藏》第 48 冊，第 972 頁上、第 973～974 頁；〔明〕袾宏：《蓮池大師全集》，第三冊，上海：上海古籍出版社，2011 年，第 1625～1626 頁。

　　宗密的初心實踐方法和過程上具有深淺井然、解證不偏的特色。在解讀《華嚴經》和《圓覺經》中「開悟」一詞時，澄觀和宗密都注意到了世親注解《法華經》中「開示悟入」的說法〔註105〕，並將之納入闡釋範圍。在澄觀對世親論疏所作的辨析〔註106〕基礎上，宗密進一步提出「深」或者「淺」並非絕對化的一成不變，而是隨著考察的視角而改變的。如果從境界論的角度，佛之知見「開示悟入」的展開就是「初深後淺」，最初證得《華嚴經》的自證境界，再逐步漸修引導；如果從修證者的角度來看，則是「初淺後深」，是逐步斷除迷惑和煩惱的漸次過程。這一「深淺井然」的特點同樣適用於對「初心成佛」的解讀，對於「初深後淺」就是十信成滿的「初心成佛」，而「初淺後深」則是〈入法界品〉之「入」字通因果二義。〔註107〕宗密結合境界論和修證論立場的差異來解讀初心實踐的深淺，體現了其圓攝深淺的傾向。正因為深淺的井然，才有解、證這一對關係的圓融特性，從而在初心實踐的過程上體現了圓融意味。宗密認為，出世間的智慧包括「解悟」和「證悟」兩種〔註108〕，前者正是頓悟「深法」，其特徵是「解」，同時呈現「初深後淺」的特徵；而「證悟」則是在「頓解」的基礎上遣除「習氣」，從而使悟後起修呈現「初淺後深」的特點。宗密將知見的確立和習氣斷除圓融於初心實踐中，也與佛教關於去除「習氣」的一般性理解具有一致性〔註109〕。值得注意的是，宗密此處強調了初地作為「證悟」的標誌，而「八地」達到「無功用」的狀態，這一說法實際上回到了以「十地」為中心的成佛修行論。宗密將「初心成佛」視作「知見」之「解悟」，這一處理實際上將智儼提出、經由法藏所完善的以更加重視「十信成滿」為特色的華嚴菩提心思想添加了重視會通的意趣，這也與其一貫秉持的態度相一致。

〔註105〕（天竺）天親：《妙法蓮華經論優波提舍》卷一，載《大正藏》第26冊，第16頁中～下。

〔註106〕〔唐〕澄觀：《大方廣佛華嚴經隨疏演義鈔》卷二十，載《大正藏》第36冊，第156頁上～中。

〔註107〕〔唐〕宗密：《圓覺經大疏釋義鈔》卷六，載《卍續藏》第9冊，第593頁上～中。

〔註108〕〔唐〕宗密：《圓覺經大疏釋義鈔》卷七，載《卍續藏》第9冊，第604頁上。

〔註109〕（天竺）龍樹：《大智度論》卷二六，載《大正藏》第25冊，第248頁中；（天竺）世親：《阿毘達磨俱舍論》卷二七，載《大正藏》第29冊，第140頁中；（天竺）五百大阿羅漢等：《阿毘達磨大毘婆沙論》卷九，載《大正藏》第27冊，第42頁中～下。

　　宗密的初心實踐將三聖圓融的表法意蘊納入其中，同時具有實踐主體的識智不礙特點。一般認為華嚴三聖的思想最早由李通玄以「三聖一體」的形態〔註110〕提出，後經由澄觀從觀法實踐的角度系統總結，使其成為華嚴學特色的解行法門。宗密對華嚴三聖的意象十分重視，僅在《圓覺經大疏鈔》中就有兩次是幾乎全文引用澄觀《三聖圓融觀門》的主要內容〔註111〕。這種對華嚴三聖的重視，與宗密重視實踐的意趣相結合，使三聖具有了修行榜樣的意蘊。如其在說明初心發起之前的信解時，便結合文殊菩薩的表法意義，進而將之納入對《圓覺經》中〈文殊章〉的解讀〔註112〕。同時，宗密融匯頓漸，架構了以〈文殊章〉、〈普賢章〉和〈普眼章〉為主體的《圓覺經》「觀行成就」次第。〔註113〕同時，由華嚴三聖的表法還引出文殊和善財的師資相攝的表法，宗密將善財「事師」稱為後世的軌範〔註114〕。這一方面說明宗密對實踐主體的榜樣性意義和象徵意蘊的重視，同時也進一步說明了發菩提心思想作為大乘佛教在實踐和基礎理論之間的不可替代的樞要地位。宗密將這一樞紐性的範疇重新賦予更強的實踐性，也開啟了後世重視實踐主體之心性論的先河。就另一方面，對於實踐主體的差異性，宗密認為凡聖是兼具差異和無礙兩方面，從而從圓融的角度發揮了「眾生皆可成佛」的意趣。宗密指出，「阿賴耶識」在圓教的立場「本無此名」，只是「虛妄顛倒」產生的錯誤認識，而《圓覺經》所屬的「頓宗不立地、位」，只以「觀行成就」作為成佛的標誌。另一方面，「無」的，是賴耶的體，也就是「沒除」賴耶之「名」而已。由此看出其「識智不礙」的立場，阿賴耶識並無獨立的體性，而只是「覺性圓明」在「不覺」狀態的一種顯現而已，所以不用「永沒」賴耶之類的說法。〔註115〕這一處理實際上進一步細化了「眾生

〔註110〕　桑大鵬：《李通玄對〈華嚴經〉性質和結構的解說》，載《三峽論壇：三峽文學‧理論版》，2010 年第 1 期，第 125～131 頁；崔文魁：《五臺山僧人對佛教文化的巨大貢獻──「華嚴三聖」的濫觴》，載《五臺山研究》，2000 年第 3 期，第 20～22 頁。

〔註111〕　〔唐〕宗密：《圓覺經大疏釋義鈔》卷一、卷四，載《卍續藏》第 9 冊，第 483 頁下、第 556～557 頁。

〔註112〕　〔唐〕宗密：《圓覺經大疏》卷一，載《卍續藏》第 9 冊，第 342～343 頁。

〔註113〕　〔唐〕宗密：《圓覺經大疏》卷一、卷三，載《卍續藏》第 9 冊，第 334 頁下、第 393 頁下；〔唐〕宗密：《圓覺經大疏釋義鈔》卷一，載《卍續藏》第 9 冊，第 474 頁中。

〔註114〕　〔唐〕宗密：《圓覺經大疏》卷一，載《卍續藏》第 9 冊，第 325 頁下。

〔註115〕　〔唐〕宗密：《圓覺經大疏釋義鈔》卷七，載《卍續藏》第 9 冊，第 615 頁上。

皆有佛性」這一中國化佛教極為重視的思想，這也是宗密發菩提心思想重視實踐旨趣和發揮融合特色之水到渠成的結論。

五、宗密發心思想的特點與意義

宗密的發心思想以實踐為旨趣，以真心為基礎，匯歸為以願行相資、頓漸不悖為特色的發心論、心性論。就隋唐華嚴學來說，先有智儼開啟的「一乘初發菩提心」的解讀，進而法藏將《起信論》中的「直心、深心、大悲心」的初發心充實為三十門行相，而澄觀則進一步將之與「悲智願」三心進行關聯。〔註116〕宗密在此基礎上，將「悲智願」三心又與斷除「貪嗔癡」三個根本煩惱相配合〔註117〕，進一步強化了發菩提心行相與修行實踐的關聯。同時，宗密進一步從理論上論證了修證實踐的可能性就在於眾生本自具足的佛性真心，所謂的「發心」，實際上只是「覺性」能力引發，而心本質性的相狀並無改變，如果這個「覺性」能直接探及迷惑之「根源」，那本身就是「究竟覺」〔註118〕，從而為「初心成佛」和「觀行成就」提供了理論基礎。在真心的基礎上，以實踐為特徵的「行」和以發心為特徵的「願」互相資持，將真心的顯現在凡聖之間構築通途，使作為聖賢方能顯現的佛性論和作為凡夫地位的「人」的心性論得以配合，從人的成長角度形成了獨特的修證實踐思路。

發菩提心是大乘佛教的核心範疇，伴隨著佛教的中國化特別是宗派佛教的興盛，這一思想由重視成佛論、佛性論，逐步向更加重視心性論嬗變。這一進程蘊含著重視真心、實踐、圓融等意趣，也逐步樹立了強調一佛乘、直指人心等獨特理念，成為中國佛教，特別是漢傳佛教的重要思想特質之一。宗密重視人的成長和人之本原的探究，還可以在其兩部著作《原人論》和《禪源諸詮集都序》中得以體現，就發心思想而言，將佛性論轉為注重心性論的努力，不但給中國化佛教修行實踐以新的面貌，更為當代人間佛教的開篇提供了某些值得思索的伏筆。

〔註116〕〔唐〕智儼：《華嚴經內章門等雜孔目章》卷二，載《大正藏》第45冊，第549頁上～中；〔唐〕法藏：《華嚴發菩提心章》卷一，載《大正藏》第45冊，第651頁上～中；〔唐〕澄觀：《大方廣佛華嚴經隨疏演義鈔》卷三五，載《大正藏》第36冊，第269頁上。

〔註117〕〔唐〕宗密：《禪源諸詮集都序》卷二，載《大正藏》第48冊，第410頁上。

〔註118〕〔唐〕宗密：《禪源諸詮集都序》卷二，載《大正藏》第48冊，第409頁下。

第八章　裴休的普發大願

　　裴休（791〜864）是中唐時代的相國，同時也是歷史上著名的佛教居士。除了依止黃檗習禪外，裴相對華嚴教尤為服膺，其與華嚴五祖圭峰的交往，可謂是華嚴教學史乃至中國佛教歷史上的一段佳話。裴休對《華嚴經》中關於初發菩提心的理解，集中體現在其著作《普勸僧俗發菩提心文》（以下簡稱《勸發心文》）中。此文立足於華嚴宗立場對初發菩提心的解讀，不單純是一篇發願文，更體現了隋唐時期佛教傳播的過程中，華嚴經教在其中的起到的重要作用以及注重解行合一的旨趣。這一小文上承清涼、圭峰的思想，下啟如守遂禪師禮華嚴文，乃至省庵大師發菩提心文，將初發菩提心的教法轉化為行門與觀法，因而在理解華嚴圓教的解行問題中頗有意義。

一、何以是裴休？

　　與宗密交往甚篤的裴休也對華嚴菩提心進行解讀，並撰寫發願文來呈現華嚴菩提心的解行統一。裴休〔註1〕，字公美，河東聞喜（今山西聞喜）人，於唐穆宗長慶年間登進士第。歷官兵部侍郎、同平章事、中書侍郎、宣武節度使、荊南節度使等職，曾主持改革漕運及茶稅等積弊，頗有政績。晚年官至吏部尚書、太子少師，封河東縣子〔註2〕。裴休一生虔心奉佛，不但就教黃檗後「既徹法源」，而且與宗密交往深篤，為圭峰著述皆作序文〔註3〕，包括

〔註1〕關於裴休的生平，可見於《景德傳燈錄》、《居士分燈錄》、《居士傳》、《佛祖歷代通載》、《佛祖統紀》等中記載，但其文內容大致相同，而燈錄中多是其就教黃檗之事蹟，而《居士傳》中則對其一生做了梳理。
〔註2〕〔後晉〕劉昫：《舊唐書》卷十六，第4593〜4594頁。
〔註3〕〔清〕彭際清：《居士傳》卷十三：「公美既徹法源，復博綜教相，與宗密法

-219-

《禪源諸詮集都序》〔註4〕、《圓覺經略疏》〔註5〕、《圓覺經大疏》〔註6〕和
《注華嚴法界觀門》〔註7〕。其所著《勸發心文》，似可以視為其對華嚴經教
乃至佛教體解修證的總結，使後人由此得以窺見華嚴修證體系之一葉。據《卍
續藏》中的版本附後的兩則題跋可以看出，《勸發心文》在南宋紹興至嘉定年
間即傳入日本，並受到華嚴宗高僧明惠上人（高辨）的推崇〔註8〕。

　　裴休一家世代奉佛，使其從小便與佛教結緣。《居士傳》記載裴休兒時不
食肉的一段經歷便可鑒之一斑。裴休與兄弟在私塾讀書，此時正逢有人饋贈鹿
脯，而年少的裴休不吃，並說「疏〔註9〕食猶不足，今一啖肉，後將何繼」，這
一段經歷可見其善根之早熟〔註10〕。關於漢地佛教不食肉的做法，實際上就是
秉承了大乘菩提心的精神，而這種精神在古代社會普遍接受，而裴休家族世代
奉佛，這一精神應是早已在年幼的裴休心中種下良善的種子。《居士傳》中還記
載「有異僧自清涼來，貽舍利三顆並一簡」，其中的清涼應是山西五臺山，可以
說授記一事也使裴休與華嚴宗產生了某種聯繫。裴休除了得到異僧所饋贈的三
顆舍利之外，尚有一封書簡，其內容用梵文所寫，文曰：「大士涉俗，小士居真，
欲求佛道，豈離紅塵」〔註11〕，似有為裴休授記之意。裴休為官興修水利、改
革時弊，為官也符合其同時作為佛教居士的身份，在由新安太守轉任洪州刺史
的這段時間〔註12〕，裴休與黃檗希運結識，並「豁然從此契入」，隨後裴休便對

　　　　師往來甚親。宗密有所著述，輒序而行之」（載《卍續藏》第88冊，第208頁
　　　　中）。
〔註4〕〔唐〕宗密：《禪源諸詮集都序》卷一，載《大正藏》第48冊，第398頁中
　　　　～第399頁上。
〔註5〕〔唐〕宗密：《大方廣圓覺修多羅了義經略疏》卷一，載《大正藏》第39冊，
　　　　第523頁中～第524頁上。
〔註6〕〔唐〕宗密：《圓覺經大疏》卷一，載《卍續藏》第9冊，第323頁。
〔註7〕〔唐〕宗密：《注華嚴法界觀門》，載《大正藏》第45冊，第683頁中～第684
　　　　頁中。
〔註8〕〔唐〕裴休：《勸發菩提心文》卷一，載《卍續藏》第58冊，第489頁中。
〔註9〕即「疏」。
〔註10〕〔清〕彭際清：《居士傳》卷十三，載《卍續藏》第88冊，第208頁中。
〔註11〕〔清〕彭際清：《居士傳》卷十三，載《卍續藏》第88冊，第208頁中。
〔註12〕據《居士傳》卷十三（載《卍續藏》第88冊，第208頁中）及《景德傳燈錄》
　　　　卷十二（載《大正藏》第51冊，第293頁上～中）中載裴休是任新安太守後
　　　　結識黃檗，而《居士分燈錄》卷一（載《卍續藏》第86冊，第584頁中）和
　　　　《佛祖歷代通載》卷十七（載《大正藏》第49冊，第645頁中）記載裴休任
　　　　洪州刺史後見到黃檗。據吉川忠夫考證，裴休應是於會昌二年即公元842年
　　　　於黃檗相識的（吉川忠夫：《唐代の一士大夫と佛教》，載《東方學報》，1992

黃檗執弟子禮，將黃檗視為自己的依止師。裴休在禪門獲得印證，又師從圭峰學習華嚴教典，可以說對南宗禪和華嚴教皆有心得。裴休在中年後奉行五戒十善，「齋居焚香誦經，習歌唄為樂」〔註13〕，潛心修行。

　　從裴休的經歷來看，其對佛教的服膺較之一般文人士大夫要強烈，其深入學習佛法，更是將依止黃檗和圭峰這樣在當時來看是禪門和義學之旗幟性人物，這也為其深入佛教解行二門提供了基礎。我們從裴休為圭峰所作的序文中，也可以窺見這位佛教居士對華嚴義理和禪門修持的見地和態度。實際上，這種兼顧宗門和教學的風氣是當時的普遍現象，自然也影響了裴休撰寫《勸發心文》的旨趣。另一方面，裴休自小表現出來的慈悲心以及其中年後儼然在家修行的表現，更其對佛教所追求之解脫成佛之究竟目標孜孜以求的最好注腳。作為成佛不共因、同時也是華嚴經教最重要核心意涵的「初發心」自然是其所關注的問題，而對「發菩提心」的這種「普勸」，實際上就是呼應了「普賢願行」的目標趣向，由此也可以看出華嚴教義對裴休之深刻影響。

二、《勸發心文》的結構

表 8-1　《勸發心文》的結構及要點

結　構			原文中標題	修　法	所緣境
圓解	發願		無	普願	同修至菩提
	略說		明菩提名義	明	菩提名義
	廣說	體	明菩提心體	明	菩提心體
		相	明三心	明	三心
		用　總標五誓	明五誓	明	五誓
		總說五誓	勸常持菩提心	勸	常持菩提心
		分說五誓	勸度脫眾生	勸	度脫眾生
			勸積集福德	勸	積集福德
			勸修學佛法	勸	修學佛法
			勸親事諸佛善知識	勸	親事諸佛善知識
			勸修唯求佛果	勸	修唯求佛果

年第 64 卷，第 115～277 頁。），其所依據的即是裴休為黃檗《傳法心要》所作之序文（序文謂：「予會昌二年廉於鍾陵。自山迎至州」，見：《黃檗山斷際禪師傳心法要》卷一，載《大正藏》第 48 冊，第 379 頁下）。

〔註13〕〔清〕彭際清：《居士傳》卷十三，載《卍續藏》第 88 冊，第 209 頁上。

證	境	人	勸結菩提道俗	勸	結菩提道俗
		法	勸通圓頓經典	勸	通圓頓經典
	行	助伴	明一切助菩提法	明	一切助菩提法
		減損	明菩薩四懈怠法	明	菩薩四懈怠法
		增益	明菩薩四速疾法	明	菩薩四速疾法
	果	圓融	明發菩提心功德	明	發菩提心功德
		行布	通凡聖差別疑	通	凡聖差別疑

《勸發心文》幾乎每一段都配有一個小標題，將全文主要內容分為十七個部分。仔細檢視全文內容，每一部分並不是平行關係，而是具有一定層次的，同時小標題也提示了我們相對應部分所需要的修法及這一部分修法的主要目標和內容。關於此文的結構及主要修法的要點總結於表 8-1 中。值得注意的是，小標題所表明的修法，主要有「明」、「勸」和「通」三種，前兩種各出現八次，「通」只在最後出現一次，此外，全文之首未標明小標題者，其修法可以用「普願」來概括，也是對本文標題之「普勸」的呼應。所謂的「明」，也就是將相關義理或方法進行「說明」〔註14〕之意，同時兼具「讚美」、「顯示」和「明亮」等義涵〔註15〕。因此，以「明」來修的「所緣境」包括義理層面的「菩提名義」、「菩提心體」、「三心」、「五誓」、「發菩提心功德」以及方法層面的「一切助菩提法」、「菩薩四懈怠法」、「菩薩四速疾法」。「勸」更多是一種通過自己的體會為例來說明其有效性，進而對他人加以引導勸修此法門的意味，其對應的「所緣境」包括：常持菩提心、度脫眾生、積集福德、修學佛法、親事諸佛善知識、修唯求佛果、結菩提道俗和通圓頓經典等，這些內容皆是與修行實踐相關的法門和內容。而最後的「通」，其所緣為「凡聖差別疑」，這提示我們「通」與「塞」相對，即「暢通」、「瞭解」等義，是對「阻塞」、「迷惑」等涵義的否定，也就是說，通過前面「八明」、「八勸」，應能夠「通」曉凡聖的差異，從而由當下的生命狀態為起點，逐步通過修習發菩提心而成就佛果。

〔註14〕即動詞，後者皆為形容詞。
〔註15〕〔唐〕澄觀：《大方廣佛華嚴經疏》卷十四：「美言讚述令理顯煥曰明」（載《大正藏》第 35 冊，第 600 頁下）。

全文之首的兩節長行首先表明裴休勸發大眾的殷切心，以及要陪同發心者同修同證、直至菩提的大願。這一部分雖然沒有標題，但也是原文最核心的內容，而後文也正是對其所發願陪同者的描述，亦即裴休其本人發願修行實踐所直接面臨的所緣境。這樣生生世世、在在處處的陪伴，正是普賢大願的展現，也就是華嚴圓融無盡在發願上的體現。接下來正文內容，如果從發菩提心思想解讀的角度來看，實際上就是對發菩提心從「解」、「行」、「證」三個角度的詳細說明。其中，對發菩提心的「解」，也就是關於定義和內涵的論述來看，此中分為「略說」和「廣說」兩部分。這一點與諸經典中的敘述方式相一致，如《華嚴經・十住品》〔註16〕中菩薩就是首先說明十住位的名稱，然後具體分說每一住之內涵。與經中的總分結構相似，《勸發心文》對「初發菩提心」的總說以「覺」、「道」和「源」〔註17〕來描述菩提心。通過對比《勸發心文》中與智儼在〈賢首品初立發菩提心章〉中有關「初發菩提心」的定義，可以發現裴休對發菩提心的定義基本上是延續了智儼的說法〔註18〕；與此同時，裴休還進一步強調了「真心」的意義，反映了其繼承華嚴宗思想同時又收到宗密和禪宗重視真心思想的特質。不過，智儼的定義是結合了華嚴五教判，從而對菩提心的理解有深淺之別〔註19〕，而裴休此處的表述則並未明確深淺，但強調了最初發起之意〔註20〕。

三、「解」菩提心之「體」、「相」、「用」

在略說菩提心含義後，下邊的內容皆是對這一意涵的詳細解讀。根據體相用三門，將菩提心的解讀通過修證依據、行相特徵和修持要點與次第等進行展開。其中菩提心之體為真心，裴休對此的定義是「廣大靈知者」〔註21〕，

〔註16〕《大方廣佛華嚴經》卷十六，載《大正藏》第 10 冊，第 84 頁上。
〔註17〕〔唐〕裴休：《勸發菩提心文》卷一，載《卍續藏》第 58 冊，第 486 頁上。
〔註18〕〔唐〕智儼：《華嚴經內章門等雜孔目章》卷二，載《大正藏》第 45 冊，第 549 頁上。
〔註19〕智儼對圓教「菩提心」的解讀為：「一乘究竟。有十種發心。如離世間品說。顯無盡故。其發心德。有二百一十八句經」(《華嚴經內章門等雜孔目章》卷二，載《大正藏》第 45 冊，第 549 頁中)。
〔註20〕〔唐〕裴休：《勸發菩提心文》卷：「既慕如來永離諸苦。自悲己身久失大利。慨然奮發將求佛身。即是初發阿耨多羅三藐三菩提心也」(《卍續藏》第 58 冊，第 486 頁上)，實際上，對於「久失大利」的理解可深可淺，而對此理解之深淺也直接決定了初發菩提心的深度和廣度。
〔註21〕〔唐〕裴休：《勸發菩提心文》卷一，載《卍續藏》第 58 冊，第 486 頁中。

其中廣大是「真心體」的描述，是兼容法界、包納虛空的。兼容法界，說明了心境不二，其廣度超越虛空，無限無際。靈知是對真心功能的描述，心的作用就是分別，但妄心的分別是基於無明和我執的，從而由惑、造業、感苦果，而真心的功能特點就是了了分明、鑒照清徹。所謂的了了分明，就是於海印定中的每一物事皆能詳說至毫微，而同時不壞全部的映像，透過譬喻的方法將這種鑒照清徹的狀態進一步說明，體現了這種了了分明的具體性、準確性和直接性。這種真心的特徵就是在體上具有「空」性、「寂」靜、「靈」明、「智」慧的特徵，對於真心之體的描述是「絕百非」即離於言詮，同時猶如皎潔的滿月是清靜而圓滿的，因而是不變的同時起大用自在、具足無量德用〔註22〕。同時，裴休還給出了凡夫能夠轉凡成聖、最終體悟真心的原理和途徑，並從反面說明了不體認真心的過患〔註23〕。在這一段的最後，裴休以總說的形式說明了發菩提心的要義就是「行大丈夫」，其具體內容包括「起三心」、「立五誓」、「修一切助菩提法」、「以諸佛為師、以菩薩為侶、以六道眾生為眷屬」、「以生死煩惱為園林」，還要發誓盡未來濟拔度脫眾生，由此可確認其發菩提心的思想正是以「願行結合」為要旨的〔註24〕。

《勸發心文》中關於菩提心之行「相」為「大悲心」、「大智心」、「大願心」三種。前兩個正是獲得福德、智慧兩大成佛要素的起點，而大願心在此處也是呼應了普賢菩薩的大「願行」。「大悲心」以四攝法為方便，其目的是引導眾生「皆令歸真，同成佛道」〔註25〕；「大智心」是在發願度脫眾生的基礎上，因為眾生的品類眾多、根器不同，因此要通過普遍的事佛、學法、證入，達到「轉化眾生」之目的〔註26〕；此外，還需要「大願心」的原因是，在行者發起悲智之願後，但生命的現狀仍是凡夫，因而總是流轉生死、難聞佛法，由此更加需要「備修萬行」、「行願相資」，方能「運行不退，直至菩提」〔註27〕。在這三門行相中，「大願心」是主要的方面，悲智二心以此為起點〔註28〕同時也隱含了發願的成分。需要指出的是，至少從法藏開始，關於菩提心的「相」就往往運用

〔註22〕〔唐〕裴休：《勸發菩提心文》卷一，載《卍續藏》第58冊，第486頁中。
〔註23〕〔唐〕裴休：《勸發菩提心文》卷一，載《卍續藏》第58冊，第486頁中。
〔註24〕〔唐〕裴休：《勸發菩提心文》卷一，載《卍續藏》第58冊，第486頁中。
〔註25〕〔唐〕裴休：《勸發菩提心文》卷一，載《卍續藏》第58冊，第486頁中。
〔註26〕〔唐〕裴休：《勸發菩提心文》卷一，載《卍續藏》第58冊，第486頁中。
〔註27〕〔唐〕裴休：《勸發菩提心文》卷一，載《卍續藏》第58冊，第486頁下。
〔註28〕〔唐〕裴休：《勸發菩提心文》卷一，載《卍續藏》第58冊，第486頁下。

「直心」、「深心」、「大悲心」三門〔註29〕，到澄觀在《華嚴經疏》中也繼承了這一說法〔註30〕。而澄觀進一步還提出「直心」、「深心」、「大悲心」三心與「大智心」、「大願心」、「大悲心」的對應關係，提出「菩提心燈，大悲為油，大願為炷，大智為光」與「直心、大悲心、深心」是相對應的。〔註31〕這一對照關係與裴休闡釋的有異曲同工之意。將依照《起信論》的三心向悲智願三心的過渡，也反映了從因位上闡釋菩提心到結合佛之果德來闡釋菩提心的某種轉變。

《勸發心文》中關於菩提心之「用」開為願、行兩門。因為願的部分更多是從解入行過程中意業的造作，因此仍可以認為是解的必然結果。因此，這部分「用」放在菩提心之「解」來一起討論。作為發起「悲」、「智」、「願」三心後的必然結果，將「大願心」的展開是進一步將菩提心由「解」導向「行」具體體現。今人一般涉及到菩提心的發願，有「四弘誓願」〔註32〕和「四無量心」〔註33〕等，但這裡裴休採用的是「五弘誓願」〔註34〕來呈現菩提心之大願。「五弘誓願」可見於真言宗的相關資料，但其直接的來源應還是華嚴宗。不空於唐大曆九年（774）〔註35〕入滅，而彼時圭峰和裴休尚未出生。同時，圭峰和裴休兩人生活的年代幾乎重合〔註36〕，與不空的時代相去不遠，因此

〔註29〕〔唐〕法藏：《華嚴經探玄記》卷七，載《大正藏》第 35 冊，第 243 頁下；〔唐〕法藏：《華嚴發菩提心章》卷一，載《大正藏》第 45 冊，第 651 頁上。

〔註30〕〔唐〕澄觀：《大方廣佛華嚴經疏》卷十八：「然三賢十聖，皆以菩提心而為其體。菩提心有三：一者直心，正念真如法故；二者深心，樂修一切諸善行故；三者大悲心，救護一切苦眾生故」（載《大正藏》第 35 冊，第 634 頁中）。

〔註31〕〔唐〕澄觀：《大方廣佛華嚴經隨疏演義鈔》卷三十五，載《大正藏》第 36 冊，第 269 頁上。

〔註32〕〔隋〕智顗：《釋禪波羅蜜次第法門》卷一，載《大正藏》第 46 冊，第 476 頁中。

〔註33〕《大智度論》卷二十，載《大正藏》第 25 冊，第 208 頁下；《阿毘達磨大毘婆沙論》卷一百四十一，載《大正藏》第 27 冊，第 726 頁下；《瑜伽師地論》卷七十七，載《大正藏》第 30 冊，第 724 頁中；《大乘莊嚴經論》卷九，載《大正藏》第 31 冊，第 635 頁下；《大方廣佛華嚴經疏》卷五十二，載《大正藏》第 35 冊，第 895 頁下）；〔隋〕智顗：《法界次第初門》卷一，載《大正藏》第 46 冊，第 672 頁中。

〔註34〕〔唐〕裴休：《勸發菩提心文》卷一，載《卍續藏》第 58 冊，第 486 頁下。

〔註35〕〔唐〕趙遷：《大唐故大德贈司空大辨正廣智不空三藏行狀》，載《大正藏》第 50 冊，第 294 頁上。

〔註36〕裴休出生於唐貞元七年（791），去世於咸通五年（864）；圭峰宗密出生於建中元年（780），示寂於會昌元年（841）。

在圭峰對《圓覺經》的注疏中，可以看到關於「四弘誓願」與「五弘誓願」的討論〔註37〕。因此，裴休此處的「五弘誓願」應是間接受到不空三藏、直接受到圭峰的啟發而得以選擇的。

裴休對「五弘誓願」的運用方式是無間斷的「念念運心」，結合《受菩提心戒儀》之「正受菩提心」，同時認為此五大願就是持菩提心戒。進一步，他認為三心、五誓能夠互相資持，也是諸佛成就的共同之道。裴休進一步將五願逐一解釋，以「總勸」加上五個「分勸」，構成了《勸發心文》文體的核心點。在「總勸」中，裴休以「彌勒座下，皆證無生」和「千佛會中，俱為導首」〔註38〕為發心盡未來際修行的目標，後者自然是華嚴的見地，前者除了視為在彌勒樓閣體悟無生外，還可以認為是發願共赴龍華會，在當來下生彌勒尊佛的座下體悟無生，這也與其開頭的發願相呼應。在「分勸」中，依五願分別展開，其中「度眾生願」以「令入佛知見」〔註39〕為目標，「積集福德」以「為眾生修道」〔註40〕為目標，「修學佛法」以圓滿大乘教法的修學〔註41〕為目標，「親事諸佛善知識」以「善財童子」〔註42〕為目標，「修證果位」以「與眾生一同成佛」〔註43〕為目標。此外，在「分勸」的最後，裴休都以「若持此心，則永不退失阿耨多羅三藐三菩提」結束，足見其良苦用心〔註44〕。

四、「證」菩提心之「境」、「行」、「果」

在「解」菩提心的基礎上，「證」菩提心的部分可以從「境」、「行」、「果」三個方面來理解。「證」菩提心之「境」為「菩提道俗」和「圓頓經典」兩個方面，前面就人說，後者就法說。「行」的部分包括助菩提法、四懈怠法和四速疾法三部分，分別是助伴和減損正行及增益正行。「果」包括菩提心功德和

〔註37〕〔唐〕宗密：《圓覺經大疏釋義鈔》卷十三：「四弘者……為對四諦故……五願者……即不取斷煩惱，而加如來無邊誓願本，福智無過誓願集」（載《卍續藏》第 9 冊，第 745 頁中）。

〔註38〕〔唐〕裴休：《勸發菩提心文》卷一，載《卍續藏》第 58 冊，第 486 頁下。

〔註39〕〔唐〕裴休：《勸發菩提心文》卷一，載《卍續藏》第 58 冊，第 486 頁下。

〔註40〕〔唐〕裴休：《勸發菩提心文》卷一，載《卍續藏》第 58 冊，第 487 頁上。

〔註41〕〔唐〕裴休：《勸發菩提心文》卷一，載《卍續藏》第 58 冊，第 487 頁上。

〔註42〕〔唐〕裴休：《勸發菩提心文》卷一，載《卍續藏》第 58 冊，第 487 頁上。

〔註43〕〔唐〕裴休：《勸發菩提心文》卷一，載《卍續藏》第 58 冊，第 487 頁中。

〔註44〕〔唐〕裴休：《勸發菩提心文》卷一，載《卍續藏》第 58 冊，第 487 頁上～下。

凡聖差別，分別以圓融門和行布門來說明菩提心的果德。

在「人」之所緣方面，裴休對結菩提道俗的理解是：

> 生生世世不相捨離。同願同心。同行同德。各修定慧。分化眾生。或為兄弟。或為師長。迭相勸發。彼此護持。一人失路即同拯拔。一人證道即共歸依。永無猒倦。不相捨離。〔註45〕

與一般用「無邊眾生」來描述不同，此處通過結伴而行的方式，將無盡眾生歸為同修道侶，這樣在法上緊密的聯繫，最終就是「不相捨離」，這裡有三個層次：第一，同行同進不相捨離；第二，具有共同的目標和責任，不會相捨；第三，互相扶持，遞相增上，不能相捨。這裡，裴休運用「同體大悲」的原理導向「眾生與佛等無差別」，與〈普賢行願品〉中「恒順眾生」長行〔註46〕所說有異曲同工之意。同時，還通過引發同修道友的法情，在曉之以「理」基礎上，再通過動之以「情」來引導，這為後人撰寫發願文也提供了一種鏡鑒〔註47〕。

「法」之所緣為「圓頓經典」，其要求是「通」。之所以強調圓頓經典，主要是為了遣除行者「滯小」〔註48〕的弊端，從而洞徹「菩提心體」、合於「菩提法源」，前者即「真心」，後者就是「法界」，兩者不一不異、一而二、二而一。按照裴休的理解，通徹「圓頓經典」首先要體悟「圓明淨覺」，其特徵是體會現象與本質「俱非實體」，從而「遠離執取」，使心常處於「寂照」的狀態〔註49〕。「寂照」的說法，應直接受到圭峰的影響，如《圓覺經略疏》中有「體用無礙，寂照同時，是為圓滿無上妙覺」〔註50〕一句，點出了「真心」的「體用」關係，而在《禪源諸詮集都序》中更直接說「寂照現前，應用無窮，名之為佛」〔註51〕。因此，裴休認為這樣的心就具有流出廣大的「大悲智」的能力，從而不滯諸相、不墮二邊，按裴休的理解這樣才是達到了「菩提正因」的標準，也就是開顯出了「真心」的功能。

〔註45〕〔唐〕裴休：《勸發菩提心文》卷一，載《卍續藏》第58冊，第487頁中。

〔註46〕《大方廣佛華嚴經》卷四十，載《大正藏》第10冊，第846頁上。

〔註47〕早於此文的《南嶽思大禪師立誓願文》（載《大正藏》第46冊，第786頁中～第792頁中），其行文特點是發願，頗有臨摹《無量壽經》之感。而裴休此文與清省庵《勸發菩提心文》頗為類似，情理兼具，引人深思。

〔註48〕〔唐〕裴休：《勸發菩提心文》卷一，載《卍續藏》第58冊，第487頁中。

〔註49〕〔唐〕裴休：《勸發菩提心文》卷一，載《卍續藏》第58冊，第487頁中。

〔註50〕《大方廣圓覺修多羅了義經略疏》卷二，載《大正藏》第39冊，第562頁中。

〔註51〕〔唐〕宗密：《禪源諸詮集都序》卷一，載《大正藏》第48冊，第403頁上。

　　菩提心的正行，裴休提供給我們三個層面，分別是作為助伴的「助菩提法」，以及作為正行的「四懈怠法」和「四速疾法」。「助菩提法」的部分統攝了從一般行者可以做到的內容到大菩薩所作內容，從世間到出世間皆有，提供了關於積集助道資糧方面豐富的方法。「四懈怠法」和「四速疾法」分別從減損不足和增上圓滿的兩個方面說明了正修菩提行的內容。

　　在闡釋作為助伴的「助菩提法」時，裴休幾乎全文引用了《悲華經》寶海梵志勸人發心時所說的諸門助道法〔註52〕，其內容涵蓋六度、多聞、福德、思惟、四無量心、聽法、出世、阿蘭若、隨喜、三十七道品、六和敬〔註53〕，是從聲聞共法過渡到大乘不共法的多樣內容。需要說明的是，除了有六門助道法〔註54〕沒有引用外，《勸發心文》中還增加了一種「隨喜」〔註55〕，這是在《悲華經》或其他經典中較為少見的。除了針對每一門的助菩提法起修外，裴休認為其竅訣就是「繫念得菩提」，而對於助道的定解，裴休認為應是認為「是道清淨」，乃至「無漏」、「正直」、「安穩」〔註56〕。此外，修助菩提法應生起莊嚴佛土，進而隨意所求之大誓願，同時此處也通過注解的方式引導讀者進一步詳閱《悲華經》來暸解菩薩因地修行的下手處〔註57〕。

　　關於正行部分的「四懈怠法」及「四速疾法」，仍是引用《悲華經》內容來說明。「四懈怠法」的內容〔註58〕與《悲華經》中的〔註59〕完全一致，包括在行為、眷屬、布施和發願四個方面應如何與菩提心的發起相應，而何者又是減損菩提心的。作為「四懈怠法」的反面，「四速疾法」與之完全相反，其具體內容〔註60〕與《悲華經》中的相關內容〔註61〕也是相一致的。關於「四懈怠法」和「四速疾法」的描述，其共同的特點就是以善法、圓滿、無限為究竟、「速疾」，以不善、缺損、有限為不究竟、「懈怠」。這四種「懈怠法」對修

〔註52〕《悲華經》卷五，載《大正藏》第 3 冊，第 198 頁中～下。
〔註53〕〔唐〕裴休：《勸發菩提心文》卷一，載《卍續藏》第 58 冊，第 487 頁中～下。
〔註54〕對比《悲華經》，此文所缺的助道法有：智、寂滅、念、意、持，且根與力的內容作了合併。
〔註55〕〔唐〕裴休：《勸發菩提心文》卷一，載《卍續藏》第 58 冊，第 487 頁下。
〔註56〕〔唐〕裴休：《勸發菩提心文》卷一，載《卍續藏》第 58 冊，第 487 頁下。
〔註57〕〔唐〕裴休：《勸發菩提心文》卷一，載《卍續藏》第 58 冊，第 487 頁下～第 488 頁上。
〔註58〕〔唐〕裴休：《勸發菩提心文》卷一，載《卍續藏》第 58 冊，第 488 頁上。
〔註59〕《悲華經》卷五，載《大正藏》第 3 冊，第 201 頁上。
〔註60〕〔唐〕裴休：《勸發菩提心文》卷一，載《卍續藏》第 58 冊，第 488 頁上。
〔註61〕《悲華經》卷五，載《大正藏》第 3 冊，第 201 頁上～中。

行上的過患就是「於生死獄，受諸苦惱」，同時也不能「疾成阿耨多羅三藐三菩提」，而按照四種「速疾法」來做則能夠快速成就無上菩提。因此，「四懈怠法」和「四速疾法」兩個部分是通過說明過患或利益，同時對四法的內容進行詳說的方式來強調說明：為速成無上菩提，「四懈怠法」是行者需要減損直至最終完全遮止的，而「四速疾法」是行者需要增上修習直至最終圓滿的。裴休選取《悲華經》作為菩提心正行部分的內容，而且幾乎是原文引用，說明了其對這部經中關於菩薩因地修行法門的推崇。而《悲華經》中的佛身觀，對本身作為華嚴行者的裴休在理解《華嚴經》中的佛身觀和佛陀觀，也有借鑒意義〔註62〕。

　　作為菩提心之「果」，此文是通過「校量功德」和「超越差別」兩方面來說明的。「校量功德」直接就菩提心圓滿之「果」所得功德進行說明，是發菩提心之「果」的「圓融門」敘述。「超越差別」則是先是通過承認顯現上的凡聖差別，進而會通這一差別，從而溝通起從凡入聖的可能性，是發菩提心之「果」的「行布門」描述。

　　作為「圓融門」的「校量功德」，其顯著表現為直抵佛果而不忽視果德之因，也就是運用了「因該果海、果徹因源」的原理將「初心成佛」之功德予以展現，後者一方面呼應了本文「普勸發心」之「初發心」意味，同時本身也是彰顯了這一華嚴不共教法。實際上，作為經文普遍的方式，「校量功德」在諸經〔註63〕中較為常見，是佛陀言教中的一種重要方式。此文對普勸發心的功德，是通過引用《華嚴經・初發心功德品》〔註64〕的內容來說明的。在《華嚴經》中，初發心為十住位之初住，為寄位修行之內凡三賢之初賢位。不過，按圓教解，此處正是十信成滿之結果，而十信成滿即初心成佛。因此，裴休選取的這一部分經文正好契合本文以「普勸」僧俗二眾發起菩提心的旨趣。本文的發菩提心之「十二正因」〔註65〕及初發心與佛功德齊等〔註66〕這些內

〔註62〕　（日本）西尾京雄：《悲華経の成立，及び其の仏身観》，載《大谷學報》，1931年第12卷第2期，第44～62頁。

〔註63〕　除《華嚴經》外，有如：《大般若波羅蜜多經》有〈校量功德品〉（載《大正藏》第5冊，第570頁下～第906頁中）；《妙法蓮華經》的〈隨喜功德品〉和〈法師功德品〉（載《大正藏》第9冊，第46頁中～第50頁中）；《雜阿含經》卷二十（載《大正藏》第2冊，第145頁）。

〔註64〕　《大方廣佛華嚴經》卷十七，載《大正藏》第10冊，第89頁上～第91頁下。

〔註65〕　〔唐〕裴休：《勸發菩提心文》卷一，載《卍續藏》第58冊，第488頁。

〔註66〕　〔唐〕裴休：《勸發菩提心文》卷一，載《卍續藏》第58冊，第488頁下。

容係全文引用自《華嚴經》〔註67〕,只是略去了對無限功德層層遞進的描述。

在最後「通凡聖差別疑」的部分,針對學人可能存在「聖者境界凡人莫能企及」或「凡夫根器不能承受此大法」等疑問〔註68〕時,裴休先是從「凡聖同源本無差別」的原理出發,會通凡聖顯現上差別是源於「一念迷倒自取沈淪」的原因,進而說明既發菩提大心就可名之為菩薩,而隨順菩提心的修行,於布施波羅蜜、四攝法門以及戒定慧三學方面不斷增上,能夠漸薄貪嗔癡三毒,由此「便成法器」〔註69〕。此外,還以「法門誠不虛設」的信仰前提,進而說明住前菩薩修行〔註70〕亦須依止此法方得成滿。同時,就理證的基礎上,還引用釋迦如來本生事蹟〔註71〕來通過教證進一步說明凡夫修行的起點正是修習菩提心。與一般認為的寄位修行的行布門不同,此處裴休只是點出凡聖之間並不存在不可逾越之鴻溝,以此為原點,說明從類似於相似性的發起〔註72〕菩提心直至圓成,其全部過程不離最初發心的原理。以這一方式「超越差別」,提供了「圓融行布不二」的發心修證意趣。

五、解行圓融、即事即理

從《勸發心文》的解行二門,體現了裴休關於華嚴發菩提心思想的解行圓融面向,其融合理事的敘述方式又體現了即事即理的特點。這兩個特點呈現為下面幾個方面:

第一,基於真心之「體」的初發心是成佛修證之路的重要起點。發菩提心自然是成佛不共因,但初發心的重要性在華嚴教學中顯得更為重要和殊勝。初發心的意涵除了繼承智儼《孔目章》的內容外,還結合華嚴圓教義發揮了真心在華嚴初心觀中的作用。在裴休來看,大眾執「旋聚旋散」之五蘊身和「乍起乍滅」之虛妄之心〔註73〕為實在,而不能指認「圓滿空寂」之真身和

〔註67〕《大方廣佛華嚴經》卷十七,載《大正藏》第10冊,第89頁中～第91頁下。
〔註68〕〔唐〕裴休:《勸發菩提心文》卷一,載《卍續藏》第58冊,第488頁下～第489頁上。
〔註69〕〔唐〕裴休:《勸發菩提心文》卷一,載《卍續藏》第58冊,第489頁上。
〔註70〕〔唐〕裴休:《勸發菩提心文》卷一,載《卍續藏》第58冊,第489頁上。
〔註71〕〔唐〕裴休:《勸發菩提心文》卷一,載《卍續藏》第58冊,第489頁上。
〔註72〕這裡權且用「類似於」、「相似性」來描述住前菩薩的「菩提心」,其特徵包括:可退、體解皆不深刻等方面,但其已經蘊含了圓滿具足菩提心的成分。因為並未真正不退,所以是「相似性」,又因為已經蘊含具足圓滿,所以前面有限定詞「類似於」。
〔註73〕〔唐〕裴休:《勸發菩提心文》卷一,載《卍續藏》第58冊,第486頁中。

「廣大靈知」之真心，這是問題的關鍵。彌合迷悟之間鴻溝的是「心佛眾生三無差別」這一原理〔註74〕，由此出發，倘若能夠體認菩提心之體本自具足圓滿無缺，而當下凡夫的生命狀態是由於「惑雲所覆」且「不自覺知」，將成佛的可能性和眾緣具足後的可行性統一於這兩個方面。故行人所需要做的，就是「妄惑既除」達到嚴靜本心的結果〔註75〕。

第二，裴休的發菩提心之「行相」是「五弘誓願」。現今流傳較多的「四弘誓願」是基於「苦集滅道」四諦來展開，如智者所解〔註76〕，而此處的「五弘誓願」與「四弘誓願」也有一定的關係〔註77〕：

> 四弘者，如常可知，為對四諦故，亦如發菩提心義門中釋，然今更略言：觀苦諦故願度眾生，觀集諦故斷煩惱，觀道諦故學無過法門，觀滅諦故願成菩提，證真寂滅也。五願者，亦如前述，即：不取斷煩惱，而加如來無邊誓願本〔註78〕，福智無過誓願集。

「四弘誓願」中「煩惱無盡誓願斷」一願未被「五弘誓願」所採納，這一區別表明四誓是隨順三乘教法共同的四諦法門來闡述菩提心的特徵，並由此提供發願的內容。而五願更體現了菩薩乘別行的特點，除了「不取斷煩惱」外，還加上「無邊如來誓願本」和「福智無邊誓願集」兩誓，按照分別對應「成所作智之因」以及是「平等性智之因」，實際上這種說法即是將五誓與五方佛和五智相結合，成為一種菩提心觀行的法門〔註79〕。

第三，「解證並舉」是裴休發菩提心思想之特色。其表現方式有二：一是由解入行，解起而行藏、行起而解謝。從《勸發心文》整體來看，「解」、「證」二門是菩提心觀的總綱，從「體相用」的角度來「解」此處所勸之發心的「最初」與「圓成」之義，再由「境行果」三門提供「行」與「證」的所緣、方法

〔註74〕〔唐〕裴休：《勸發菩提心文》卷一，載《卍續藏》第58冊，第486頁中。
〔註75〕〔唐〕裴休：《勸發菩提心文》卷一，載《卍續藏》第58冊，第486頁中。
〔註76〕〔隋〕智顗：《釋禪波羅蜜次第法門》卷一，載《大正藏》第46冊，第476頁中。
〔註77〕〔唐〕宗密：《圓覺經大疏釋義鈔》卷十三，載《卍續藏》第9冊，第745頁中～下。
〔註78〕應為「事」、「仕」或「侍」。如〔唐〕不空譯：《受菩提心戒儀》卷一，載《大正藏》第18冊，第941頁上；〔唐〕不空譯：《佛頂尊勝陀羅尼念誦儀軌法》卷一，載《大正藏》第19冊，第365頁上；〔唐〕善無畏：《無畏三藏禪要》卷一，載《大正藏》第18冊，第943頁上。
〔註79〕《聖無動尊一字出生八大童子秘要法品》卷一，載《大正藏》第21冊，第32頁下。

和目標。二是解行俱融，即解即行，交參無礙。例如，在「解」菩提心方面，有觀行菩提心的主要目標〔註80〕，有指導心行的五誓願〔註81〕，有校量菩提心發起功德的心理引導〔註82〕等，皆是融攝「行」門於「解」中；又如，引用經典說明菩薩四懈怠法〔註83〕、菩薩四速疾法〔註84〕等，又是在「行證」中運用「解」的方法。因此，透過這樣兩個方面《勸發心文》將「解證並舉」的特點呈現出來，也提供了一種關於菩提心發起的有效引導方法。

六、《勸發心文》的特色

作為中土著述典籍中不多的以「勸發菩提心」為主題的論文，裴休的這部作品代表了佛教本土化過程中宗經而有所發揮的嘗試，其寫作特點也值得關注，就這一問題僅就《勸發心文》之特色做幾點簡單說明：

「解行並舉」的價值取向。裴休詮釋華嚴發菩提心思想中「解行並舉」思路直接決定了這篇著作的行文風格。我們能看到其中裴相對行人的殷殷期待，情理並重的方式基於共情與同理，是更易為人所接受的一種引導方式。由觀念的調整，行人逐步將初發菩提心轉化為自身的穩定心理，由此從發願而主動導入身語意三業的轉化，終使「善用其心」的修行要訣得以運用與熟悉。這是對〈圓淨行品〉〔註85〕蘊含之「普行」義的回歸，也是適合三根行人的「圓行不二」〔註86〕的法門。

「宗主華嚴」的詮釋理念。此文多次直接引用《華嚴經》的內容，如在詮說「大願心」時，在注解和正文共引用了三次原文，包括了譬喻〔註87〕、大願不捨眾生經典依據〔註88〕以及勸導大家對「聖言量」信受奉行〔註89〕；在說明初發菩提心功德〔註90〕的方面，整段完全來自〈初發心功德品〉相關

〔註80〕〔唐〕裴休：《勸發菩提心文》卷一，載《卍續藏》第58冊，第486頁中～下。
〔註81〕〔唐〕裴休：《勸發菩提心文》卷一，載《卍續藏》第58冊，第486頁下～第487頁中。
〔註82〕〔唐〕裴休：《勸發菩提心文》卷一，載《卍續藏》第58冊，第486頁中。
〔註83〕〔唐〕裴休：《功發菩提心文》卷一，載《卍續藏》第58冊，第488頁上。
〔註84〕〔唐〕裴休：《勸發菩提心文》卷一，載《卍續藏》第58冊，第488頁上。
〔註85〕〔唐〕法藏：《華嚴經探玄記》卷四，載《大正藏》第35冊，第184頁。
〔註86〕〔唐〕法藏：《華嚴經探玄記》卷一，載《大正藏》第35冊，第108頁下。
〔註87〕〔唐〕裴休：《勸發菩提心文》卷一，載《卍續藏》第58冊，第486頁下。
〔註88〕〔唐〕裴休：《勸發菩提心文》卷一，載《卍續藏》第58冊，第486頁下。
〔註89〕〔唐〕裴休：《勸發菩提心文》卷一，載《卍續藏》第58冊，第486頁下。
〔註90〕〔唐〕裴休：《勸發菩提心文》卷一，載《卍續藏》第58冊，第488頁上～下。

內容。同時，無論是在解讀菩提心還是在導入行門中，皆以圓教思惟貫穿始終。此外，在「勸通圓頓經典」中，將《華嚴經》、《涅槃經》等〔註91〕當做「圓頓經典」中的代表，為菩提道侶所應學修通達者。

「借鑒融合」的敘述風格。作為朝廷命官，裴休對主流傳統文化的另兩個主體——儒家、道家自然也十分熟悉。如其在詮說「大悲心」時，引用道家先哲老子「聖人後其身身先」的言論以及儒家「仁者博施濟眾」的說法來說明三教在慈悲心方面的一致性〔註92〕，從而為將「初發菩提心」置於佛教的本土化視野。同時，其引導讀者生起慚愧心，特別是用「與畜生無異」〔註93〕、「失信」〔註94〕等說法，幾乎就是用儒家君子的思維來做心理引導了。

「普行無盡」的終極關懷。除了直接引用〈普賢行願品〉的內容作為教證之外，《勸發心文》甫一開始，就用了兩個「普告大眾」來表明自己的弘願，其內容就是生生世世伴隨大眾互相扶持、共同增上進而發願未來龍華會上同受佛記。類似的，除了17處「普勸」或「普願」外，還使用「一切」、「一一」、「念念」等表示普遍含義的詞達56處，大量運用這類詞彙也說明了欲窮極語言之極限，將一個「普」字貫徹到底的意圖。這篇發願文將發菩提心的觀行融會於解、行兩個方面，其行文具有情理並重和以華嚴經教為主、其他內外學為輔助的特點，這些因素提高了文本的普及性和在實踐上的易操作性，為我們今天繼承和恢復華嚴修證體系提供了可資借鑒的藍本。深入檢視這篇發願文，尚有一些問題有待進一步研究，例如五誓和四誓之間的選擇、源流及其與華嚴宗判教之間的關係；其在唐會昌法難後直至清末民初再次與省庵《勸發菩提心文》、《菩提心論》等內容合訂而出現，這漫長的時間中的版本流通、義解、運用等情況，尚有待新材料和新觀點的出現。

〔註91〕〔唐〕裴休：《勸發菩提心文》卷一，載《卍續藏》第58冊，第487頁中。
〔註92〕〔唐〕裴休：《勸發菩提心文》卷一，載《卍續藏》第58冊，第486頁中。
〔註93〕〔唐〕裴休：《勸發菩提心文》卷一，載《卍續藏》第58冊，第486頁中。
〔註94〕〔唐〕裴休：《勸發菩提心文》卷一，載《卍續藏》第58冊，第486頁下。

第九章　華嚴發菩提心的餘韻

一、真心到本體：融合交流中的華嚴發心思想

　　順著宗密將發菩提心與真心相融合的思路，後世對於發菩提心思想的詮釋就中國佛教整體而言都趨於式微。這一思想動向與佛教思想上心識論向心性論轉變有關。筆者利用中華電子佛典協會資料庫（Chinese Buddhist Electronic Text Association，CBETA）在線版〔註1〕對「發菩提心」為核心意涵的若干主要關鍵詞進行檢索分析，發現隨著時代的變遷，關鍵詞的使用頻次有著較大的差異。如圖 9-1 所示，以「發菩提心」、「初發心（意）」、「發阿耨多羅三藐三菩提」、「菩提心」和「發心」為關鍵詞對 CBETA 中所有數據庫進行檢索，按照歷史時間的順序做出時序演變圖。從圖中可以明顯看出這些主要關鍵詞最多出現於隋唐五代，魏晉南北朝、兩宋和明次之；同時，「發心」和「菩提心」的使用頻率最高，菩提心的音譯全成「阿耨多羅三藐三菩提」的使用最少，主要分布於兩晉至隋唐時期。這些關鍵詞頻次出現峰值的歷史時期也對應於漢譯佛典大量形成的兩晉至兩宋時期，同時隋唐的原創性注疏以及宋元明清對典籍的整理也是其相關詞頻較高的原因。

　　而進一步以「真心」為關鍵詞檢索分析，可以發現其與「發菩提心」一系列的關鍵詞在不同時代運用之差異。如圖 9-2 所示，該詞彙在隋唐之前較少見到，而隋唐以來逐步增加，隋唐與兩宋的頻次相當，但使用的最高峰在明清。就其分布的部類可以看到，對「真心」一詞的使用，不但在《華嚴經》、

〔註 1〕https://cbetaonline.dila.edu.tw。

《圓覺經》的解經活動得到運用，而且還涉及《楞嚴經》、《阿彌陀經》甚至唯識的典籍，後者更多出現於明清，反映了融合佛教時期在思想義理構建方面特點。

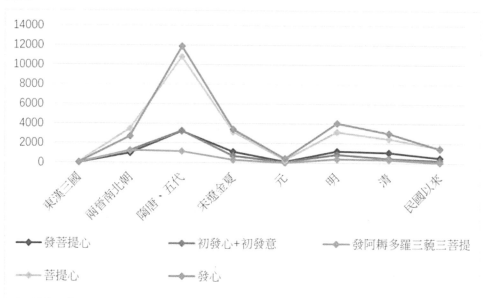

圖 9-1　在 CBETA 中檢索「發菩提心」相關詞彙的時序演變圖

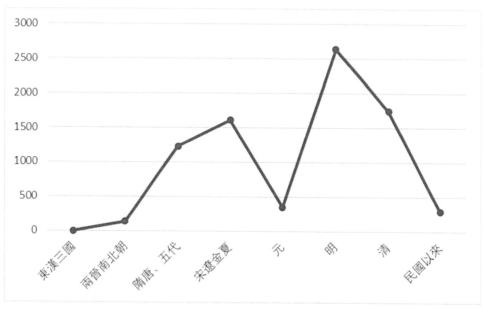

圖 9-2　在 CBETA 中檢索「真心」一詞的時序演變圖

　　通過上述對比可以發現，儘管「真心」的使用頻次要小於「發菩提心」系列詞彙，但就歷史時序來看，其峰值與「發菩提心」系列詞彙不同，如果做一個隋唐和明清兩個斷代史的詞頻比例分析，可以發現，「發心」一詞在隋唐與明清的使用頻次約為 3：1，而「真心」則是 1：3.5。也就是「發心」和「真心」的使用頻次在隋唐與明清呈現了倒置的情況。從中也可窺見有宋以降的中國佛教在關於發菩提心思想方面的動向。

　　如果說宗密等人開啟了融合化佛教之理論先河，那麼永明延壽（904～975）的《宗鏡錄》就進一步將之全面系統化，加之會昌法難對佛教典籍的破壞，實際上後世佛教對發菩提心思想的認知，往往是透過《宗鏡錄》以及宋以後自日本、朝鮮半島回傳而來的典籍來實現的。《宗鏡錄》凡百卷，圍繞「一心」〔註2〕來展開，是永明延壽意圖和會諸宗的一部巨著。在會通諸宗時，尤以華嚴教學和宗密的思想為依據。〔註3〕這也成為我們理解《宗鏡錄》以及永明延壽關於發菩提心思想的前提。在《宗鏡錄》卷九中，將發菩提心的意涵做了全面的梳理〔註4〕，不但對前人有關「發菩提心」的意涵，從「菩提心」的種類以及「發」的兩重含義出發進行解讀，而且還指出「若宗鏡所贊，多取圓信起發之發；若引《華嚴》或是初住開發之發」〔註5〕，實際上是以《華嚴經》為參照系來表明此書的圓教意趣。同時，還指出，尋求發菩提心的圓滿，根本上要依靠自身具足的真心，永明延壽針對前人所述發菩提心的因緣，立足於真心的立場評述這些說法或者屬於常見或者屬於斷見，皆不足為法。他認為，如果體認到「生死無性，本無生死……一切諸佛本無自性」，乃至「實無菩提，亦無涅槃」時，那麼才「名為發心，名為諸佛，名為見道，而能開悟一切眾生」。〔註6〕從中可以看到永明延壽強烈的「真心」立場，這也是佛教禪宗思想得到廣泛重視的一種體現。而這種「真心」具體到《宗鏡錄》中就是「一心」，他引用元曉的《起信論疏》說明「一心之外，更無別法」，同時眾生流轉生死是因為「但有無明迷自一心，起諸波浪，流轉六道」，即便是如此，這些迷惑於生死輪迴本身也「不出一心之

〔註2〕　〔五代宋〕延壽：《宗鏡錄》卷一，載《大正藏》第48冊，第417頁上。
〔註3〕　〔五代宋〕延壽：《宗鏡錄》卷三四，載《大正藏》第48冊，第614頁上～下。
〔註4〕　〔五代宋〕延壽：《宗鏡錄》卷九，載《大正藏》第48冊，第468頁上～下。
〔註5〕　〔五代宋〕延壽：《宗鏡錄》卷九，載《大正藏》第48冊，第468頁上。
〔註6〕　〔五代宋〕延壽：《宗鏡錄》卷九，載《大正藏》第48冊，第468頁上。

海」〔註7〕。在永明延壽看來,「菩提」和「一心」是同義語,而這個「一心」或者「真心」,其特徵就是「湛然不動」同時能發起無限的功用,善用「一心」者,如耳根聰敏者可以增加聽覺,智慧之人可以運轉其知的能力,辯才無礙者運用一心而能言善辯。〔註8〕由此,將發菩提心與真心聯結之後,便繼續將之作為任運其他根、識的依據。這一轉化將成佛修行的實踐具體落實到日常對各種境界的應對方式上,這與包括宗密在內的前人對將迷與悟作為凡聖轉捩點的思想有著相同的意味。而在大慧宗杲(1089～1163)那裡,菩提心甚至和「忠義心」等同、「世出世間,一網打就」〔註9〕,其根源就在於「心」之體同,而所謂的「體」,也就是「真心」、「一心」的別稱了。

上述的一個實例說明,發菩提心思想經過隋唐佛教在哲學闡釋,逐步有融合和實踐化的動向,而唐末至五代時期的永明延壽則延續了這一動向並進一步將發菩提心與「真心」等同,後世關於發菩提心的運用除了對經典及隋唐注疏的引用外,獨創性的再詮釋變得極為罕見了。在這樣的思想史背景下,華嚴發菩提心思想更多表現為從真心的角度進行闡釋,這成為華嚴教學在禪宗中作為藉教悟宗和依教演宗的手段的契機之一。

在唐代以後,中國佛教日漸趨向融合化和下沉民間的動向,與此同時,朝鮮半島和日本的佛教不斷轉播和展開。發菩提心思想作為大乘佛教的主要內容,在半島和日本呈現一種密切結合宗派的特質,近代以來日本注重運用學術工具考察其內涵和文本等方面源流的傾向。

一般將高句麗小獸林王二年(372)視為佛教傳入朝鮮半島的時間點〔註10〕,佛教甫一傳入半島便以祈福為核心訴求,首先為上層貴族所重視並擴展到一般民眾。縱觀其發展脈絡,從一開始就呈現融合會通的端倪,〔註11〕與此相配合,半島佛教深受華嚴教學的影響,即便是其本土天台宗的創立者

〔註7〕 〔五代宋〕延壽:《宗鏡錄》卷八一,載《大正藏》第48冊,第863頁下;(新羅)元曉:《起信論疏》卷一,載《大正藏》第44冊,第204頁中。

〔註8〕 〔五代宋〕延壽:《宗鏡錄》卷二二,載《大正藏》第48冊,第537頁下。

〔註9〕 〔宋〕蘊聞:《大慧普覺禪師語錄》卷二四,載《大正藏》第47冊,第912頁下。

〔註10〕 除了成書於高麗時期的《三國史記》外,高麗時期僧人一然所著《三國遺事》(卷三,載《大正藏》第49冊,第986頁上)和佛教史書《海東高僧傳》(卷一,載《大正藏》第50冊,第1016頁上)也都依循這一說法。

〔註11〕 (韓國)金煐泰著,柳雪峰譯:《韓國佛教史概況》,社會科學文獻出版社,1993,第2～3頁。

義天也曾長期就學於華嚴宗。同時,在禪教融合的趨勢下,半島本土的撰述運用和發揮華嚴學「初心成佛」義,為菩提心意涵的嬗變增添了融合與注重實踐的色彩。例如,作為仰山慧寂第六代法孫的順之禪師有「三遍成佛篇」〔註 12〕,將初心成佛與究竟成佛加以區分,同時又將成佛分為頓證、回漸證和漸證三種。很顯然,禪門發揮的初心成佛義已經是將天台的六即佛思想和華嚴的初心成佛進行了某種程度的融合。而就華嚴宗本身的著作,如更早的新羅義湘所著《一乘法界圖》,則從一乘三乘差別的角度,堅持初心與成佛無二的立場。〔註 13〕知訥是半島禪宗的中興祖師,其在《真心直說》中融華嚴教於真心說,將菩提心運用於根器判斷〔註 14〕和真心的定義中,特別是在關於真心內涵的論說中,還將菩提、法界與真心等而視之〔註 15〕,從而反映了從佛性論向心性論的轉向趨勢。一般認為,知訥的禪學思想較為受到宗密的影響〔註 16〕,其在《圓頓成佛論》中對初心成佛的問題進行系統闡釋,其關於當機眾具有「觀行相應」根性的說法〔註 17〕,以及一乘教強調初心成佛與初住後斷習氣之間的關係〔註 18〕等說法,幾乎都是對華嚴宗相關義理的繼承,同時有學者對知訥評價是重實踐,其觀法是一種主觀的觀法〔註 19〕。以知訥為代表的朝鮮半島佛教徒對華嚴宗的菩提心思想予以繼承和發展,伴隨著中日韓三方的交流,這種以真心為主的菩提心思想也是其中的重要內容。

佛教傳入日本據信是在公元六世紀〔註 20〕,正如佛教傳入朝鮮半島一樣,

〔註 12〕《祖堂集》卷二十,載《大藏經補編》第 25 冊,第 672～680 頁。

〔註 13〕（高麗）義湘:《華嚴一乘法界圖》卷一,載《大正藏》第 45 冊,第 715 頁上中。

〔註 14〕（高麗）知訥:《真心直說》卷一,載《大正藏》第 48 冊,第 999 頁中。

〔註 15〕（高麗）知訥:《真心直說》卷一,載《大正藏》第 48 冊,第 999 頁下。

〔註 16〕李海濤:《「真心」:普照知訥對菏澤禪的復歸與繼承》,載《中國哲學史》,2014年第 2 期,第 56～64 頁。

〔註 17〕（高麗）知訥:《圓頓成佛論》卷一,載《韓國佛教全書》第 4 冊,第 725 頁上。

〔註 18〕（高麗）知訥:《圓頓成佛論》卷一,載《韓國佛教全書》第 4 冊,第 729～730 頁。

〔註 19〕（韓國）金煐泰,柳雪峰譯:《韓國佛教史概況》,社會科學文獻出版社,1993,第 361～363 頁。

〔註 20〕（日本）末木文美士著,涂玉盞譯:《日本佛教史——思想史的探索》,上海古籍出版社,2016 年,第 1～2 頁。

日本佛教幾乎是以對中國化佛教在文本和主要思想的全盤接受為起點〔註21〕，因而可以看做是對歷史上中原地區形成的中國化佛教的另闢蹊徑的展開。在佛教剛傳入日本時，曾有五宗或六宗之說，中國化佛教宗派中華嚴宗相比在中原成立更早的天台宗，反而是更早進入日本人視野的。不過，這一趨勢很快被天台宗和真言宗這兩家的興盛所替代，其中天台宗與中原天台宗相比其密教化色彩更為顯著。發菩提心的內容是真言宗理論的核心範疇，日本真言宗的空海在其判教著作《十住心論》中，以菩提心為總攝，通過十門判釋將佛陀一代時教按照真言密教最高、賢首宗次之的次序進行安排。這一方面說明了菩提心在其思想體系的重要地位，另一方面也側面反映了中土華嚴宗對其解經的借鑒意義。另一方面，作為發菩提心結果的成佛，其實現路徑在日本天台宗最澄處又以發揮《法華經》「即身成佛」義和對中原天台宗本覺思想的繼承而為日本主流所接受。因此，在日本的菩提心思想主要與真言宗對菩提心的詮釋以及天台宗的「即身成佛」和本覺思想密切相關。總之，日韓佛教中對菩提心的闡發和運用的特色十分明顯，日本以密教化為特徵，結合台賢二宗的詮釋學；而韓國佛教一直以華嚴宗為思想底色，其在菩提心思想的運用方面可以認為是中土華嚴宗發菩提心思想的某種延續。

二、心性與天下：譚嗣同的華嚴發心思想

佛教華嚴思想對譚嗣同世界觀和價值觀的形成影響頗深，最顯著地體現為其著作《仁學》處處可見的佛教華嚴思想。此文以「仁」為題，與佛教的發菩提心思想有某種契合，而關於「仁」的定義，譚氏在《仁學》的開篇就做了很精彩的解析：

> 「仁」，從二從人，相偶之義也。「元」，從二從兒；兒，古人字，是亦仁也。「無」，許說通元為無，是無亦從二從人，亦仁也。〔註22〕

「仁」即「二人」，所以具有人與人之間互相陪伴的意涵。而由「二」和「人」（或者「人」的異體字「兒」）所組成的漢字「元」和「無」，就構詞法的意義上，譚氏也說「亦仁也」。這樣的解析便將「仁」這個字的原意與作為本源概念的「元」以及佛道皆提及之「無」的概念相聯繫。因此，譚氏認為「言『仁』

〔註21〕（日本）末木文美士著，涂玉盞譯：《日本佛教史——思想史的探索》，上海古籍出版社，2016 年，第 34 頁。

〔註22〕譚嗣同：《中國啟蒙思想文庫，仁學——譚嗣同集》，瀋陽：遼寧人民出版社，1994 年，第 4 頁。

者不可不知『元』，而其功用可極於『無』。在此基礎上，對於「仁」這個概念的理解，譚嗣同將其與「通」、「塞」進行了聯繫，如說：「仁不仁之辯，於其通與塞」、「通塞之本，惟其仁不仁」〔註23〕。在譚氏看來，無論是外部的「通」，還是內心的「通」都是由是否能夠具「仁」所決定的，而這個具體的推己及人的過程，似乎也頗有華嚴重重無盡的意味。〔註24〕此外，譚氏借用的宇宙各組成部分的連結本體——「以太」〔註25〕，而「仁」便是「以太」的用〔註26〕：「夫仁，以太之用，而天地萬物由之以生，由之以通。」無論是「星辰之遠」，還是「鬼神之冥漠」，都是用「仁」來達到「通」的目的。那麼反過來說，如果沒有「仁」，則本來能夠「通」的事物，則會「塞」而不「通」了。同時，在譚氏看來，無論是儒家、佛教還是耶穌教，「仁」都是作為教化眾生而安立的重要概念，而沒有能「與仁並者」。〔註27〕

　　在「仁」的體系中，不但有認識論意義，還有發心和實踐意義。就譚嗣同個人而言，「自少至壯，遍遭綱倫之厄，涵泳其苦，殆非生人所能任受」，由於這個因緣而「益輕其生命，以為塊然軀殼，除利人之外，復何足惜」，所以發起了以墨子為楷模而「摩頂放踵」〔註28〕的志向。除了宣誓自己的發心外，譚氏還對孔子的發心進行評述：

　　　　夫孔子大聖，所謂初發心時，即在正果，本無工夫次第之可言。

　　　若乃現身說法，自述歷歷，亦誠有不可誣者。〔註29〕

所謂「初發心時，即在正果」，就是華嚴思想的意趣了。〔註30〕雖然在自身成

〔註23〕譚嗣同：《中國啟蒙思想文庫，仁學——譚嗣同集》，瀋陽：遼寧人民出版社，1994年，第13頁。

〔註24〕譚嗣同：《中國啟蒙思想文庫，仁學——譚嗣同集》，瀋陽：遼寧人民出版社，1994年，第13頁。

〔註25〕譚嗣同：《中國啟蒙思想文庫，仁學——譚嗣同集》，瀋陽：遼寧人民出版社，1994年，第121頁。

〔註26〕譚嗣同：《中國啟蒙思想文庫，仁學——譚嗣同集》，瀋陽：遼寧人民出版社，1994年，第14頁。

〔註27〕譚嗣同：《中國啟蒙思想文庫，仁學——譚嗣同集》，瀋陽：遼寧人民出版社，1994年，第16頁。

〔註28〕譚嗣同：《中國啟蒙思想文庫，仁學——譚嗣同集》，瀋陽：遼寧人民出版社，1994年，第5頁。

〔註29〕譚嗣同：《中國啟蒙思想文庫，仁學——譚嗣同集》，瀋陽：遼寧人民出版社，1994年，第64頁。

〔註30〕《大方廣佛華嚴經》卷十七，載《大正藏》，第10冊，第89頁上。

就結果時的初發心「本無工夫次第之可言」，但為了「現身說法（化導眾生）」的目的，則還是需要施設一定的次第而將之付諸於言詮的。此外，這種次第性也提供給人以結合自身年齡的「修行」標準：十五歲志向於學問，從「誠意」入手；到了三十歲的年紀，則應該能夠意不「紛亂」，但似乎沒有斷惑；「四十而不惑」：意味著已經把意誠（即第六意識）轉化為妙觀察智；而五十歲的時候則斷除我執，法執尚待斷除；到六十歲耳順之年，法執也得以斷除，轉第七末那識為平等性智；而七十歲時所謂「從心所欲不踰矩」，譚氏則認為此時的孔子達到了轉第八阿賴耶識為大圓鏡智的境界。由此，譚氏對王夫之以「天理在人慾中」為特徵的心性說也是贊同的，認為其「最與《大學》之工夫次第合」。而對於朱熹的「存天理滅人慾」和王陽明的「滿街聖人」，譚氏則是認為一個為斷見（所謂「誤於離」），另一個則有常見（所謂「誤於混」）的意味。

《仁學》除了針對「仁」所引發的有關世界與人性的探討外，還談及了「無我」的觀念。〔註31〕譚氏通過引導思惟身體由五官、血肉筋骨、質點等逐級減小的基本單元組成，從而讓讀者體會並沒有一個不可分割的「我」的存在；通過引導思惟生命的生長乃至老化過程，從而為讀者說明並沒有一成不變的「我」的存在；通過引導思惟身體所排出的廢棄物，從而為讀者說明並沒有一個具有主宰性的「我」的存在。在此基礎上，譚氏提出了「眾生度得盡否」〔註32〕的疑問，並給出了自己所提出的回答：「時時度盡，時時度不盡」。這種回答頗與普賢菩薩的「十大願王」相似，亦可想見華嚴的境界乃至修持方法對譚氏的深遠影響。

〔註31〕譚嗣同：《中國啟蒙思想文庫，仁學——譚嗣同集》，瀋陽：遼寧人民出版社，1994年，第38頁。

〔註32〕譚嗣同：《中國啟蒙思想文庫，仁學——譚嗣同集》，瀋陽：遼寧人民出版社，1994年，第117頁。

餘　論

　　華嚴發菩提心思想的形成和嬗變，是在宗派佛教趨向融合的演進趨勢背景下展開的。從發菩提心的傳統定義轉變到以真心為本，反映的是佛教從佛性論到心性論的思想演進，這一轉變回應了中土文化對於仁義的重視，也符合了世俗社會主流的現狀；從一乘菩提心、華嚴菩提心到歸趣為普勸發心，意味著從注重義理上的特殊和超勝，轉變為更加注重實踐旨趣的轉變。延續著圓融和融合化傾向，唐代之後發菩提心思想作為主流話語逐步在中土佛教淡化，取而代之以真心，而菩提心在日本密教系統逐漸成為一種修行本體，更多朝著實踐旨趣和本體旨趣演進。這一轉變實際上正是佛教對外通過自我調適，進而呈現對內符合自身理論實踐發展邏輯，同時對外又呼應所處環境的特徵和要求的發展特點。在這個過程中，佛教作為一種文化和宗教不斷適應時代和地域，在當代呈現為三大語系，同時各語系佛教內部又和諧共存多種宗派、流派和系統；同時，正是對於佛教經典文獻的不斷順應時代的詮釋和判釋，並在這一過程中努力豐富經典文獻的數量以及內涵，使得眾多社會文化心理具有顯著差異的佛教徒以多元卻又能夠和諧的方式匯聚在一起。同時應當指出，華嚴發菩提心思想的形成與演變正是佛教的中國化歷史進程的一個重要視角，這一思想不唯具有對不斷實現自身的中國化和補充昇華傳統文化具有重要意義，而且對當代佛教發展有著積極的借鑒意義。

　　華嚴發菩提心思想在佛教中國化進程中具有承前啟後的作用。佛教傳入中國需要適當調整以適應當時就已經高度成熟的中國主流文化。實際上，發菩提心也是佛教中國化的一條「線索」，其所注重的自利利他、自覺覺他思想與「修齊治平」的理想和「窮則獨善其身、達則兼濟天下」的價值觀十分契

合；發菩提心包含的慈悲和空性見，又與儒家仁、義、「明明德」等思想不謀
而合；菩提心的無限性又與「天人合一」、「天下」的觀念有相似之處。因此，
發菩提心思想能夠成為彌合文化間差異的橋樑。華嚴菩提心注重開發人的「真
心」功能，伴隨佛教心性思想影響，激發儒家由人性的善惡論轉向心性實踐，
最終影響了宋明理學的形成。

　　華嚴發菩提心同時也是道德的實踐。發菩提心不唯是一種願望或者道理，
更多體現為一種實踐目標及其過程。華嚴菩提心的理論起點為「眾生皆具佛
性」，而這與「人人皆可為堯舜」固有觀念相符，反映了中國佛教的關注重心
從佛性涅槃學轉向心性論的趨向。無論是通過發五弘誓願，還是以無限的善
行和眾生為對象發起利他之心，這些都是華嚴菩提心重視實踐旨趣的表現。
華嚴菩提心將願和行、悲與智相結合，具有解行並重、圓融無礙的特點，這
既是對發菩提心思想基本框架的繼承，又彰顯了《華嚴經》的特質，同時採
用契合中國人心理的方式來呈現。

　　重新認識華嚴發菩提心思想有助於華嚴宗和佛教提出當代契理契機的教
理行證體系。當今社會的時代因緣已與華嚴宗形成時的隋唐不可同日而語，
因此，華嚴發菩提心思想在當代的運用不但需要對其源流進行梳理，更需要
在此基礎上運用華嚴特色的範式和方法契理契機的闡釋。實際上，從智儼的
一乘菩提心，到法藏的華嚴發菩提心再到裴休的普勸發心，華嚴菩提心思想
本身就是隨時代的演變過程。一方面，需要不斷發掘華嚴菩提心思想中注重
知行結合、悲智相資、權實雙行、重重無盡等特點，從而有助於提升人與人
之間共情、同理的認知基礎，涵養「胸懷天下」的實踐視野；另一方面，隋唐
時代華嚴菩提心思想演進的經驗提示我們，從突出特色為思想之發端，經過
理論和實踐的完成最終匯歸到普及性，乃是其基本特徵，而其中的變與不變
就是融堅守宗派基本立場與響應時代需求兩者於一爐，這種變與不變的互動
既是方法又是對過程本身的描述，動態地呈現為圓融無礙之華嚴特質。

　　華嚴發菩提心思想的演進，伴隨著經典的詮釋與判教這兩大學術方法，
形成了獨特而持續活躍的思想史演變進程。系統梳理包括華嚴發菩提心思想
在內的佛教重要思想的源流，將提供數個重要的思想史線索，為見微知著的
不斷構建和完善對佛教思想及其歷史價值提供基礎素材。同時，這一過程也
將促進方法的反思與運用。在考察華嚴發菩提心思想的時代演變及其與佛教
歷史發展脈絡的關係之基礎上，有必要進一步對學派、宗派和融合化佛教的

方法論進行反思，從而為當代提供佛教研究範式提供新思路。同時，考察歷史上華嚴發菩提心思想的運用和展開，提示我們佛教不唯是一種理論，更是從佛教產生以來佛教徒共同構築的文化與實踐的不斷演進的歷史，而其中的方法學意義尤為重要。而對方法論的評價，仍要將之納入最新的實踐中去，因此，不斷發掘佛教思想及其背後方法論意義，並不斷將之納入時代的思考顯得尤為重要，而這也是佛教健康發展的必由之路。

當今時代社會生活逐漸接受互聯網和人工智慧等高科技因素的支撐，特別是人工智慧中的心識問題以及互聯網運用中的「雲道德」問題，可以說是人文社會科學界共同面臨的新問題。古老的佛教在新的時代條件下必然要回應這些新問題、新挑戰，而通過對菩提心一詞含義嬗變的回顧我們可以發現，其歷史經驗亦照進現實，為今天如何重新發掘佛教的時代內涵提供經驗。

參考書目及文獻

一、佛教古籍

(一)《華嚴經》與華嚴宗相關

1. 〔東晉〕佛陀跋陀羅譯,《大方廣佛華嚴經》(《大正新修大藏經》第九冊,臺北:大藏經刊行會出版;新文豐發行,1983)。

2. 〔唐〕實叉難陀譯,《大方廣佛華嚴經》(《大正藏》第十冊)。

3. 〔東漢〕支婁迦讖譯,《佛說兜沙經》(《大正藏》第十冊)。

4. 〔唐〕佛陀多羅譯,《大方廣圓覺修多羅了義經》(《大正藏》第十七冊)。

5. 〔唐〕法藏著,《般若波羅蜜多心經略疏》(《大正藏》第三三冊)。

6. 〔唐〕智儼著,《大方廣佛華嚴經搜玄分齊通智方軌》(《大正藏》第三五冊)。

7. 〔唐〕法藏著,《華嚴經探玄記》(《大正藏》第三五冊)。

8. 〔唐〕澄觀著,《大方廣佛華嚴經疏》(《大正藏》第三五冊)。

9. 〔唐〕李通玄著,《新華嚴經論》(《大正藏》第三六冊)。

10. 〔唐〕澄觀著,《大方廣佛華嚴經隨疏演義鈔》(《大正藏》第三六冊)。

11. 〔唐〕法藏著,《入楞伽心玄義》(《大正藏》第三九冊)。

12. 〔唐〕宗密著,《大方廣圓覺修多羅了義經略疏》(《大正藏》第三九冊)。

13. 〔唐〕法藏著,《梵網經菩薩戒本疏》(《大正藏》第四十冊)。

14. 〔唐〕法藏著,《十二門論宗致義記》(《大正藏》第四二冊)。

15. 〔唐〕法藏著,《大乘法界無差別論疏》(《大正藏》第四四冊)。

16.〔唐〕法藏著,《大乘起信論義記》(《大正藏》第四四冊)。

17.〔唐〕法藏著,《大乘起信論義記別記》(《大正藏》第四四冊)。

18.〔唐〕法藏著,《華嚴一乘教義分齊章》(《大正藏》第四五冊)。

19.〔唐〕智儼著,《華嚴一乘十玄門》(《大正藏》第四五冊)。

20.〔唐〕智儼著,《華嚴五十要問答》(《大正藏》第四五冊)。

21.〔唐〕智儼著,《華嚴經內章門等雜孔目章》(《大正藏》第四五冊)。

22.〔唐〕法藏著,《華嚴經旨歸》(《大正藏》第四五冊)。

23.〔唐〕法藏著,《華嚴經策林》(《大正藏》第四五冊)。

24.〔唐〕法藏著,《華嚴經明法品內立三寶章》(《大正藏》第四五冊)。

25.〔唐〕法藏著,《華嚴經義海百門》(《大正藏》第四五冊)。

26.〔唐〕法藏著,《修華嚴奧旨妄盡還源觀》(《大正藏》第四五冊)。

27.〔唐〕法藏著,《華嚴遊心法界記》(《大正藏》第四五冊)。

28.〔唐〕法藏著,《華嚴發菩提心章》(《大正藏》第四五冊)。

29.〔唐〕澄觀著,《華嚴法界玄鏡》(《大正藏》第四五冊)。

30.〔唐〕宗密著,《注華嚴法界觀門》(《大正藏》第四五冊)。

31.〔唐〕宗密著,《原人論》(《大正藏》第四五冊)。

32.〔唐〕宗密著,《禪源諸詮集都序》(《大正藏》第四八冊)。

33.〔唐〕法藏著,《華嚴經傳記》(《大正藏》第五一冊)。

34.〔唐〕慧苑著,《續華嚴經略疏刊定記》(《卍續藏經》第三冊,臺北:新文豐出版社據藏經書院版影印,1983)。

35.〔唐〕宗密著,《圓覺經大疏》(《卍續藏》第九冊)。

36.〔唐〕宗密著,《圓覺經大疏釋義鈔》(《卍續藏》第九冊)。

37.〔唐〕宗密著,《圓覺經略疏鈔》(《卍續藏》第九冊)。

38.〔唐〕裴休著,《勸發菩提心文》(《卍續藏》第五八冊)。

(二)其他

1.〔姚秦〕佛陀耶舍共竺佛念譯,《長阿含經》(《大正藏》第一冊)。

2.〔南朝宋〕求那跋陀羅譯,《雜阿含經》(《大正藏》第二冊)。

3.〔東晉〕瞿曇僧伽提婆譯,《增壹阿含經》(《大正藏》第二冊)。

4.〔北涼〕曇無讖譯,《悲華經》(《大正藏》第三冊)。

5. 〔唐〕玄奘譯，《大般若波羅蜜多經》（《大正藏》第五～七冊）。

6. 〔姚秦〕鳩摩羅什譯，《金剛般若波羅蜜經》（《大正藏》第八冊）。

7. 〔唐〕不空譯，《仁王護國般若波羅蜜多經》（《大正藏》第八冊）。

8. 〔姚秦〕鳩摩羅什譯，《妙法蓮華經》（《大正藏》第九冊）。

9. 〔北涼〕曇無讖譯，《大般涅槃經》（《大正藏》第十二冊）。

10. 佚名譯，《佛說如來智印經》（《大正藏》第十五冊）。

11. 〔元魏〕菩提流支譯，《佛說不增不減經》（《大正藏》第十六冊）。

12. 〔唐〕不空譯，《受菩提心戒儀》（《大正藏》第十八冊）。

13. 〔唐〕善無畏述，《無畏三藏禪要》（《大正藏》第十八冊）。

14. 〔唐〕般剌蜜帝譯，《大佛頂如來密因修證了義諸菩薩萬行首楞嚴經》（《大正藏》第十九冊）。

15. 〔唐〕不空譯，《佛頂尊勝陀羅尼念誦儀軌法》（《大正藏》第十九冊）。

16. 〔唐〕不空述，《聖無動尊一字出生八大童子秘要法品》（《大正藏》第二一冊）。

17. 〔姚秦〕佛陀耶舍共竺佛念等譯，《四分律》（《大正藏》第二二冊）。

18. 〔蕭齊〕僧伽跋陀羅譯，《善見律毗婆沙》（《大正藏》第二四冊）。

21. （天竺）龍樹造，〔姚秦〕鳩摩羅什譯，《大智度論》（《大正藏》第二五冊）。

21. （天竺）無著造，〔隋〕達摩岌多譯，《金剛般若波羅蜜經論》（《大正藏》第二五冊）。

22. （天竺）天親造，〔元魏〕勒那摩提共僧朗等譯，《妙法蓮華經論優波提舍》（《大正藏》第二六冊）。

23. （天竺）世親造，〔後魏〕菩提流支等譯，《十地經論》（《大正藏》第二六冊）。

24. （天竺）五百大阿羅漢等造，〔唐〕玄奘譯，《阿毗達磨大毗婆沙論》（《大正藏》第二七冊）。

25. （天竺）世親造，〔唐〕玄奘譯，《阿毗達磨俱舍論》（《大正藏》第二九冊）。

26. （天竺）彌勒說，〔唐〕玄奘譯，《瑜伽師地論》（《大正藏》第三十冊）。

27. （天竺）護法等造，〔唐〕玄奘譯，《成唯識論》（《大正藏》第三一冊）。

28. （天竺）無著造，〔唐〕玄奘譯，《攝大乘論》（《大正藏》第三一冊）。

29. （天竺）世親釋，〔陳〕真諦譯，《攝大乘論釋》（《大正藏》第三一冊）。

30. （天竺）無著造，〔唐〕波羅頗蜜多羅譯，《大乘莊嚴經論》（《大正藏》第三一冊）。

31. （天竺）馬鳴造，〔南朝梁〕真諦譯，《大乘起信論》（《大正藏》第三二冊）。

32. 〔唐〕道宣撰述，《四分律刪繁補闕行事鈔》（《大正藏》第四十冊）。

33. 〔北宋〕元照撰，《四分律行事鈔資持記》（《大正藏》第四十冊）。

34. 〔明〕智旭述，《大乘起信論裂網疏》（《大正藏》第四四冊）。

35. 〔隋〕慧遠撰，《大乘義章》（《大正藏》第四四冊）。

36. 〔隋〕智顗說，《摩訶止觀》（《大正藏》第四六冊）。

37. 〔隋〕智顗述，《修習止觀坐禪法要》（《大正藏》第四六冊）。

38. 〔隋〕智顗說，《釋禪波羅蜜次第法門》（《大正藏》第四六冊）。

39. 〔隋〕智顗述，《六妙法門》（《大正藏》第四六冊）。

40. 〔隋〕智顗撰，《法界次第初門》（《大正藏》第四六冊）。

41. 〔後魏〕慧思撰，《南嶽思大禪師立誓願文》（《大正藏》第四六冊）。

42. 〔唐〕希運說，裴休集並序，《黃檗山斷際禪師傳心法要》（《大正藏》第四八冊）。

43. 〔五代宋〕延壽，《宗鏡錄》（《大正藏》第四八冊）。

44. 〔五代宋〕延壽，《萬善同歸集》（《大正藏》第四八冊）。

45. 〔南宋〕志磐.《佛祖統紀》（《大正藏》第四九冊）。

46. 〔元〕念常集，《佛祖歷代通載》（《大正藏》第四九冊）。

47. （新羅）崔致遠結，《唐大薦福寺故寺主翻經大德法藏和尚傳》（《大正藏》第五十冊）。

48. 〔唐〕趙遷撰，《大唐故大德贈司空大辦正廣智不空三藏行狀》（《大正藏》第五十冊）。

49. 〔梁〕慧皎撰，《高僧傳》（《大正藏》第五十冊）。

50. 〔唐〕道宣撰，《續高僧傳》（《大正藏》第五十冊）。

51. 〔北宋〕贊寧撰，《宋高僧傳》（《大正藏》第五十冊）。

52. 〔北宋〕道原纂，《景德傳燈錄》（《大正藏》第五一冊）。

53. 〔明〕玄極輯，《續傳燈錄》（《大正藏》第五一冊）。

54. 〔梁〕僧祐撰，《出三藏記集》（《大正藏》第五五冊）。

55. 〔南唐〕恒安集，《續貞元釋教錄》（《大正藏》第五五冊）。

56. 〔明〕袾宏輯集，《沙彌律儀毗尼日用合參》卷三（《卍續藏》第六十冊）。

57. 〔金〕王子成集，《禮念彌陀道場懺法》（《卍續藏》第七四冊）。

58. 〔南宋〕祖琇撰，《隆興編年通論》（《卍續藏》第七五冊）。

59. 〔南宋〕宗鑒集，《釋門正統》（《卍續藏》第七五冊）。

60. 〔南宋〕本覺編集，《釋氏通鑒》（《卍續藏》第七六冊）。

61. 〔元〕熙仲集，《歷朝釋氏資鑒》（《卍續藏》第七六冊）。

62. 〔清〕紀蔭纂，《宗統編年》（《卍續藏》第八六冊）。

63. 〔清〕彭際清，《居士傳》（《卍續藏》第八八冊）。

64. 〔明〕袾宏述，《蓮池大師全集》（上海：上海古籍出版社，2011 年）。

二、佛教外及近當代專書

（一）古籍與工具書

1. 〔唐〕杜光庭，《歷代崇道記》（《正統道藏》，第三二九冊，臺北：新文豐出版社，1988）。

2. 〔後晉〕劉昫，《舊唐書》（北京：中華書局，1999 年）。

3. 〔清〕董浩等，《全唐文（影印版）》（北京：中華書局，1982 年）。

4. 〔漢〕許慎著，班吉慶，王劍，王華寶點校，《說文解字校訂本》（南京：鳳凰出版社，2004 年）。

（二）近當代學者之著作

1. 陳永革，《法藏評傳》（南京：南京大學出版社，2006 年）。

2. 董群，《融合的佛教——圭峰宗密佛學思想研究》（北京：宗教文化出版社，2000 年）。

3. 方東美，《華嚴宗哲學》（北京：中華書局，2012 年）。

4. 方立天，《方立天文集》（北京：中國人民大學出版社，2012 年）。

5. 方立天，《法藏與〈金師子章〉》（北京：中國人民大學出版社，2012 年）。

6. 方立天，《中國佛教哲學要義》（北京：中國人民大學出版社，2002 年）。

7. 方立天，《法藏評傳》（北京：京華出版社，1995 年）。

8. 方立天，《華嚴金師子章校釋》（北京：中華書局，1983 年）。

9. Gregory P N. *Inquiry into the origin of humanity: an annotated translation of Tsung-mi's Yüan jen lun with a modern commentary.* University of Hawaii Press, 1995.

10. 韓煥忠，《華嚴判教論》（濟南：齊魯書社，2014 年）。

11. 蔣維喬，《中國佛教史（影印版）》（上海：上海書店，1989 年）。

12. 牟鍾鑒，《儒道佛三教關係簡明通史》（北京：人民出版社，2018 年）。

13. 任繼愈，《漢唐佛教思想論集》（北京：人民出版社，1998 年）。

14. 釋太虛，《太虛大師全書》（宗教文化出版社，2005 年）。

15. （日本）田上太秀，《菩提心の研究》（東京：東京書籍，1990 年）。

16. 魏道儒，《中國華嚴宗通史》（南京：江蘇古籍出版社，1998 年）。

17. 楊仁山，《楊仁山居士遺書》（臺北：文海出版社，1969 年）。

18. （日本）伊藤瑞叡，《華嚴菩薩道の基礎研究》（京都：平樂寺書店，1988 年）。

19. 譚嗣同，《中國啟蒙思想文庫，仁學——譚嗣同集》（瀋陽：遼寧人民出版社，1994 年）

三、當代研究論文

（一）學位論文

1. 賴玉梅，《華嚴經發願思想之研究》（新北：法鼓佛教學院碩士論文，2014 年）。

2. 釋見脈（黃淑君），《佛教三聖信仰模式研究》（北京：中國社會科學院研究生院博士論文，2010 年）。

3. 邱湘凌，《〈華嚴經〉的菩提心思想》（新北：華梵大學碩士論文，2006 年）。

4. 邱高興，《李通玄佛學思想述評》（北京：中國人民大學，1996 年）。

（二）期刊論文

1. 田健，《賢首法藏〈華嚴發菩提心章〉的當代價值》，《宗教與歷史》第十二輯，2020 年 3 月，第 149～167 頁。

2. 李斯斌，《宋代李通玄造像風格研究》，《宗教學研究》第三期，2019 年 9 月，第 114～118 頁。

3. 李斯斌，《李通玄華嚴思想在宋代的影響》，《五臺山研究》第二期，2018
   年 6 月，第 12～19 頁。

4. 紀華傳，《「不忘初心」的由來》，《人才資源開發》第十三期，2017 年 7
   月，第 53 頁。

5. 劉斌，王寧遠，陳明輝等，《良渚：神王之國》，《中國文化遺產》第三期，
   2017 年 6 月，第 6～23 頁。

6. 劉媛媛，《「以易解華嚴」——李通玄的「周易表法」思想新探》，《中華
   文化論壇》第九期，2017 年 9 月，第 77～82 頁。

7. 王頌，《五臺山文殊信仰與華嚴初祖崇拜》，《世界宗教研究》第一期，2017
   年 1 月，第 73～85 頁。

8. 高列過，《筆受對漢譯佛經語言面貌的影響初探——以鳩摩羅什譯經被
   動式為考察基點》，《漢語史學報》第一期，2016 年 6 月，第 251～260
   頁。

9. 郭琳，《現存最早編年體佛教通史〈隆興佛教編年通論〉價值略述》，《中
   國典籍與文化》第四期，2016 年 12 月，第 30～39 頁。

10. 侯慧明，《佛教民間化的構築、播散與沉澱——對崇祀李通玄的歷史考
    察》，《宗教學研究》第二期，2016 年 6 月，第 117～122 頁。

11. 桑大鵬，《李通玄「易學華嚴」的符號學意義》，《中外文化與文論》第三
    十輯，2015 年 11 月，第 99～106 頁。

12. 聖凱，《地論學派南北道成立的「虛像」與「真相」》，《普陀學刊》，2014
    年，第 73～93 頁。

13. 張文良，《法藏的「菩提心」觀：以〈大乘法界無差別論疏〉為中心》，
    《宗教研究》第二期，2014 年 12 月，第 117～128 頁。

14. 李喜民，《華嚴三聖像的形成與流佈》，《五臺山研究》第三期，2013 年
    9 月，第 30～33 頁。

15. 張忠培，《良渚文化墓地與其表述的文明社會》，《考古學報》第四期，2012
    年 12 月，第 401～422 頁。

16. 陳英善，《從一乘三乘論華嚴的菩提心》，《華嚴學報》第一期，2011 年 4
    月，第 79～102 頁。

17. 楊麗芬，《析論菩提心是普賢行願的實踐依據——以〈普賢行願品別行疏

鈔〉為例》，《法音》第四期，2011 年 4 月，第 21～27 頁。

18.（日本）伊藤真，《李通玄による五種の初発心の説について》，《印度學佛教學研究》第二期，2011 年 3 月，第 603～606 頁。

19. 翟奎鳳，《「華嚴不如艮」與宋明儒佛論爭》，《甘肅社會科學》第五期，2011 年 10 月，第 37～40 頁。

20. Koh S. Li, *Tongxuan's Utilization of Chinese Symbolism in the Explication of the Avataṃsaka-sūtra*. Asian Philosophy, 2010, 20(2): pp. 141-158.

21. 桑大鵬，《李通玄對〈華嚴經〉性質和結構的解說》，《三峽論壇（三峽文學‧理論版）》第一期， 2010 年 2 月，第 119～125 頁。

22. 殷光明，《從釋迦三尊到華嚴三聖的圖像轉變看大乘菩薩思想的發展》，《敦煌研究》第三期，2010 年 6 月，第 1～10 頁。

23. 江真慧，《〈華嚴經〉菩提心的特色之研究》，《第 19 屆全國佛學論文聯合發表會論文集》，2008 年，第 1～28 頁。

24. 聖凱，《攝論學派與早期華嚴宗的形成》，《宗教學研究》第一期，2008 年 3 月，第 80～90 頁。

25. 韓煥忠，《清涼澄觀的三聖圓融觀》，《五臺山研究》第一期，2007 年 3 月，第 29～31 頁。

26. 宋道發，《本跡史觀視野中佛法的源流與興衰》，《佛學研究》，2007 年，第 160～165 頁。

27.（日本）馬淵昌也，《清涼澄観の安國批判をめぐって：初発心成仏と一生有望》，日本《東洋文化研究》第七期，2005 年 3 月，第 287～319 頁。

28.（日本）權坦俊，《〈華嚴經〉修行道の頓漸問題》，日本《印度學佛教學研究》第五一卷第二期，2003 年 3 月，第 835～837 頁。

29. 張松輝，《論漸修與頓悟的同異》，《宗教學研究》第三期，2002 年 9 月，第 54～58 頁。

30. 超然，《淺說發菩提心與止觀之聯繫》，《浙江佛教》第一期，2001 年 3 月，第 21～23 頁。

31. 崔文魁，《五臺山僧人對佛教文化的巨大貢獻——「華嚴三聖」的濫觴》，《五臺山研究》第三期，2000 年 9 月，第 20～22 頁。

32.（日本）荒木見悟著，廖肇亨譯，《李通玄在明代》，《中國文哲研究通訊》

第十卷第一期，2000 年 3 月，第 273～288 頁。

33. 邱高興，《以〈易〉解〈華嚴經〉——李通玄對〈華嚴經〉的新詮釋》，《周易研究》第一期，2000 年 3 月，第 59～65 頁。

34. Tateno, M., *A study of fa-ts'ang's hua yen fa p'u t'i hsin chang and hua yen san mei kuan.* Journal of Religious Studies, 1999, 73, pp. 53-74, iii.

35. 邱高興，《李通玄與法藏的佛學思想比較》，《世界宗教研究》第一期，1998 年 3 月，第 36～43 頁。

36. 陳揚炯，《澄觀評傳》，《五臺山研究》第三期，1987 年 9 月，第 6～14 頁。

37. Gimello, Robert. *Ch'eng-kuan on the Hua-yen Trinity.* Chung-Hwa Buddhist Journal 1996(9): pp. 341~411.

38. （日本）吉川忠夫，《唐代の一士大夫と佛教》，《東方學報》第六四卷，1992 年 3 月，第 115～277 頁。

39. （日本）西尾京雄，《〈悲華経〉の成立，及び其の仏身観》，《大谷學報》第十二卷第二期，1931 年 3 月，第 44～62 頁。